Rafael Abella y Gabriel Cardona | *Los años del Nodo*

imago mundi

Rafael Abella
Gabriel Cardona

Los años del Nodo

*El mundo entero
al alcance de todos los españoles*

Ediciones Destino | Colección imago mundi Volumen 151

Basado en la serie «Los años del NO-DO».
Director: Xavier Gassió
Editora: Clara Vila

Diagonal, 662-664. 08034 Barcelona
www.edestino.es
Primera edición: octubre de 2008
ISBN: 978-84-233-4094-1
Depósito legal: M. 47.451-2008
Impreso por Brosmac, S. L.
Impreso en España - *Printed in Spain*

1

LOS AÑOS DE PLOMO
(1943-1945)

AQUELLOS AÑOS

EN UN MUNDO ANGUSTIADO

Nace un noticiario

La Vicesecretaría de Educación Popular acuerda crear el NO-DO (acrónimo de Noticiarios y Documentales) el 29 de septiembre de 1942, publicándolo en el número 356 del Boletín Oficial del Estado el 22 de diciembre de 1942. Su proyección es declarada obligatoria previamente a cualquier película «con el fin de mantener, con impulso propio y directriz adecuada, la información cinematográfica nacional», y se prohíbe que, a partir del 1 de enero de 1943, se edite en España y sus posesiones ningún otro noticiero cinematográfico ni documental.

El primer Nodo se proyecta el 4 de enero de 1943, llegando a sumar, entre 1943 y 1975, un total de 4.016 programas. Nodo producirá también unos documentales monográficos, llamados «Imágenes», que no son obligatorios, aunque frecuentemente se proyectan acompañando al noticiario fundamental que también realizará ediciones especiales para América Latina, Portugal y Brasil.

Su sintonía, que se mantendrá durante toda la vida del noticiario, es obra del compositor Manuel Parada, autor también de la banda sonora de las películas *El escándalo* (1943) y *Los últimos de Filipinas* (1945). Intervendrán en la realización numerosos directores, directores de fotografía, cámaras, montadores y locutores y se firmarán numerosos acuerdos bilaterales para el intercambio con documentales extranjeros. Nodo se integrará en 1957 en la International Newsreel Association, fundada este año.

También realizará numerosos rodajes para la televisión, cuando ésta se inicie, hasta que la popularización de la información televisiva obliga a sustituir las noticias por reportajes de interés más permanente y, desde 1968, contará con una sección en color dedicada a cuestiones artísticas o relacionadas con el turismo.

Los créditos iniciales del No-do, acrónimo de Noticiarios y Documentales.

La exhibición dejará de ser obligatoria el 1 de enero de 1976, aunque seguirá produciéndose como documental libre y, en 1977, se transformará en Revista Cinematográfica en color, hasta desaparecer en 1981. El 10 de enero de 1980, la Ley 4/1980, promulga el Estatuto de la Radio y la Televisión y extingue el Organismo Autónomo Nodo, que se integra en el Ente Público Radio Televisión Española.

Los aliados comienzan a ganar la guerra

Cuando nace el Nodo, la segunda guerra mundial se encuentra en una nueva fase que, en febrero de 1943, ha señalado la rendición del VI Ejército alemán en Stalingrado. La situación política se complica para el gobierno español, que controla todos los medios de difusión, desde que la guerra da un giro favorable a los aliados y ya no es conveniente que los cines españoles proyecten únicamente propaganda bélica del Eje. El régimen necesita marcar distancias porque los aliados lo atosigan recortando las ventas de gasolina y alimentos hasta cantidades mínimas.

La evolución de la guerra también hace pensar a los monárquicos que una victoria aliada propiciará la caída de Franco y su régimen y ofrecerá la posibilidad de colocar en el trono a don Juan de Borbón, hijo de Alfonso XIII. Deciden celebrar el aniversario de la muerte del último rey de España con una misa en la iglesia madrileña de los Jerónimos, donde esperan congregar a la flor y nata de la opinión dinástica. El proyecto nace con mal pie, porque Franco no está dispuesto a que le manipulen ni los vivos ni los muertos. Puestos a hacer política de ultratumba, ordena sustituir la misa en los Jerónimos por un solemne funeral de Estado en El Escorial, «por todos los reyes y reinas de España», y lo preside personalmente el 1 de marzo de 1943.

El mismo Juan de Borbón también se siente animado por la marcha de la guerra y escribe a Franco pidiendo la restauración de la monarquía. El Generalísimo no está dispuesto a quedarse sin empleo y, pocos días después, inaugura solemnemente las Cortes Españolas, creadas para mostrar a los aliados que su régimen también es un sistema parlamentario. Aunque con reglas distintas que, con el tiempo, tomarán el nombre de «democracia orgánica».

El promotor de la frustrada misa de los Jerónimos era el teniente coronel Juan Antonio Ansaldo, brillante aviador y conspirador monárquico desde los años treinta. Lleva doce años enredando a favor de la monarquía, pero los tiempos han cambiado y es arrestado en una base aérea. Como es un tipo de armas tomar, no se para en barras, huye a Portugal en un avión militar, pide asilo político y consigue que el gobierno de Lisboa no conceda su extradición. En represalia, Franco descarga una tormenta sobre los conspiradores monárquicos de Madrid: Fernando Gallego, marqués de Quintanar y Grande de España, es acusado de complicidad y deportado a Ibiza; unos meses más tarde, el general Valentín Galarza, ex ministro de Franco, se entera, con estupor, que ha causado baja en el Ejército «a petición propia».

Jugando con dos barajas

Como no tiene claro quién ganará la guerra, el Generalísimo guiña un ojo a los aliados mientras coquetea con Hitler y envía al general Carlos Martínez Campos de visita a Alemania, para negociar la entrega de armamento, según un protocolo secreto firmado anteriormente en Madrid. En Berlín colman de honores al visitante, lo recibe el general Wilheim

Keitel y, dos días después, el mismo Hitler en la Guarida del Lobo. Luego lo llevan de visita por las industrias de guerra alemanas donde le hablan de un conjunto de armas maravillosas que permitirán ganar la batalla y, cuando regresa a Madrid, el general informa a Franco de que Alemania es militarmente invencible. Sin embargo, la realidad era más cruda, Hitler necesita toda la producción de armas para la *Wehrmacht* y, tras interminables dilaciones, sólo entrega a España ocho aviones, un batallón de carros de combate, cuatro piezas autopropulsadas y diversos materiales ligeros.

Las relaciones con el *Reich* siguen siendo cordiales y, cuando fallece su embajador en Madrid, Hans von Moltke, el gobierno español le rinde honores militares de capitán general. Samuel Hoare, el embajador británico, protesta ante Franco, que le responde que si fallece él, hará que le rindan los mismos honores que al alemán.

Una vela a Dios y otra al diablo

Es la época de la Falange social, cuando el falangista José Antonio Girón, ministro de Trabajo, impulsa medidas destinadas a asegurar el régimen mejorando la vida de los obreros, cuya principal creación es el Seguro Obligatorio de Enfermedad.

El desarrollo de la guerra no parece inquietar a Franco mientras los alemanes son arrinconados en Rusia y el norte de África. Afirma en Almería: «Hemos llegado a lo que suele llamarse un punto muerto de la lucha; ninguno de los beligerantes tiene fuerza para destruir a su contrario». Y sigue poniendo una vela a Dios y otra al diablo: vende a Alemania grandes cantidades de wolframio, necesario para la industria de guerra, alimentos y hasta gasolina norteamericana, mientras los espías nazis se mueven libremente. Churchill procura tranquilizar al gobierno español, para que no ceda a la política de Hitler y, en los Comunes, agradece públicamente a España no haber entorpecido el desembarco aliado en el norte de África, el 8 de noviembre de 1942.

Mientras tanto, el embajador Samuel Hoare se queja a Franco por la libertad con que se mueven los espías alemanes en España y por las exportaciones de materiales estratégicos al *Reich*. El Generalísimo le promete tomar medidas, aunque todo sigue igual.

SE CONSOLIDA LA PRIMACÍA ALIADA

Un rey parece más seguro

En mayo de 1943 se rinde en Túnez el general Von Arnim al frente del Africakorps, acrecentando la sensación de naufragio del Eje. En un intento de nadar y guardar la ropa, veintisiete procuradores en Cortes, encabezados por el duque de Alba, escriben una respetuosa carta al Caudillo en la que piden la restauración de la monarquía. Desde este momento, Franco deja de confiar en los monárquicos.

La situación se agrava el 24 de julio de 1943, cuando Mussolini es destituido por el Gran Consejo Fascista y detenido por orden del rey Víctor Manuel III. Un escalofrío recorre la clase política española y el embajador norteamericano, Carlton J. H. Hayes, manifiesta a Franco que la caída de Mussolini anuncia una pronta victoria aliada, lo cual muestra la inconveniencia del comportamiento pronazi de la Falange y el mantenimiento de la División Azul en el frente ruso. Franco le responde que España lucha contra los soviéticos, pero no contra los aliados y, al día siguiente, la prensa recibe instrucciones de ser más imparcial.

La caída de Mussolini anima también a don Juan de Borbón, que telegrafía a Franco informándole de que la única posibilidad de evitar un desastre en España es restaurar la monarquía, que será respetada por los aliados. Parece que la situación también anima a otros miembros de la familia Borbón, porque don Jaime, hijo segundo de Alfonso XIII, rectifica su abdicación e intenta que se reconozcan los derechos dinásticos a su hijo Alfonso de Borbón Dampierre.

Los generales escriben a Franco

El 9 de septiembre de 1943, los aliados saltan desde Sicilia al continente. La «Operación Avalanche» del general Mark Clark desembarca soldados norteamericanos y británicos en Salerno, apoyados por quinientos buques y numerosos aviones. Desde la caída de Mussolini, el servicio secreto británico MI 6 ha incrementado sus maniobras en España y está en contacto con el general monárquico Luis Orgaz. Tras muchas cavilaciones, éste no se atreve a sublevarse en favor del rey por temor a que no lo secunden los oficiales de menor graduación, que son partida-

Detrás de las líneas
de la División Española
de Voluntarios
al Este de San Petersburgo

Patrullas de choque de la División Azul han avanzado el día anterior sobre un río al Este de San Petersburgo y constituido una cabeza de puente. Han solicitado refuerzos que ahora atraviesan el agua helada embarcados en botes neumáticos

Sobre el terreno recién conquistado se clavan las "tarjetas de visita" de las unidades españolas, marcadas con franjas azules

Motoristas y unidades montadas de los españoles, que siguen a su Infantería, son pasados con balsas a la otra orilla. Están contentos, puesto que la lucha al otro lado de las alturas prosigue brillantemente

La División Azul en el frente ruso.

rios de Franco. Como alternativa, algunos tenientes generales preparan una carta colectiva pidiendo la restauración monárquica.

El catedrático y miembro del Opus Dei Rafael Calvo Serer se entera en Valencia de la maniobra que preparan los generales y se desplaza en un taxi hasta El Pardo para informar a Franco. El 12 de septiembre, los alemanes liberan a Mussolini de su arresto en el Gran Sasso y, tres días después, el general Varela llega al despacho de Franco con la carta firmada por ocho tenientes generales que piden la restauración monárquica. El Generalísimo, que ya esperaba el documento, no se da por enterado y en fechas posteriores desactiva la maniobra mediante coacciones, promesas y recompensas a los comprometidos.

Precauciones ante la derrota del Eje

Ya era imposible mantener la División Azul y el gobierno la retira del frente ruso el 12 de octubre de 1943, aunque mantiene un regimiento con el nombre de «Legión Azul».

Franco ya ha tomado precauciones ante la insegura situación, nombrando a su amigo Camilo Alonso Vega director general de la Guardia Civil, que la convierte en la fuerza de confianza del régimen. Ante la posibilidad de que venzan los aliados y traten de imponer la monarquía, margina a los generales dinásticos y aliadófilos para situar profascistas en puestos clave. Yagüe, que había sido desterrado por conspirar con los nazis, es ascendido y nombrado capitán general de Burgos. Los generales profascistas no tienen otra salida que salvarse con el régimen o hundirse con él.

Churchill echa un cable

A pesar de todo, al comenzar 1944, las tropas alemanas resisten en Italia y parece que la guerra puede durar mucho tiempo e incluso acabar en tablas. España incrementa las exportaciones a Alemania, irritando a los aliados que deciden suspender la venta de gasolina, mientras el Caudillo presta oídos a mágicos proyectos para producir en España gasolina sintética a base de esquisto bituminoso o de carbón hidrogenado. Sin embargo, la situación es tan peligrosa que el ministro Demetrio Carceller traslada en secreto fondos a Suiza en previsión de que Franco deba exiliarse.

El presidente Roosevelt es partidario de tratar al régimen de Franco con la máxima dureza, mientras Churchill prefiere una política más pactista: compra a España mineral de hierro y potasas, y logra contener la situación a cambio de que el gobierno español prometa clausurar el nido de espías que es el consulado del *Reich* en Tánger, suprimir el espionaje alemán en España y Marruecos y retirar la Legión y la Escuadrilla Azul del frente ruso. Finalmente, España firma un acuerdo económico con Inglaterra y Estados Unidos, que reanuda la exportación de petróleo; a pesar del compromiso, el gobierno de Franco sigue vendiendo wolframio de tapadillo y los espías no desaparecen completamente.

Hacia la derrota del Eje

Lequerica, una jugada de póquer

La situación se precipita el 6 de junio de 1944, cuando los aliados desembarcan en Normandía y, una semana después, cae la primera V-1 sobre Londres. Franco sustituye en su despacho las fotografías de Hitler y Mussolini por las del papa y el presidente portugués Carmona.

El conde de Jordana, ministro español de Asuntos Exteriores y partidario de la neutralidad, fallece inesperadamente en agosto por una angina de pecho. Franco hace entonces una de sus desconcertantes maniobras. No asiste al funeral de su ministro y, para sorpresa de la diplomacia aliada, lo sustituye por José Félix de Lequerica, antiguo embajador en Vichy y colaborador de la Gestapo, prosiguiendo en su arriesgada apuesta por marginar a los monárquicos, aliadófilos y restauracionistas para apoyarse en los pronazis, que, ante el hundimiento del Eje, no tienen otra salida.

Llegan los maquis

La dinámica de la guerra se acelera por momentos. Los aliados desembarcan en Provenza el 15 de agosto y el 19 la división del general Leclerc libera París. Nadie sabrá en España, hasta muchos años más tarde, que los primeros blindados llegados a la ciudad del Sena están tripulados por republicanos españoles que les han rotulado nombres de batallas de la guerra civil, como Guadalajara o Teruel.

Otros muchos republicanos han participado en la Resistencia y, cuando las tropas alemanas abandonan Francia, deciden trasladarse a España para continuar la lucha contra Franco. Aunque el gobierno provisional del general De Gaulle no les apoyaba, las primeras partidas de guerrilleros entran por los valles del Roncal y Roncesvalles el 3 y el 7 de octubre, y el día19 una agrupación mayor penetra en el valle de Arán apoderándose de algunos pueblos. La situación anima a la oposición clandestina; en cambio, agrupa a todos los sectores del régimen y los militares sienten reverdecer el espíritu de la guerra civil.

En el interior de España los guerrilleros comienzan a organizar núcleos de la Agrupación de las Fuerzas Armadas de la República Española intentando integrar a los antifranquistas no comunistas (frente a la Unión Nacional, de obediencia comunista), mientras Santiago Álvarez, Salvador Zapiráin y Cristino García forman un comité para reconstruir el Partido.

Los anglonorteamericanos temerosos de la potencia de la Unión Soviética, todavía su aliado, que comienza a perfilarse como rival, no desean derrocar a Franco, temerosos de beneficiar a los comunistas. En consecuencia, las guerrillas carecen de ayudas exteriores y deben mantener una lucha muy difícil, que durará varios años, sin posibilidades de éxito.

El régimen decide defenderse por el camino de la dureza. Los monárquicos comprenden que el Generalísimo nunca aceptará ser sustituido por un monarca, porque el 23 de diciembre la policía detiene a varios personajes de derechas, aunque no franquistas, mientras en El Pardo Franco presenta tranquilamente en sociedad a su hija Carmencita, ante dos mil invitados y con la fastuosidad de un rey de la antigüedad.

El manifiesto de Lausana

Cuando ya se adivina el final de la guerra, el 19 de marzo de 1945 don Juan de Borbón publica un manifiesto en Lausana, en el que resalta la naturaleza totalitaria del régimen, pide a Franco que abandone el poder, a los monárquicos que dimitan de sus cargos y afirma:

> Sólo la monarquía tradicional puede ser instrumento de paz y de concordia para reconciliar a los españoles; sólo ella puede obtener respeto en el exterior, mediante un efectivo Estado de Derecho, y realizar una armoniosa síntesis del orden y de la libertad en que se basa la concepción cristiana del Estado. Millones de españoles de las más variadas ideologías, convencidos de esta verdad, ven en la monarquía la única institución salvadora.

Sin embargo, sólo dimiten el duque de Alba, embajador en Londres, y el teniente general Alfonso de Orleáns, a quién Franco confina en su finca de Sanlúcar de Barrameda.

Ante la victoria de los aliados

Llega a Madrid el nuevo embajador norteamericano Norman Armour, con instrucciones de no dar beligerancia al régimen español y comunica a Franco que el pueblo norteamericano considera la Falange un partido fascista. El Caudillo responde que no se trata de un partido sino de una agrupación abierta a todos de los españoles.

Los ejércitos alemanes son lentamente aplastados por los aliados, mientras la prensa española se deshace en elogios a la heroica resistencia hitleriana. España mantendrá relaciones diplomáticas con el *Reich* hasta después de la muerte de Hitler y las romperá justo a tiempo del armisticio.

Cuando se acaba la guerra, se prepara el ajuste de cuentas y, en San Francisco, se fundan las Naciones Unidas. México, que sigue reconociendo a la República Española, propone excluir a la España de Franco de la nueva organización y la medida es aprobada calurosamente.

El Caudillo responde con un mensaje radiado a Latinoamérica, denunciando las campañas de difamación contra España y, para demostrar que en España también se reconocen las libertades, se publica el Fuero de los Españoles, en la época en que los tres grandes celebran la Conferencia de Potsdam, que decide el reparto del mundo después de la guerra.

Se forma un nuevo gobierno para hacer frente a la situación. Pierden sus carteras Lequerica, Asensio y Arrese, los tres ministros más partidarios del Eje. El Ejército se entrega al indefinido general Dávila y la Secretaría General de la Falange se deja desierta. El mayor cambio lo personifican dos hombres de Acción Católica: José María Fernández Labreda, en Obras Públicas, y Alberto Martín Artajo, en Asuntos Exteriores, porque el régimen desea presentarse en el extranjero como una nación católica. Sin embargo, los falangistas Girón, en Trabajo, Fernández Cuesta, en Justicia, y Carlos Rein Segura, en Agricultura, aseguran la continuidad del partido único. Y tres franquistas aseguran otro flanco: José Ibáñez Martín, ministro de Educación que controla también la prensa, Blas Pérez ocupa Gobernación y el amigo de Franco, Juan Antonio Suances, es ministro de Industria y Comercio.

El franquismo se defiende como puede, retira las tropas españolas de Tánger, celebra actos internos de afirmación y promulga la Ley de Referéndum para demostrar que acepta las consultas populares. También aprovecha la ocasión para presentar a Franco como el dirigente de un régimen católico y conmemora su ascensión a la Jefatura de Estado con una solemne misa celebrada por el obispo Eijo Garay, con un tedeum oficiado por el nuncio vaticano, monseñor Cicognani. Gestos que no bastan para conquistar la voluntad de las democracias que han ganado la guerra. Cuando el embajador norteamericano en Madrid, Norman Armour, se jubila por edad, el presidente Harry Truman no nombra sustituto. Es todo un augurio de futuras malas relaciones.

COSAS Y CASOS

Del racionamiento al mercado negro

Apenas implantado el racionamiento de víveres en agosto de 1939 se hace evidente que los alimentos suministrados carecen del valor nutritivo necesario para la subsistencia. El racionamiento establecido por la Comisaría de Abastecimientos se compone preferentemente de garbanzos, patatas, boniatos, pasta para sopa, bacalao, lentejas y de vez en cuando alguna fruslería como carne de membrillo, chocolate y jabón. Esta composición carece de la proporción necesaria de alimentos protectores (leche, huevos, mantequilla, queso, carne y pescado) para dar el soporte proteínico indispensable.

Otro déficit importante es el que se produce en hidratos de carbono y grasas; en cuanto al soporte vitamínico, su falta, lo mismo que la de calcio y hierro, también se hace notar. El pertrecho alimentario queda supeditado a lo que se llama «venta libre» —carne, pescado, huevos, frutas, hortalizas, leche—. En cuanto al pan, queda asimismo racionado, concediéndose a los poseedores de cartilla de tercera entre ciento cincuenta y doscientos gramos diarios de una mezcla con maíz y los más insólitos ingredientes que hacía que sólo el hambre reinante propiciara su ingestión.

La conclusión es obvia: para no morir de hambre es preciso recurrir a los alimentos de venta libre, pero estos han caído en manos de los que manejaban el mercado negro, vulgarmente llamado «estraperlo». Mientras los adinerados o enriquecidos del momento pueden abastecerse sin dificultad, los empobrecidos incapaces de poder pagar el precio de estraperlo recurren a aquellos alimentos que antes de la guerra civil se rechazaban. Así, los españoles pobres se convirtierten en devoradores de gachas de maíz, de algarrobas y de castañas.

He aquí una muestra del racionamiento semanal que padecen los españoles entre los años 1939 y 1952, durante los cuales duró tal desdicha:

Cartilla de racionamiento.

aceite, bacalao y jabón, chocolate y azúcar, pasta para sopa, alubias y un huevo, garbanzos, tocino y carne de membrillo, arroz, lentejas y queso constituyen los ingredientes de un contrato con el hambre que lleva a miles de españoles a la muerte por inanición, por enfermedades carenciales y por el azote de la tuberculosis pulmonar, secuela del hambre, del frío y de otras calamidades.

España a oscuras: las restricciones eléctricas

El bajo nivel de los embalses, el descenso de la producción hidroeléctrica y por consiguiente una crisis en el suministro de energía que obliga a restringirlo se atribuyen a la carencia de precipitaciones, lo que se apellidará «la pertinaz sequía». Los cortes de corriente se producen durante horas o días enteros y afectan a hogares, tiendas, escaparates, factorías, rótulos luminosos, ascensores y tranvías. Una parálisis general.

Las tiendas y locales públicos recurren a las lámparas petromax, las fábricas se agencian motores de gas pobre para producir su propia energía eléctrica. Se plantea la necesidad de construir nuevos pantanos, nuevos embalses. Será un trabajo de años.

Entretanto, como en las épocas de sequías bíblicas, la Iglesia promueve rogativas, procesiones con exposición de santos y venerados patronos a los que impetrar el santo beneficio de la lluvia. El prelado, por línea directa con el Servicio Meteorológico, tenía noticia anticipada de un probable chaparrón. Entonces —a toda prisa— se organizaba la procesión, relacionándose así la influencia divina con el benéfico don de la lluvia.

La oscuridad de las noches con escasísima iluminación propicia un clima de inseguridad que facilita el robo, el asalto. Fue el imperio del «apagón».

El cine nacional de posguerra

Fácil es deducir que vivos todavía los ecos de la victoria militar que alumbró la España de Franco, las producciones cinematográficas nacionales de los primeros años de posguerra poseen una temática claramente castrense y estimuladora de los valores patrios. La época requiere que los galanes saluden con bizarría, desfilen en correcta formación y sepan gritar con voz de trueno «¡A sus órdenes mi coronel!». Bajo estas coordenadas se producen y estrenan *Harka*, *¡A mí la Legión!*, *Escuadrilla*, *Sin novedad en el Alcázar* y *Raza,* con argumento del propio Franco, la culminación más sublime de todos los tópicos en boga en aquellos exaltados momentos. Los galanes que reúnen apostura castrense y voz de mando son Alfredo Mayo, Luis Peña, Pepe Nieto y Raúl Cancio. En ellos recae el protagonismo de aquellas cintas, henchidas de patriotismo.

Descartado por la censura el rodaje de temas relativos a la actualidad —una actualidad plena de dramáticos conflictos—, los realizadores buscan argumentos en temas decimonónicos, totalmente alejados de la realidad. Y así dan con novelones de Alarcón, del Padre Coloma, de Palacio Valdés. El resultado es un cine acartonado de miriñaques, paletós y casacas, que tal era el vestuario de *El Escándalo*, *Espronceda* y *La Fe*, entre otras producciones.

Con todo, el cine es el espectáculo preferido por las gentes modestas en una época deprimida. Por el coste, una entrada de cuatro o cinco pesetas, se estaba a buena temperatura lejos del frío hogareño, se alimentaba uno con un cucurucho de castañas y, al imponerse el doblaje, se podía admirar a Clark Gable hablando en correcto castellano.

Uno de los carteles de Raza, *con guión de Franco.*

La voz de la Iglesia sobre el cine

En un Estado abierto y sinceramente confesional es habitual el registro de opiniones emitidas por padres de la Iglesia respecto a los más varios aspectos del vivir, sobre todo aquellos cuyo carácter puede rozar aspectos relacionados con la moral y las buenas costumbres.

Rompe el fuego el padre Ayala S. J. quien refiriéndose al espectáculo cinematográfico —pese a estar sometido a la más rigurosa censura— lo califica de esta contundente manera: «El cine es la calamidad más grande que ha caído sobre el mundo desde Adán. Más grande que el diluvio universal, que la guerra europea, que la guerra mundial, que la bomba atómica».

Orden gubernativa sobre la moral pública

El nuevo Estado, como celoso guardador de la moral pública, vigila estrictamente el comportamiento de la gente en los lugares públicos, toda vez que se advierte, según nota de la Dirección General de Seguridad: «Relajamiento en las costumbres, oyéndose frases obscenas y viéndose parejas que, sin recato alguno, mantienen actitudes, más que incorrectas, desvergonzadas». Frente a este relajo la Autoridad recomienda el mayor rigor «imponiendo multas a los que no observen comportamientos acordes con la moral exigida y, además, que los nombres de los corregidos sean publicados en la Prensa».

Celo especial se despliega en la cercanía del verano, momento en el que la Dirección General de Seguridad emite el siguiente comunicado:

> Al acercarse la estación estival y en defensa de la moralidad pública, esta Dirección General hace públicas las siguientes disposiciones, habiéndose cursado a las autoridades competentes instrucciones en el sentido de imponer sanciones a cuantos las infrinjan:
>
> 1. Queda prohibido el uso de prendas de baño indecorosas, exigiendo que cubran el pecho y espalda debidamente, además de que lleven falda para las mujeres, y pantalón de deporte para los hombres.
>
> 2. Queda prohibida la permanencia en las playas, clubes, bares, etc., bailes y excursiones en general, fuera del agua, en traje de baño, ya que éste tiene su empleo adecuado y no puede consentirse más allá de su verdadero destino.
>
> 3. Queda prohibido que hombres y mujeres se desnuden y vistan en la playa, fuera de la caseta cerrada.
>
> 4. Queda prohibida cualquier manifestación de desnudismo o de incorrección, en el mismo aspecto, que pugne con la honestidad y el buen gusto, tradicionales entre los españoles.
>
> 5. Quedan prohibidos los baños de sol sin albornoz, con excepción de los tomados en solarios tapados al exterior.
>
> 6. Por la autoridad gubernativa se procederá a castigar a los infractores, haciéndose público el nombre de los corregidos (Agencia Cifra).

Opiniones eclesiásticas sobre los baños de mar

Al acercarse la estación estival los padres de la Iglesia prodigan sus anatemas ante el espectáculo playero. El padre Quintín de Sariegos, de la orden capuchina, se expresa así:

> Es muy posible que el espectáculo más inverecundo e inmoral legalizado en la sociedad moderna sea el que ofrece la playa. No hay pues en la conducta social de la mujer una acción más grave, más excitante al pecado feo, que la que realiza tranquilamente en los baños públicos, en la playa. Son ocasiones próximas al pecado mortal.

Por su parte, el padre Laburu, sabio jesuita de bien ganada fama como orador sagrado, analiza en su opúsculo *Las playas en su aspecto moral* el deleite del hombre normal ante las carnes femeninas, expuestas sin rubor alguno en el más sucinto de los atuendos. Éstas son sus frases relativas al desnudo femenino: «La exhibición impúdica hace que las pasiones se desborden en lujuriante actividad y violen, por tanto, procazmente los altos fines de la Divina Providencia».

La radio de la posguerra, principal evasión

Es fácil suponer que, dada la penuria existente, uno de los escasos medios de evasión sea la radio. Viejos receptores de la preguerra son nexo de reunión familiar y de un vecindario dispuesto a distraer las más desoladas horas sintonizando Radio Madrid, Radio Nacional, Radio Barcelona y toda la gama de emisoras locales, incansables en la programación tanto musical, como de seriales o de variedades.

La radio forja la fama de Boby Deglané, de Fuertes Peralba, de Soler Serrano, de Gerardo Esteban, etc. Programas como «Cabalgata de fin de semana», «La melodía misteriosa» o «La silla eléctrica» hacen época. El humor empieza a cultivarse con Luis Sánchez Polack (Tip) y Joaquín Portillo (Top). En las emisiones de radioteatro hacen sus primeras armas actores y actrices como Pedro Pablo Ayuso, Maribel Alonso, Matilde Vilariño o Juana Jinzo y locutores como David Cubedo, José Luis Pecker y sobre todo Vicente Marco, que a través de distintos cargos sería el hombre de radio por excelencia.

 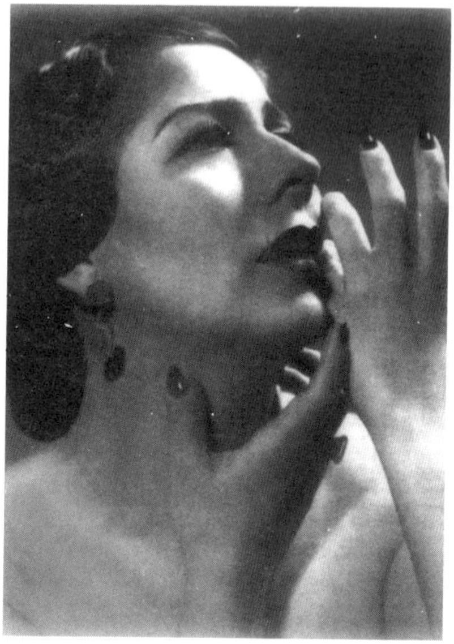

Lola Flores y Concha Piquer, dos de las estrellas de la posguerra española.

Este plantel y otros nombres que harían esta lista interminable, cumplen el honroso papel de distraer y entretener a una multitud de españoles ansiosos de tener un motivo para poner buena cara a unos tiempos tristes.

El auge de lo folclórico

Si algún género sobresale en este período de decaimiento es el de las variedades en su versión folclórica, y más concretamente con la copla andaluza.

Intérpretes como Concha Piquer, Estrellita Castro y una recién llegada, llamada Lola Flores, crearon un *boom* de la canción cuyas creaciones fueron el fondo musical de la larga posguerra española.

Los espectáculos montados por las artistas citadas en cuya elaboración intervenían poetas y compositores como Quintero, León, Quiroga, Valerio y Mostazo, entre otros, alumbran unas canciones cuya melodía evoca inevitablemente el clima de una España de privaciones, de racionamiento y de división entre vencedores y vencidos.

Entre estas canciones para después de una guerra las más destacadas son: *Tatuaje*, *La Parrala*, *El viento se lo llevó*, *A la lima y al limón*, *El Lerele*, *Ojos verdes*, *No te mires en el río* y otras que harían esta lista interminable.

También ellos tienen su parte en este acompañamiento musical. Juanito Valderrama populariza *El emigrante*, de rabiosa y triste actualidad cuando los españoles marchan a trabajar a la Alemania en guerra arrastrando riesgos con tal de huir de la miseria. Manolo Caracol con *La niña de fuego* es el contrapunto vocal a Lola Flores. Y el riojano Pepe Blanco arranca suspiros de España cantando *Cocidito madrileño* en esta época de hambruna.

El cuadro musical, evocador de toda una época, se completa con las canciones de Bonet de Sampedro, Jorge Sepúlveda, Antonio Machín, los corridos de Jorge Negrete y unas melodías inolvidables cuya mención basta para situarse en un tiempo donde los deseos de vivir y de olvidar se imponen a la tristeza del ambiente. Esas melodías son, entre las más conocidas, *Perfidia*, *Bésame mucho*, *Frenesí* y *Brasil*.

Grandes acontecimientos sociales: la boda de Celia Gámez y la puesta de largo de Carmencita Franco

El día 1 de julio de 1944 tiene lugar en San Jerónimo del Real el enlace de la famosa *vedette* argentina Celia Gámez con el odontólogo José Manuel Goenaga. La ceremonia se celebra en medio de una tumultuosa y masiva expectación. El general Millán-Astray es el padrino, el cual hace acto de presencia con una escolta de legionarios que acudieron al grito de «¡A mí la Legión!» en cuanto el mutilado general, al verse desbordado por una multitud que impedía el normal y solemne desarrollo de la ceremonia, lo profirió. Firman el acta matrimonial el general Rada y el escultor Mariano Benlliure.

El 22 de diciembre en el palacio de El Pardo se celebra una recepción con motivo de la presentación en sociedad de la señorita Carmencita Franco Polo, ataviada con un elegante vestido blanco de tul. La nueva dama recibió innumerables felicitaciones y ramos de flores. En el curso de la fiesta tuvo lugar un animado baile. La simpatía y el afecto de que goza la hija del Generalísimo se ven acrecentados por su bello gesto de acudir al día siguiente a servir la comida a trescientos ancianos del Asilo de los Desam-

La vedette *argentina Celia Gámez y el general Millán Astray el día de la boda de la primera.*

parados. También la señorita Franco Polo hace donación al obispo de Madrid-Alcalá de un automóvil para una subasta en favor de los pobres de los suburbios.

Publicaciones que dejan huella:
del ¡Hola! *a* El Coyote

En el mes de septiembre de 1944 se produce la aparición tanto del semanario *¡Hola!* como de *El Coyote*, relato por entregas cuyo autor (José Mallorquí) alcanzó fama y dinero. Su éxito, debido a la simpatía y el atractivo del protagonista y su entorno, hace que lleguen a aparecer ciento noventa y cuatro títulos, que del fascículo pase al cine, que el texto sea traducido a doce idiomas y su venta se extienda por catorce países.

Una portada de 1948 del relato por entregas El Coyote.

Ava Gardner en ¡Hola!, *una de las revistas fundadas en la década de los cuarenta.*

En cuanto al semanario *¡Hola!*, fue fundado por el periodista granadino Antonio Sánchez Gómez, que adquirió el derecho a la publicación (cuestión muy ardua porque entonces se restringían tales permisos) por una cifra ridícula de manos del también periodista Manuel Tarín Iglesias, que era el poseedor de la autorización. *¡Hola!* se fundó en Barcelona toda vez que Sánchez Gómez había sido destinado a esa ciudad al ser nombrado director de *La Prensa*, vespertino de la prensa del movimiento.

Con el tiempo, *¡Hola!* se ha convertido en el portaestandarte de una prensa llamada «del corazón», que es todo un fenómeno en el cultivo del famoseo más banal y superfluo.

La Fiesta Nacional, de Manolete a Dominguín pasando por Arruza

Los años de la posguerra registran la aparición de una figura excepcional como fue el cordobés Manuel Rodríguez «Manolete». Frente al toro de después de la guerra, disminuido por el sacrificio masivo de reses llevado a cabo en la zona de la República, surge una figura taurina que tiene la excepcional cualidad y capacidad para «hacerles la faena» al poder lucirse con todos los toros. Torero, estoqueador, lidiador y hombre con un pundonor excepcional, Manolete brilla frente a la competencia que puede ofrecerle Pepe Luis Vázquez, gran artista sevillano, y la que brota con la aparición en 1944 del mexicano Carlos Arruza. Es un período de la tauromaquia nacional en el que la competencia entre los dos matadores, el cordobés y el mexicano, ofrece una complementariedad afortunada por las diferencias estilísticas en su manera de interpretar el toreo y por la nobleza con que se enfrentan.

Sobre la población española desheredada de la posguerra, Manolete es un mito que incita a una tropa de maletillas a la conquista de la fortuna, a la huida de la miseria, merced al riesgo de la fiesta brava. Hijos de fusilados, huérfanos de infancia desgarrada, ven en Manolete el modelo para conquistar fama y dinero en unos tiempos de hambre.

En 1944 toma la alternativa Luis Miguel González, llamado Dominguín, un joven de dieciocho años adornado de todas las virtudes para ser figura: ambición, inteligencia, sabiduría taurina y prestancia personal. Su enfrentamiento en los ruedos con Manolete tendrá el contenido dramático de la lucha por el cetro de un arte que dirime la supremacía frente a las astas de un toro.

Perfil del gran estraperlista «ricachísimo»

En la configuración social de la España de 1942-1944 ya ha adquirido carta de naturaleza, con ribetes ostentosos y tolerancias sospechosas, la figura del gran beneficiario del mercado negro, o sea, del gran estraperlista. Un hombre que delata una opulencia que contrasta con la miseria del ambiente. El personaje que siempre tiene mesa reservada en las salas de fiesta de mayor lujo —la Rosaleda, el Cortijo o la Parrilla del Ritz en Barcelona, o el Pasapoga, el Casablanca y Jhay en Madrid— y frecuenta las barras más de moda de los bares de alterne, con las más despampanantes y caras señoras.

Estos bares son Pidoux, Aquarium y Chicote en Madrid, y Marfil, Guinea o Clásico en Barcelona. Para ellos no existen prohibiciones ni carencias. Se les ve en los toros, en el fútbol, en los estrenos de Celia Gámez o aplaudiendo a Trudi Bora, *vedette* de la que se decía: «Si eres persona decente, / líbrate de Trudi Bora / como de una serpiente».

Sus posibilidades llegan hasta el punto de tener coche de importación, a los que se llama «haigas», porque a un nuevo rico, tan rico como inculto, se le escapa el decir «haiga»; y que la cosa es frecuente entre iletrados lo demuestra que, a otro de la cofradía a quien le contaron el dicho, confesó ingenuamente: «Pues no creo ser yo quien lo *haiga* dicho».

La figura de la querida se ha impuesto como signo externo de opulencia y atributo del estraperlista, y hasta las esposas aceptan su presencia como elemento indispensable del estatus de su marido. Se cuenta que en una representación de ópera, en el Liceo de Barcelona, se produjo el siguiente diálogo entre una pareja, él estraperlista de alto copete. Le dice el marido a su esposa: «¿Ves aquella chica que está en la butaca del pasillo de la fila tres? Pues es la querida de Roura». Y ella, tras examinarla con mirada competente, le contesta: «Me gusta más la nuestra».

Españoles descalzos

Entre tantísimas escaseces no es de menor importancia la de la piel para fabricar calzado. La poca que circula es acaparada por fabricantes inescrupulosos que la destinan a la producción de calzado de lujo. A mediados de los años cuarenta, reina el imperio de la alpargata, gracias a una Orden Ministerial que decreta poner a la venta alpargatas y zapatillas con suela de goma, eso sí, obligando a los detallistas a que no vendan ningún par con piso de goma, sin mediar, por parte del comprador, la entrega del par usado, por el que se abonan 20 céntimos. Muchos de los solicitantes no pueden entregar el par usado pues, para entonces, faltos de calzado, llevan los pies envueltos en trapos y papeles. Es la legión de pordioseros que ofrecen el lamentable espectáculo de andar por las calle con los pies desnudos.

En 1948, una orden de la Presidencia del Gobierno dispone la fabricación y puesta a la venta de un millón de pares de zapatos del llamado «Calzado Nacional», con piso de suela y modelos diversos, cuyo precio oscila entre las 16,50 pesetas y las 42,85. Los modelos van desde las sandalias hasta los brodequines y los zapatos corrientes.

Debido a lo basto de la piel y lo tosco de la confección, no se garantiza la integridad de los pies del usuario, pero el Calzado Nacional viene a cubrir una lamentable carencia que es un espectáculo deprimente. Antes de la compra se informaba: «Para la adquisición de esta clase de calzado es indispensable la presentación de la cartilla de racionamiento. El calzado adquirido deberá dejarse puesto».

Ante la carencia de Michelines, normas para la conservación de los neumáticos: hay que dejarlos enfriar

Madrid. Como la cantidad de caucho virgen de que se dispone y dispondrá durante el presente año es considerablemente menor que la del anterior, tiene que seguir mezclándose el caucho virgen con el regenerado en la fabricación de cubiertas, como única solución viable para remediar el problema del transporte. Éste debe amoldarse a las condiciones en que deben rodar dichas cubiertas de tipo circunstancial, y para que las mismas den resultando satisfactorio, es preciso observar fielmente las siguientes prescripciones:

Primera. No sobrepasar la velocidad permitida (40 kilómetros hora camión y 70 kilómetros hora turismos). Segunda. Vigilar constantemente la presión recomendada. Tercera. Cargar un 25 por ciento menos de lo especificado en las tablas. Cuarta. Parar con frecuencia, a fin de que los neumáticos se enfríen.

Se darán órdenes severísimas a la Policía de Tráfico para que vigile el cumplimiento, por parte de los conductores, de las reglas anotadas. Cualquier inobservancia será rígidamente sancionada. Se advierte, por último, que los neumáticos deben ser recauchutados antes de que su excesivo deterioro no permita esta reparación. (*ABC*)

Normas para la circulación de los taxis. Si se encuentran...

Madrid. La alcaldía ha dictado unas normas a fin de que el servicio de taxis esté disponible para la mayoría de los ciudadanos, y en evitación de acaparamientos abusivos. Son: prohibición de circular con la bandera bajada y sin viajeros. Prohibición de llevar el cartel de «A Encerrar», y prohibición asimismo de llevar el cartel de «Estación». (*Arriba*)

La Codorniz *se mofa de la autarquía*

Una sección muy celebrada en *La Codorniz* es el «Papelín Nacional», burla del Boletín Oficial del Estado en cuyo «papelín», en los estertores de la vieja obsesión autárquica, pueden leerse disposiciones tan chuscas como ésta: «Se autoriza al vecino de Gajanejos de Abajo, don Froilán Morrueco Alcordal, a montar una fábrica de agujeros para regaderas, siempre y cuando la materia prima utilizada sea de procedencia nacional»

O esta otra: «Se concede permiso al vecino de Callosa la Baja, don Liborio Retuerto Almendrillas, para establecer una manufactura de rabillos para boina con materias exclusivamente nacionales».

Nuevo premio literario

El 6 de enero de 1945 tiene lugar la concesión del primer premio de novela Eugenio Nadal instituido por la editorial Destino de Barcelona. La ganadora es la obra *Nada*, de la que es autora la joven novelista Carmen Laforet. La dotación del premio es de cinco mil pesetas.

Incendio en la fábrica de tabacos

El 8 de junio de 1945 se produce un incendio en la fábrica de tabacos de Madrid. Tras grandes esfuerzos, es sofocado por los bomberos. Este suceso viene a poner fin a la leyenda de que las labores de la Tabacalera de racionamiento son incombustibles, leyenda divulgada por muchos derrotistas y antipatriotas.

Medias de cristal

Causa sensación entre las señoras la aparición de las llamadas «medias de cristal», que llegan de contrabando a España procedentes de Estados Unidos y se venden a la friolera de trescientas pesetas el par. Su materia prima es una nueva fibra artificial patentada por Dupont de Nemours, llamada *nylon*.

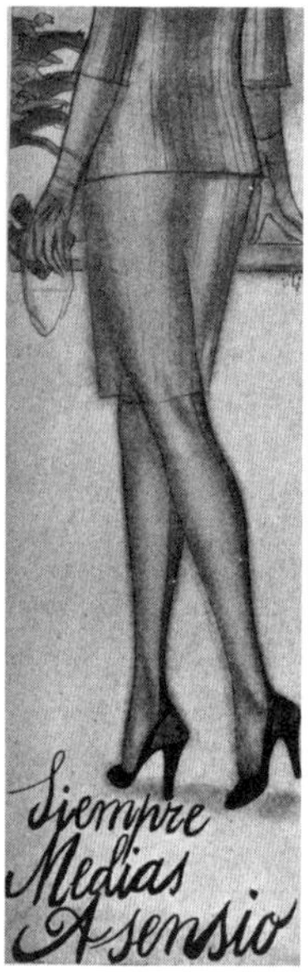

Cartel publicitario de las medias Asensio.

2

MÁS SOLOS QUE LA UNA
(1946-1953)

AQUELLOS AÑOS

UNA PAZ DIFÍCIL

La dimisión de De Gaulle

En la euforia de la derrota alemana, el general había sido proclamado presidente de un gobierno provisional. Hasta que se cansa de una difícil cohabitación con la izquierda y dimite el 20 de enero de 1946. Con él, desaparece la atemperación de las presiones francesas contra el régimen de Franco. Éste se sostenía con mano de hierro, aunque, a finales de mes, no pudo evitar que un conflicto laboral en una fábrica de Manresa se convirtiera en una huelga general que paralizó la ciudad. No obstante, fue un acontecimiento excepcional y las autoridades controlaron rápidamente la situación.

Existe una animadversión internacional contra el sistema imperante en España y las mismas Naciones Unidas promueven una cadena de informes y reconvenciones que se prolongan varios meses, conviniendo que se han refugiado en España entre tres mil y treinta mil criminales de guerra.

Don Juan se instala en Estoril

Para situarse más próximo a Madrid, el heredero de la corona fija su residencia en Portugal, tras ser autorizado por el gobierno de Lisboa, que lo consulta previamente con Franco. Los monárquicos celebran la cercana domiciliación con una carta colectiva de bienvenida, que firman 458 personalidades españolas, entre ellas veinte ex ministros, los presidentes de los cinco principales bancos y numerosos aristócratas. Las represalias no se hacen esperar con retiradas de pasaportes, inspecciones de Hacienda, destituciones y alborotos de estudiantes falangistas en las clases de los profesores firmantes. El general Alfredo Kindelán, promotor de la carta, es desterrado a Garachico, en las islas Canarias.

Poco después, son fusilados diez guerrilleros comunistas, entre ellos Cristino García, teniente coronel de las Fuerzas Francesas del Interior. El gobierno galo cierra la frontera y pide ayuda a Washington y Londres para llevar el caso al Consejo de Seguridad.

Los partidos comunistas están consolidando su fuerza en Francia e Italia. El representante de Polonia acusa a Franco de ser un peligro para la paz del mundo por contar con un gran ejército y preparar la bomba atómica, afirmación que, vista la catastrófica situación de la industria española, acredita el sentido del humor del señor Oskar Lange, representante de Varsovia en la Organización de las Naciones Unidas.

Winston Churchill consagra el concepto de «telón de acero» en un discurso pronunciado en Fulton, Missouri, y la ruptura con la Unión Soviética proporciona un balón de oxígeno al régimen español, que se declara anticomunista. Washington y París no desean proporcionar bazas a Moscú, pero tampoco ayudar a Franco. Aceptarán las presiones diplomáticas y económicas contra España, aunque no la intervención militar.

La censura y el control de la prensa impiden que estos hechos sean bien conocidos por los españoles, a pesar de la cual, el régimen reacciona. Girón, el ministro de Trabajo, entrega al Caudillo varios volúmenes con un manifiesto de lealtad firmado por trescientas mil personas. Franco pronuncia en las Cortes un discurso de dos horas, rechazando las acusaciones de ser un dictador y de preparar la bomba atómica. Afirmaciones que no necesitaban tan largo discurso, pues se contestaban por la simple evidencia.

Enfrentados con las Naciones Unidas

Por la gracia de Dios

Durante todo el año 1946 se suceden los rechazos internacionales al sistema político español, incluido un documento tripartito de condena firmado por Estados Unidos, Gran Bretaña y Francia.

A comienzos de diciembre se emite el informe del comité de la Asamblea General de la Organización de las Naciones Unidas que estudia el caso. Trece países, entre ellos Estados Unidos y la Unión Soviética, han enviado propuestas contra el régimen, que sólo es defendido por Paraguay y El Salvador. Según el informe, el franquismo tiene carácter fascista, ayudó al Eje durante la guerra, refugia a los criminales de guerra y sus fuerzas armadas son desproporcionadas; constituye una amenaza para la paz y la seguridad, aunque no ofrece peligro inmediato. No se adoptan recomendaciones en espera de las decisiones de la Asamblea General.

El gobierno español contesta públicamente al informe de la Organización de las Naciones Unidas y declara que todos los españoles apoyan a Franco. Éste recibe, una vez más, el apoyo de Churchill, quien manifiesta que no le gusta el régimen, pero que la cuestión no merece una guerra.

Conocedores del ambiente y la inminente condena de las Naciones Unidas, los ministros falangistas Girón y Fernández Cuesta se adelantan a los acontecimientos y organizan una manifestación espontánea de apoyo a Franco. El 9 de diciembre, los comercios de Madrid son obligados a cerrar sus puertas y una multitud llena la plaza de Oriente con el lema «Franco sí, comunismo no». A las doce y media del mediodía el Caudillo aparece en el balcón del palacio, entre el entusiasmo de los congregados, que lo aclaman. La retransmisión radiofónica y la exaltación del acto en las primeras páginas de todos los periódicos vertebran un aluvión propagandístico.

Como se esperaba, la Asamblea General de la Organización de las Naciones Unidas aprueba por 34 votos contra 6 y 13 abstenciones una solemne resolución de condena a España, aconseja retirar los embajadores en Madrid que, efectivamente, marchan en su casi totalidad.

En el siguiente consejo de ministros, Franco asegura que las Naciones Unidas están heridas de muerte y la Fábrica Nacional de Moneda y Timbre recibe la orden de preparar una emisión de monedas con el rostro del Generalísimo, orlado por una inscripción: «Francisco Franco, por la gracia de Dios, Caudillo de España».

La crítica histórica no ha logrado averiguar si se trataba de una afirmación gratuita.

Maquinaciones y enredos

El ministro de Asuntos Exteriores, Alberto Martín Artajo, es un católico que mantiene magníficos contactos con el Vaticano y, a comienzos de 1947, intenta dulcificar la situación diplomática, ganándose a Philip Bonsal, el encargado de negocios norteamericano.

Estados Unidos ha retirado su embajador en Madrid y no concederá

Arriba

"RENCOR Y COBARDIA"

El dinero alegre de la guerra está desapareciendo en Norteamérica

La gente, que antes no miraba los dólares, da ahora importancia a los centavos

RESPONSABILIDADES HISTORICAS

Nueva línea aérea con escala en Madrid

Nuevo Gobernador Militar de Madrid

LOS RESTOS DE FALLA RECIBIERON sepultura en la catedral de Cádiz

En representación del Caudillo presidió las solemnes exequias el Ministro de Justicia

La población en masa se sumó a los fúnebres actos

Anoche se celebró una velada necrológica en memoria del glorioso compositor español

SE INAUGURA LA NUEVA PISTA del aeropuerto transoceánico de Barajas

En ella tomó tierra un avión pilotado por el Ministro del Aire

COMIENZA EN ZARAGOZA EL XI CONSEJO DE LA SECCION FEMENINA

En el acto inaugural intervinieron Pilar Primo de Rivera y el Delegado de Provincias

Portada del periódico Arriba, *en la que figura un artículo firmado por Hakin Boor.*

el *placet* a un embajador español, de modo que el gobierno maniobra enviando a Washington a José Félix de Lequerica, disfrazado con el cargo de «inspector de Embajadas y Legaciones», que no necesita la conformidad del gobierno norteamericano. Una vez en su nuevo destino, Lequerica, auxiliado por Manuel Aznar y José Cacho Zabala, entra en contacto con los políticos y almirantes más conservadores para formar un *lobby* favorable a España.

La relación con el gobierno de Londres siempre es espinosa porque Gran Bretaña es una de las bestias negras del régimen, aunque Franco ha recibido numeroso apoyo británico durante la guerra mundial. El 2 de enero de 1947, Carrero Blanco publica como Ginés de Buitrago el duro artículo «Diplomacia subterránea» contra la embajada de Su Graciosa

Majestad en Madrid. También Franco, en los artículos que escribe contra la masonería, emplea un seudónimo, Hakin Boor, cuya identidad conoce todo el mundo. Sin embargo, no puede contener su tendencia al disimulo y el diario *Arriba* acabará informando que el señor Hakin Boor ha sido recibido en audiencia por el Jefe del Estado.

El Vaticano reconoce como Instituto Secular a la Sociedad Sacerdotal de la Santa Cruz u Opus Dei. La línea levemente democristiana del ministro Martín Artajo mira con prevención a este pequeño y activo movimiento católico, que está conquistando numerosas cátedras universitarias y controla el Instituto Superior de Investigaciones Científicas. La Iglesia española pugna secretamente con la Falange y la Organización Sindical. Los enfrentamientos con esta última se incrementan en 1946, al fundarse la Hermandad Obrera de Acción Católica y el diario *Tú*, que acabará cerrando ante los embates del sindicalismo oficial, mientras la Hermandad Obrera de Acción Católica logra mantenerse.

Maniobras para sobrevivir

La Ley de Sucesión

Franco y Carrero Blanco han preparado una Ley de Sucesión, que constituye España en Reino, en el que el Generalísimo mantendrá el poder y designará al rey que debe sucederle cuando muera. Carrero Blanco viaja a Lisboa para conseguir un acuerdo con Juan de Borbón, que no acepta el trato y rechaza diversas informaciones maliciosas que le hace el enviado sobre las personas de su entorno.

Antes de que Carrero regrese a Madrid, Franco anuncia su ley sucesoria y don Juan replica con el Manifiesto de Estoril, que pide la sustitución de Franco por una monarquía democrática. Cuando el proyecto llega a las Cortes, el procurador monárquico José Luis de Goyoaga presenta una enmienda en la que solicita la corona para don Juan de Borbón. Es cesado fulminantemente, su enmienda permanece secreta y las Cortes aprueban el proyecto que establece la jefatura vitalicia a Franco y pone la sucesión en sus manos.

La ley será refrendada en un referéndum, durante cuya campaña llega a España Eva Perón, esposa del nuevo presidente de Argentina. Se le rinden honores de jefe de Estado, agasajándola continuamente durante los veinte días que permanece en Madrid y, para que la Madre Patria aparezca como único motivo de su viaje, la prensa procura ocultar que también recorrerá varios países europeos.

El referéndum se celebra, sin ningún control ni garantía, bajo el lema: «Franco sí, comunismo no». Tras la consulta, el gobierno informa de que ha votado «sí» el 88,59 por ciento del censo electoral. Un chiste de la época asegura que «sí» significaba que Franco siguiera y «no», que no se marchara.

Tensiones sociales

Durante el verano de 1947, los maquis mantienen una gran actividad en Aragón, mientras la crisis industrial y el aislamiento hacen surgir un entramado de fábricas y talleres orientados a una producción de baja calidad y la copia de modelos extranjeros. La miseria y las pésimas condiciones de trabajo provocan protestas y paros obreros en Cataluña y algunas grandes empresas de Madrid que las informaciones oficiales atribuyen a los comunistas. Luego prende la conflictividad en el País Vasco, donde se añaden peticiones políticas como la demanda de libertades. El 14 de abril, aniversario de la proclamación de la República, se concentran miles de trabajadores en la calle de San Francisco de Bilbao, cuyas autoridades son sorprendidas por el acontecimiento.

El éxito anima a las organizaciones clandestinas nacionalistas, socialistas y comunistas a convocar secretamente un paro el 1 de mayo, que secundan las tres cuartas partes de los trabajadores de Vizcaya. Las autoridades se ven desbordadas y, por la noche, llegan numerosas fuerzas de policía y algunas unidades militares. El paro se prolonga mientras Bilbao es tomado por la Guardia Civil, la Policía Armada y el ejército. El 6 de mayo, la huelga se extiende a Guipúzcoa. La detención de unas cuatro mil personas acaba con la resistencia, aunque ya ha renacido el movimiento obrero en el País Vasco.

Lequerica hace amigos en América

El crecimiento de los comunistas en Europa y, en concreto, su ocupación del gobierno checoslovaco inquieta seriamente a Washington. Lequerica y su equipo aprovechan este ambiente para fomentar las simpatías hacia la anticomunista España y despliegan un conjunto de agasajos, sobornos y fiestas destinadas a influyentes abogados, políticos, militares y hasta jefes religiosos. Con el pretexto del anticomunismo, logran la adhesión incondicional del cardenal Francis J. Spellman, el senador Pat McCarran y el congresista Alvin E. O'Konski. Inesperadamente, el almirante Forrest Sherman, que ha viajado a Madrid para visitar a su hija casada con el agregado naval adjunto, se convierte en defensor de un pacto con España y entra en contacto con marinos españoles hasta llegar a Luis Carrero Blanco. Finalmente, cuando termina el verano, el senador Chan Gurney, presidente del Comité de las Fuerzas Armadas, y una delegación militar visitan a Franco. Éste les asegura que Francia es un eslabón débil de la defensa occidental y España resulta imprescindible. A su regreso a Washington, el senador se declara favorable a pactar una alianza con Franco.

La ayuda de Perón

El gobierno francés reabre la frontera española el 10 de febrero de 1948, mientras en Estados Unidos se prepara la aplicación del Plan Marshall, que reparará la ruina causada por la guerra e impedirá que el comunismo avance en Europa. Es muy polémica la inclusión de España en el sistema de ayudas, a la que se opone la conferencia de naciones; en cambio, el *lobby* pro español de Washington logra la aprobación de la Cámara de Representantes. El presidente Truman está irritado por la falta de libertad religiosa en España y no desea indisponerse con la opinión pública francesa e inglesa que son enemigas de Franco. Hace que el Comité Mixto del Congreso rechace la decisión de la Cámara de Representantes y, el 1 de abril, zanja la cuestión excluyendo definitivamente a España del Plan Marshall.

Poco después, el secretario de Estado norteamericano, general George G. Marshall, viaja a París, donde manifiesta a Ernest Bevin y Robert Schuman que Estados Unidos está dispuesto a reconocer a la España de Franco. Los dos políticos europeos se oponen replicando que la opinión pública de sus países no lo permitiría.

El aislamiento español queda consumado y el desabastecimiento conduce a una situación angustiosa. La ayuda argentina salva a España del desastre porque el viaje de Evita ha dado sus frutos y, en abril de 1948, se firma el acuerdo entre Franco y Perón que compromete la venta de una

LLEGA A ESPAÑA
LA ESPOSA DEL PRESIDENTE PERON

EL domingo, a las ocho y media de la tarde, llegó al aeródromo de Barajas el avión que conducía a la esposa del Presidente de la República Argentina. Se encontraban en el aeródromo el Jefe del Estado, Generalísimo Franco, y el Gobierno en pleno. Asimismo aguardaban a la ilustre dama los subsecretarios, directores generales y demás alto personal de los distintos departamentos ministeriales con sus respectivas familias, y numeroso público. Al tomar tierra el avión en el que había hecho el viaje directo desde Las Palmas, doña Eva Duarte de Perón descendió acompañada por el ministro de Asuntos Exteriores, señor Martín Artajo. Seguidamente fué saludada por el Caudillo, quien presentó a los ministros de su Gobierno. Organizada la comitiva en automóviles, ocuparon uno de éstos, cerrado, el general Franco y la esposa del presidente argentino. Madrid estaba en la calle en espera de tributarle una entusiástica bienvenida. Muchísimos balcones habían sido engalados. Banderas argentinas y españolas entrelazadas figuraban en diversos lugares. La circunstancia de ser día festivo aumentaba el número de personas

Viaje de Evita a España.

gran cantidad de alimentos a España, que serán pagados básicamente con productos mineros. El pueblo español sufrirá graves dificultades, pero se libra de la hambruna.

El príncipe viene a España

Don Juan de Borbón forma en Estoril el «Consejo Privado del Rey», con personalidades como el duque de Alba, el infante Alfonso de Orleáns, el arzobispo de Valencia monseñor Olaechea, el conde de Rodezno, el conde de los Andes, José María Gil Robles, José Pemartín y Pedro Sainz Rodríguez.

Cuando los monárquicos de Madrid intentan activar su movimiento, el marqués de Aledo es castigado con una fuerte multa y el general Kindelán arrestado dos meses en el fuerte de Guadalupe de Fuenterrabía. Para reducir la presión, el Generalísimo encarga a Julio Danvila que le prepare una entrevista con don Juan de Borbón y, el 25 de agosto, los yates *Salcillo* y *Azor* se encuentran en el Cantábrico para que ambos personajes conferencien a bordo del segundo. Es la primera vez que se ven y se caen mal recíprocamente; sin embargo, acuerdan que Juan Carlos de Borbón se eduque en España. La prensa tarda cuatro días en dar la noticia del encuentro sin aclarar el contenido de la entrevista.

El 8 de noviembre parten de Lisboa en el *Lusitania Exprés* los hermanos Juan Carlos y Alfonso de Borbón y, al día siguiente, se instalan provisionalmente en la finca La Jarandilla de los marqueses de Urquijo. Franco los recibe en El Pardo, maneja la cuestión como si él dominara a la monarquía y hace que cursen el bachillerato con muchachos de la nobleza y la clase alta, controlados por un preceptor y profesores de confianza franquista.

Su instalación en la capital no libera las presiones sobre los monárquicos antifranquistas y María Luisa Narváez, duquesa de Valencia y Grande de España, es condenada a un año de prisión por hacer comentarios contra el régimen.

Los guerrilleros han fracasado

No todos los maquis son comunistas, aunque sí lo son su dirección y sus principales dirigentes. Los guerrilleros, tras pasar varios años de esfuerzos, con escasa ayuda interior y acosados por la Guardia Civil, no han logrado debilitar al régimen ni desarmarlo ideológicamente. El Partido Comunista de España y el Partit Socialista Unificat de Catalunya (PSUC) celebran una reunión en Toulouse donde acuerdan suspender la actividad guerrillera y dedicar sus esfuerzos a la lucha sindical. La consigna es transmitida a las partidas, que intentarán un difícil repliegue, porque sus vías de evacuación están cortadas, de manera que, en Galicia, Granada y Málaga pervivirán algunos grupos acosados hasta 1950.

El noviembre de 1948, el gobierno francés decide negarse al reconocimiento de España por la Organización de las Naciones Unidas, pero sí permite su entrada en los organismos técnicos de la Organización. Una semana después, con los votos favorables de Estados Unidos y Gran Bretaña, es invitada a participar en la Comisión de Estadística de la Naciones Unidas.

La actitud favorable de Londres no impide que Franco manifieste a *Newsweek* que el egoísmo británico priva a los norteamericanos de la tranquilidad que les daría una alianza con España. Cuando Churchill se declara favorable a la incorporación de España en la defensa europea, el subsecretario de Asuntos Exteriores, el laborista Christopher Mayhew, le replica que la actitud de Franco durante la segunda guerra mundial impide aceptarlo en la comunidad occidental.

Faltan los alimentos

España atraviesa una grave situación en 1949, porque la crisis agraria y la debilidad del mercado interior hunden su producción industrial y Argentina suspende provisionalmente los envíos de trigo, porque Madrid incumple las contrapartidas del acuerdo Franco-Perón. El racionamiento de pan desciende ahora hasta ciento cincuenta gramos por persona y día.

Palían la grave situación los envíos de organizaciones norteamericanas de caridad a través de la Iglesia católica, que distribuye alimentos y prendas de vestir a las familias más necesitadas. Mientras tanto, el cine de Hollywood va conquistando las pantallas españolas, constituyendo un importante medio de propaganda que exporta los valores de su modo de vida. Incluidos los planteamientos de su democracia, que comienzan a ser asimilados por algunos miembros de una generación que será mentalmente hija del cine.

El antifranquista Dean Acheson sustituye al general Marshall como secretario de Estado y su departamento mantiene una política contraria al régimen español. Paralelamente, el *lobby* impulsado por Lequerica ha logrado relacionarse con el agitador anticomunista y senador por Wisconsin, Joseph McCarthy y, sobre todo, con el senador católico Pat McCarran, presidente de la Comisión de Consignaciones del Senado, que facilita las negociaciones para conseguir un crédito del United States Import-Export Bank. Como resultado de estas presiones, el 8 de febrero se anuncia que los bancos estadounidenses Chase Manhattan y National City han concedido un crédito a España que, en la actual situación económica, lo necesita con urgencia.

Oportunidades para Franco

La guerra fría se calienta

Crece el enfrentamiento ruso-norteamericano y el 4 de abril de 1949 se funda la Organización del Tratado del Atlántico Norte (OTAN), que no acepta la inclusión de España. Sin embargo, Portugal sí figura entre los Estados fundadores de la alianza. Aunque su régimen es parecido al español, durante la segunda guerra mundial, mientras Franco coqueteaba con el Eje, Lisboa se colocó en el bando aliado y cedió a Estados Unidos la fundamental base de las Azores. El Generalísimo no acepta el fracaso de su política internacional y se limita a comentar entre sus íntimos: «La OTAN sin España es como una tortilla sin huevos».

En esta nueva situación, las Fuerzas Aéreas de Estados Unidos necesitan bases donde situar sus bombarderos pesados que tiene orientados hacia la Unión Soviética y también busca bases la Marina de Estados Unidos, que ha visto recortados los fondos para construir portaaviones. La marina ambiciona especialmente una base aeronaval capaz de controlar el estrecho de Gibraltar, porque la histórica base británica resulta limitada y su pista de aterrizaje es insuficiente. El almirante Forrest Sherman aprovecha la situación para propagar entre los altos mandos navales la idea de establecer bases en España y logra que lo secunde Richard L. Connolly, jefe de la marina norteamericana en el Atlántico oriental y el Mediterráneo. En un gesto arriesgado, que ignora el Departamento de Estado, el almirante Connolly recala en El Ferrol, el 3 de septiembre, con una división de la flota y al frente de una delegación de altos mandos y visita a Franco en el Pazo de Meirás.

Lequerica aprovechará la situación para promocionar una intensa campaña de viajes a España de senadores y congresistas, pagados con fondos españoles, logrando que el congresista demócrata James J. Murphy emita públicamente opiniones favorables al general Franco.

El primer periodista

Los periodistas se agitan ante un proyecto de organización y regulación burocrática de la profesión, que será regulada y limitada por un carné numerado y un registro oficial, establecidos como barreras corporativas. La idea es manejada por periodistas bien situados políticamente como Manuel Aznar y, sobre todo, Emilio Romero, partidarios de establecer definitivamente reglas profesionales muy restrictivas. Ya consolidada la situación, el 20 de julio la Asociación de la Prensa otorga a Franco el título de «Primer Periodista de España» y, en un acto solemne, una comisión de periodistas le entrega el carné profesional número uno, entre la silenciosa rechifla de los profesionales.

En cambio pasa desapercibido el manifiesto monárquico que el general Antonio Aranda dirige a algunos jefes militares. Fue uno de los hombres más destacados de la guerra civil, durante la cual defendió Oviedo y luego mandó el Cuerpo de Ejército de Galicia. No obstante, es dado de baja en el ejército, arrestado en su domicilio y los medios oficiales propagan el rumor de que ha sido castigado por pertenecer a la masonería, aunque nunca ha pertenecido a la secta.

Los rusos tienen la bomba

La llamada «doctrina Truman», que garantizaba la supremacía estratégica norteamericana, se viene abajo el 23 de septiembre cuando el presidente anuncia que la Unión Soviética ha hecho estallar su primera bomba atómica. La noticia desencadena en Estados Unidos la fiebre de los espías nucleares y abre una nueva perspectiva internacional, porque Estados Unidos ha perdido el monopolio nuclear y necesitarán aliados.

Poco después, una nueva noticia restalla en los medios occidentales: el 1 de octubre, Mao Tse-tung anuncia en Pekín la proclamación de la República Popular China, que firma un acuerdo con la Unión Soviética para recibir ayuda, a cambio de devolver Port-Arthur y los ferrocarriles de Manchuria.

El ejército de Chang Kai-shek cede paulatinamente ante el empuje de las tropas comunistas que, a final de año, dominan toda la China continental, mientras los restos de los ejércitos nacionalistas se refugian en las islas de Formosa y Hai-nan. Esta última será pronto asaltada y conquistada por los comunistas mientras Formosa resiste, gracias al apoyo de la VII Flota norteamericana. El gobierno de Madrid siempre considerará al gobierno de Chang Kai-shek establecido en Formosa o Taiwán como su propio aliado y una avanzada anticomunista en Asia.

Franco viaja a Portugal

Para devolver la visita que Oliveira Salazar hizo en 1942, el Generalísimo se desplazará a Portugal, la única ventana internacional con que cuenta España. Embarca en Vigo en el crucero *Miguel de Cervantes*, que navega hasta Lisboa acompañado por una división de la escuadra. Lo reciben el presidente Carmona y el primer ministro Oliveira Salazar, presencia con ellos un desfile militar y una exhibición aérea y se instala en el palacio de Queluz, con su esposa Carmen Polo, que ha llegado a Lisboa en ferrocarril. Su hermano Nicolás Franco, embajador español en Lisboa, invita a don Juan de Borbón a visitar al Generalísimo en la residencia lisboeta, pero recibe una cordial y rotunda negativa. Franco regresa a Madrid, sin verlo, el 27 de octubre de 1949, cuando la Falange y los sindicatos convocan a sus afiliados para recibirlo en olor de multitudes.

A PESAR DEL AISLAMIENTO

Títulos nobiliarios

El 22 de febrero de 1950, la policía detiene, en una redada nocturna, a personalidades dinásticas, que son acusadas de «conspirar para la restauración de la monarquía», aunque sus conciliábulos son apenas conspiraciones de salón, que no constituyen un peligro para el régimen.

Poco después, y ya entrado el mes de marzo, el presidente Harry Truman declara que no hay diferencia entre la Unión Soviética de Stalin, la Alemania de Hitler y la España de Franco, que son estados policiales. Cuando Franco recibe la noticia, echa mano a su recurso favorito y comenta que Truman pertenece a la masonería y que su afirmación se debe a las presiones de la secta para desprestigiar a España. Como siempre, se vale de afirmaciones rotundas para demostrar la fortaleza de su posición y, el 28 de marzo, cuando recibe en el palacio de El Pardo al IX Congreso del Frente de Juventudes, no sólo arremete contra la masonería sino también contra la monarquía: «Con el reinado de los Borbones, se introduce el vendaval masónico que había de arruinar España».

Actuando como si fuera un verdadero rey, el 1 de abril, aniversario de la Victoria, concede el título de marqués a dos generales enemistados en-

La boda de Carmen Franco.

tre sí: Andrés Saliquet y Gonzalo Queipo de Llano. Este último estaba marginado desde 1939 y se disgusta por haber recibido la misma distinción que su enemigo. Se insinúa que le habría satisfecho haber sido nombrado duque en lugar de marqués y, al cabo de unos meses, aprovechando la efeméride del 18 de julio, enviará una carta a Franco quejándose por ser marqués de Queipo de Llano, «título que, pasados los años, podría ser confundido con el de cualquier marqués de Casa López».

La boda de Carmen Franco

El 11 abril de 1950, la hija única del Generalísimo se casa en la capilla del palacio de El Pardo con Cristóbal Martínez Bordiu, recién nombrado marqués de Villaverde, que viste un rutilante uniforme de caballero del Santo Sepulcro. El padre de la novia, que actúa como padrino, no ocupa el reclinatorio reservado tradicionalmente junto a la contrayente, sino que sigue la ceremonia desde su sitial de Jefe del Estado. Oficia la ceremonia el obispo de Madrid, Eijo Garay, y pronuncia la homilía el primado Pla y Deniel: «Tenéis un modelo ejemplarísimo en la familia de Nazaret y otro más reciente en el hogar cristiano, ejemplar, del Jefe del Estado».

El diario monárquico *ABC* comenta que la ceremonia se ha ajustado al «aire familiar», aunque han sido invitadas ochocientas personas, excluyéndose a destacados aristócratas que se considera implicados en las conspiraciones monárquicas. A pesar del parentesco, Martínez Bordiu nunca tuteará a su suegro y siempre deberá llamarle Excelencia. Los zumbones le llaman «el marqués de Vayavida», aludiendo a sus costumbres, o bien, «el marqués de Villavespa», por su papel en la importación masiva de motocicletas.

El Scooter Vespa, inventado en Italia en 1946, se está convirtiendo en un fenómeno social europeo. En España, sólo los muy ricos poseen un automóvil moderno, los simplemente ricos deben conformarse con modelos anteriores a la guerra civil, infatigablemente reparados y las primeras vespas son propiedad de miembros de la clase media urbana, que adquieren la posibilidad de trasladarse rápida y cómodamente.

El Opus Dei se abre camino

Franco inaugura solemnemente, el 27 de mayo de 1950, la primera Feria del Campo, instalada en Madrid, que se repetirá posteriormente y que consta de diversos pabellones regionales, que muestran la «diversidad de las tierras de España». De acuerdo con la ideología falangista el ministro Carlos Reím pretende exaltar los valores campesinos como la más pura esencia española.

También se inaugurarán durante 1950 la Refinería de Escombreras y la Empresa Nacional de Siderurgia (Ensidesa), exhibidas como demostración de los progresos industriales. Sin embargo, la industria sólo ocupa el 25,5 por ciento de la población activa, mientras la agricultura da trabajo al 27,6 por ciento y los servicios al 25,9 por ciento Balance que pronto variará, porque crecen especialmente la construcción, la metalurgia y la industria química, mientras una gran masa de población rural se desplaza a los núcleos urbanos en busca de trabajo, hacinándose precariamente en los cinturones de Barcelona, Madrid y Bilbao.

El ministro Martín Artajo concentra sus esfuerzos internacionales en mejorar las relaciones con Estados Unidos, Portugal y el Vaticano. El

5 de agosto, España y la Santa Sede firman un convenio para regular la asistencia religiosa católica en las Fuerzas Armadas, donde Roma acepta la jurisdicción castrense, cuyo obispo ostenta la categoría de general.

El Vaticano ha reconocido, en junio, al Opus Dei como Instituto Secular, culminando una etapa de su existencia. La protección de José Ibáñez Martín, ministro de Educación desde 1939, ha permitido a la Obra controlar el Consejo Superior de Investigaciones Científicas y numerosas cátedras universitarias; cuenta además con la editorial Rialp y algún colegio mayor, distanciándose de los falangistas, los jesuitas y los militantes de Acción Católica.

A mediados de este año, Carrero Blanco encarga un delicado asunto personal a un joven catedrático de la Universidad de Santiago llamado Laureano López Rodó, que pertenece al Opus Dei. Resuelve satisfactoriamente el encargo y López Rodó se convierte en su hombre de confianza y le presenta a distinguidos miembros de la Obra. Carrero, que es profundamente católico, conecta perfectamente con ellos.

La gran oportunidad

La guerra de Corea

Desde la explosión de la primera bomba atómica soviética, la política norteamericana está enrarecida y la crispa definitivamente el senador Joe McCarthy que, el 14 de abril de 1950, denuncia que el Departamento de Estado está plagado de comunistas, iniciando la llamada caza de brujas.

La situación se complica todavía más el 25 de junio, cuando las tropas de Corea del Norte invaden Corea del Sur por sorpresa y sin declaración de guerra. Días después, fuerzas de la Organización de las Naciones Unidas, sobre todo norteamericanas, a las órdenes del general Douglas MacArthur, héroe de la guerra del Pacífico, entran en combate contra los invasores.

El diario falangista *Arriba* compara a las tropas de MacArthur que luchan contra el comunismo en Corea, con la División Azul que lo hizo en Rusia y Franco transmite al gobierno de Washington su deseo de ayudar enviando tropas a la zona. Se trata de un ofrecimiento imposible, porque la campaña se desarrolla bajo la bandera de las Naciones Unidas de las que España está excluida.

La guerra intensifica las presiones navales y militares norteamericanas para incluir a España en la OTAN y el Departamento de Defensa se hace eco de ellas. En junio, el Consejo Nacional de Seguridad del Alto Mando Conjunto estima posible un ataque soviético contra Europa occidental y recomienda el ingreso de España en la defensa atlántica.

El Departamento de Estado no comparte esta opinión y, el 3 de junio, el secretario, Dean Acheson, informa al presidente Truman de que tal alianza resultaría inconveniente. No obstante, el 31, el secretario de Defensa, Louis Johnson, recomienda secretamente a Truman que conceda ayuda militar a Madrid y, el 25 de agosto, el Congreso aprueba un proyecto del gobierno para conceder un crédito de 62.500.000 dólares.

Norteamérica está preocupada y las campañas de McCarthy agitan la opinión pública, que teme un ataque de la Unión Soviética. El anticomunismo exhibido por Lequerica en Washington y el ofrecimiento de Franco para ayudar en Corea, comienzan a dar sus frutos. Parece inevitable una nueva guerra mundial, incluso con el empleo de armas atómicas, y el Departamento de Defensa insiste al presidente Truman para modificar las relaciones con España.

Las Naciones Unidas levantan su veto

En prueba de la buena relación entre los regímenes español y portugués, el 25 de septiembre, el presidente Antonio Oliveira Salazar visita a Franco en Galicia, como devolución de su visita a Lisboa el año anterior. Los dos países se inquietan ante la posibilidad de que la oleada descolonizadora afecte a sus posesiones africanas.

El ministerio de Asuntos Exteriores considera útil que el Jefe del Estado visite el África Occidental Española como parte de la ofensiva diplomática para sumar todas las simpatías internacionales posibles y hacer un guiño a los países árabes que pueden aportar sus votos en las Naciones Unidas.

A pesar de la proclamada «amistad hispanoárabe», Franco no ha vuelto a África desde agosto de 1936 y emprende este viaje que le recomiendan como refuerzo a la política internacional española. El 19 de octubre de 1950 aterriza en el aeropuerto de Sidi Ifni y el 20 visita El Aaiún, donde los notables le hacen la tradicional ofrenda de dátiles y leche de camella. La prensa, la radio y el Nodo despliegan toda su potencia para magnificar el viaje, que no logra encontrar eco internacional. Seguidamente, el Generalísimo visita todas las islas Canarias, a bordo del crucero de este nombre, antes de regresar a la Península.

La guerra de Corea beneficia a quien se presente como anticomunista, favoreciendo los asuntos españoles en Washington. El 31 de octubre, el Comité Político de la Asamblea General de las Naciones Unidas acepta discutir las medidas tomadas contra España en 1946 y se apunta la posibilidad de reanudar las relaciones diplomáticas. Franco comenta: «Son ellos los que han cambiado, no nosotros».

La Asamblea General aprueba, el 4 noviembre, revocar los acuerdos contra España tomados en 1946. El Estado de Israel vota en contra aunque su representante puntualiza que, a diferencia de Hitler y Mussolini, Franco no persiguió a los judíos.

Después de revocados los acuerdos, Lequerica pasa la nota de gastos al ministro de Asuntos Exteriores: 88.757 dólares en sobornos y 237.000 en otras atenciones.

Las nuevas relaciones exteriores

Los años de aislamiento han producido un intenso resquemor hacia el extranjero y, mientras el régimen procura congraciarse con Estados Unidos, sigue enfrentado con Gran Bretaña y Francia, aunque con la pequeña satisfacción moral de que la selección española de fútbol derrote a la británica en el estadio brasileño de Maracaná, gracias a un gol de Telmo Zarraonaindía, *Zarra*.

Otras espinas contra Francia: en la película de Juan de Orduña *Agustina de Aragón* se exalta la resistencia popular española contra las tropas napoleónicas. No obstante, su producción no obedece a motivos patrióticos sino al deseo de CIFESA de explotar el éxito logrado en 1948 por Aurora Bautista, interpretando a Juana la Loca en *Locura de amor,* donde la segunda actriz era la joven y poco conocida Sara Montiel.

La exaltación nacionalista hace que, a pesar de la oposición de Martín Artajo, el gobierno lance a la Falange a una campaña antibritánica y jóvenes falangistas se manifiesten repetidamente ante la embajada británica a los gritos de «Gibraltar para España» y «Gibraltar español». El mismo Carrero Blanco refuerza la campaña con un artículo firmado con su seudónimo más habitual, «Juan de la Cosa».

A pesar de estas actitudes, la resolución de las Naciones Unidas permite el ingreso de España en su Organización para la Agricultura y la Alimentación (FAO), que tiene lugar el 10 de noviembre de 1950. Al reanudarse las relaciones diplomáticas, Lequerica pasará a ser embajador en Washington y, el 27 de diciembre, se hace público que será nombrado embajador en Madrid Stanton Griffis, un millonario que se dedica a la política y tiene intereses cinematográficos en la Paramount Pictures y en el Madison Square Garden, donde se celebran las grandes veladas de boxeo. En 1943 había pasado algún tiempo en España como espía de la Office of Strategic Services, el servicio secreto militar norteamericano.

La huelga de tranvías de Barcelona

Las tropas chinas han intervenido en Corea para apoyar a los coreanos del norte, que perdían la guerra. Ésta toma ahora un sesgo contrario a las tropas de la Organización de las Naciones Unidas, que no pueden evitar la ocupación de Seúl por los comunistas el 3 de enero de 1951.

El general Eisenhower es nombrado comandante en jefe de la OTAN mientras se produce cierto deshielo norteamericano respecto al régimen español y una división de la VI Flota norteamericana recala en Barcelona, iniciando la costumbre de que las tripulaciones descansen sistemáticamente en esta ciudad y en Palma de Mallorca. El Congreso norteamericano aprueba un crédito a España de cien millones de dólares, que no logra resolver la difícil situación económica española. Aunque el país ha logrado alcanzar la producción de los años treinta, la guerra de Corea ha disparado los precios internacionales y, como España es deficitaria en alimentos, atraviesa serias dificultades y sus ciudadanos consumen por término medio la mitad de carne y pan que en 1936.

Las precariedades de los trabajadores estallan finalmente en Barcelona, cuando se sube el precio del billete de los tranvías. Entre el 1 y el 5 de marzo de 1951, miles de personas deciden desplazarse a pie hasta su trabajo. Son enviados a la ciudad numerosos policías y guardias civiles, que toman las calles, el billete del tranvía es restituido a su antiguo precio y el gobernador civil Baeza Alegría es sustituido por el jurídico militar Felipe Acedo Colunga. Sin embargo, la conflictividad rebrotará a finales de abril en el País Vasco, donde se producen varias huelgas por motivos laborales.

LAS NUEVAS AMISTADES

Un gobierno para pactar

Sorprendiendo a todos, Franco forma un nuevo gobierno el 19 de julio, en el que Luis Carrero Blanco pasa a ser ministro de la Presidencia, a fin de controlar al nuevo gabinete que combina ministros aperturistas, aptos para un pacto con Estados Unidos, y otros destinados a mantener el sistema.

Franco no renuncia a nada. Cuatro meses atrás, ha ordenado reconstruir el simbólico Alcázar de Toledo y en su nuevo gobierno reaparece la Secretaría General del Movimiento, confiada al falangista Raimundo Fernández Cuesta; el ejército pasa a manos de Agustín Muñoz Grandes, que mandó la División Azul, y el intransigente Gabriel Arias Salgado se hace cargo del ministerio del Ejército e Información y Turismo. La novedad corre a cargo de los católicos vaticanistas: Martín Artajo continúa en Asuntos Exteriores y nombra a José María Castiella embajador ante la Santa Sede; Joaquín Ruiz Jiménez, el nuevo ministro de Educación Nacional, designa rector de la Universidad de Madrid a Pedro Laín Entralgo y de la de Salamanca a Antonio Tovar, hombre que ha evolucionado hacia actitudes más liberales.

La pujanza democristiana de Martín Artajo y Ruiz Jiménez, apoyados por el diario *Ya,* inquieta a los miembros del Opus Dei, que para contrapesarla integran en el equipo de Arias Salgado a Rafael Calvo Serer, Vicente Rodríguez Casado y Florentino Pérez Embid. Desde entonces se desarrollará una sorda pugna entre cristianodemócratas, falangistas y tecnócratas, mientras los católicos más inmovilistas se inquietan por los ligeros cambios de costumbres y un periódico califica a los escasos turistas que llegan al país de «grotesca cabalgata».

Stanton Griffis dura poco en Madrid. La política norteamericana acusa el desgaste del presidente Truman y de la larga permanencia de los demócratas en el poder y, en marzo de 1952, llega un nuevo embajador, Lincoln McVeagh, acompañado por una misión militar y otra económica que inician conversaciones con las autoridades españolas.

Aunque Truman sigue mostrando su rechazo al régimen español, la marina y las fuerzas aéreas insisten en su petición de bases y los informes de equipos norteamericanos encargados de estudiar la situación resaltan las desastrosas condiciones económicas y militares que observan en España y la necesidad de Franco de entablar un diálogo con Washington.

La vida transcurre entre claroscuros y con tensiones de distinto signo. Se liberaliza la distribución y venta de alimentos y desaparece el estraperlo. Pero la política no cambia, Gregorio López Raimundo y otros diez detenidos son condenados como responsables de la huelga de Barcelona y otras catorce personas por las de Bilbao. Especialmente dura es la represión contra los anarquistas, cuyos comandos habían sido aniquilados en 1950: ahora la policía desmonta la organización en Sevilla y Barcelona, donde cinco militantes son fusilados.

Panorama católico

El cardenal Pedro Segura, obispo de Sevilla, es un hombre polémico, que chocó con la República, luego con los falangistas y ahora publica una violenta pastoral antiprotestante, acusando a Franco de perjudicar a la Iglesia a cambio de dólares. El asunto acaba finalmente en Roma, que nombrará un obispo auxiliar, congelando discretamente al furibundo Segura.

Para mostrar al mundo el rostro católico del franquismo, se celebra en Barcelona un Congreso Eucarístico Internacional. Acude monseñor Tedeschini, en representación de Pío XII, y están presentes dos importantes católicos anticomunistas: el cardenal Spellman, arzobispo de Nueva York, y el general Wladislaw Anders, antiguo jefe de las tropas proaliadas polacas. Se concentran en Barcelona 12 cardenales y 300 arzobispos y obispos que encabezan representaciones de 77 países y el acto central congrega trescientas mil personas.

Como remate del congreso, Franco se desplaza al monasterio de Poblet, donde preside un funeral por los antiguos reyes de Aragón. Inmerso en el gentío extranjero llega también a España el pretendiente tradicionalista Javier de Borbón Parma, que igualmente se desplaza al monasterio de Montserrat, lugar sagrado de los carlistas catalanes, donde se proclama rey de España, por su cuenta y sin que nadie se entere.

Respondiendo a su pérdida de influencia en el ministerio de Educación, el Opus Dei emprende una gran campaña contra el ministro Ruiz Jiménez, a quien sus enemigos apodan «Sor Intrépida». La Obra apuesta por una futura monarquía franquista y su portaaviones ideológico, la editorial Rialp, lanza el libro de Rafael Calvo Serer *Teoría de la restauración*, y el de Ángel López Amo *La monarquía de la reforma social*. Rialp ya publicó en 1949 la obra de Calvo Serer *España sin problema* y editará en 1953 *La configuración del futuro*.

Por su parte, el régimen edita un semanario de pretenciosas ambiciones, *El Español*, dirigido por Juan Aparicio, que contiene artículos políticos de las mejores plumas del sistema. No logra desprenderse del aire oficialista y fracasa en los quioscos, mientras en círculos minoritarios se abre paso una revista católica y democrática, *El Ciervo*, dirigida en Barcelona por Lorenzo Gomis.

Los republicanos ganan las elecciones

En noviembre de 1952 triunfa en las elecciones el candidato republicano, general Eisenhower, que toma posesión en enero de 1953 y, poco después, nombra embajador en España a James Clement Dunn, encargándole impulsar las negociaciones para un pacto, que Franco desea por temor a un ataque soviético y necesidad de ayudas que palíen la extrema pobreza. Las condiciones son favorables, porque la guerra fría se calienta y España es admitida en la Organización de las Naciones Unidas para la Cultura y la Educación (UNESCO). Lo cual no implica ninguna dulcificación política: en los primeros meses de 1953, la policía detiene a cincuenta militantes del Partido Socialista Obrero Español, entonces una minúscula organización clandestina. Uno de ellos, Tomás Centeno, muere en un calabozo de la Dirección General de Seguridad, después de haber sido torturado.

La muerte de Stalin

El dictador soviético había dirigido no sólo la Unión Soviética sino la política comunista en todo el mundo, que últimamente acusaba la defección política y doctrinal de Pekín. Su fallecimiento, el 5 de marzo de 1953, modificará el núcleo del poder soviético. De entrada, el jefe único es sustituido por un triunvirato y se inician las luchas internas. Antes de que termine el año, se observarán algunos cambios y el poderoso y terrible Laurenty Beria será detenido, acusado de traición y ejecutado.

La guerra de Corea lleva dos años de vaivenes y difíciles combates en un territorio frío y montañoso, mientras el grueso de las tropas y el esfuerzo económico está a cargo de Estados Unidos. El difícil terreno y la masa de tropas chinas, provocan un empate y las operaciones quedan estacionadas hasta que, el 26 de julio, se firma un armisticio en Panmunjon, que rehabilita la frontera del paralelo 38. Las tropas internacionales regresan a sus países, aunque importantes efectivos norteamericanos continuarán en Corea del Sur.

El final del conflicto no modifica la grave tensión internacional presidida por la noticia de la explosión de la primera bomba de hidrógeno soviética, el 12 de agosto, que añade un nuevo peldaño a la escalada armamentista.

También se agita el mundo colonial francés. Indochina ha pasado por diversas vicisitudes y se encuentra conmocionada por una guerra de guerrillas, en la que los nacionalistas han cedido su espacio a los comunistas, que reciben ayuda china y rusa. En Marruecos, el sultán Mohamed ibn Yusuf apoya al partido Istiqlal, que es independentista, y el residente general francés, Augustin Guillaume, lo depone, lo deporta a Córcega y, el 20 de agosto, coloca en su lugar a Mohamed Ben Arafa, que es apoyado por los bereberes del sur. El alto comisario García-Valiño se niega a reconocer a Ben Arafa porque el gobierno español se venga así de la enemistad de la IV República, sin comprender que esta política colonial tira piedras contra su propio tejado.

Los pactos con el Vaticano y Estados Unidos

La apertura a las relaciones internacionales logra la firma del Concordato con la Santa Sede, el 27 de agosto, en el que el gobierno obtiene un reconocimiento oficial y concede a la Iglesia católica importantes ventajas económicas y notables privilegios en los campos de la educación y la defensa de la moral.

Se trata de una maniobra previa a la firma de tres convenios con Estados Unidos, el 26 de septiembre de 1953, centrada en un acuerdo militar de Ayuda Mutua. España no es admitida en la OTAN, pero Estados Unidos obtiene tres bases en Torrejón, Morón de la Frontera y Zaragoza, aptas para servir de apoyo a los bombarderos B-36, una base naval en Rota, una red de instalaciones menores dedicadas a la telecomunicación militar y a la vigilancia aérea, además de un oleoducto que unirá las bases. La cuantía de la ayuda militar es inferior a la concedida a los otros aliados europeos y consta de armamento, mejora de las industrias militares, contratos para comprar municiones y cursos de perfeccionamiento para los militares españoles.

El pacto es mal acogido por los elementos más extremos del franquismo y el gobierno justifica la entrega de bases asegurando que son de utilización conjunta, con ambas banderas y doble mando español y norteamericano. Para demostrar su adhesión a Franco, la Falange convoca una manifestación en la plaza de Oriente el 1 de octubre, que logra una gran asistencia. El falangista Luis Martínez de Galinsoga, director de *La Vanguardia Española* de Barcelona, escribe que Franco es el único gran hombre del siglo XX, frente a pigmeos como Churchill o Roosevelt. A finales de mes se celebra otra concentración falangista en el estadio de Chamartín, donde Franco se presenta vestido con el uniforme del partido.

En cambio, continúan tirantes las relaciones con Gran Bretaña; el gobierno de Londres anuncia que la reina Isabel II visitará Gibraltar durante el próximo año y Franco responde con duras declaraciones antibritánicas al diario *Arriba*.

Conflictos laborales y una disidencia

De momento, no ha mejorado la situación económica de los trabajadores y aumenta la conflictividad. Cuando se celebran elecciones sindicales sin que los candidatos estén sujetos al veto por falta de «confianza política», los comunistas se infiltran en las candidaturas y, a comienzos de diciembre, tres mil obreros de Euskalduna se declaran en huelga en Bilbao.

La relación con los católicos también se complica, porque los ministros Martín Artajo y Ruiz Jiménez mantienen una colaboración no incondicional y levemente crítica, que se expresa en el diario católico *Ya*. En cambio, el régimen rompe claramente con Calvo Serer, que ha pedido la restauración monárquica inmediata en un periódico francés.

COSAS Y CASOS

España se queda sin gasolina

El suministro del combustible líquido que asegura la circulación de los vehículos a motor es una de las pesadillas de los años de la posguerra. Pendiente del suministro de los países anglosajones, principales productores, las entregas dependen de la actitud de España frente al conflicto mundial. Cuanto más germanófilas sean las manifestaciones de los jerarcas, más se raciona la gasolina.

Solución con aires típicamente autárquicos es el uso de gasógenos, idea que como tantas otras providenciales se atribuye al Caudillo. El gasógeno bautiza toda una época y es origen de chistes y hasta de canciones por lo laborioso e inseguro de su funcionamiento, semejante a un fogón casero.

Sin embargo, llega un momento —coincidiendo con el inicio de nuestro aislamiento internacional en 1946— que para asegurar el transporte urbano hay que dar un salto atrás y volver a la tracción animal, a los coches de caballos. He aquí cómo refleja la situación —sin tapujos de ninguna clase— esta noticia de la Agencia Cifra:

> Los coches de caballos han vuelto a verse con cierta profusión estos días por las calles de Madrid, en ocasión de la reducción de los cupos de gasolina. Landós tirados por magníficos ejemplares, asistidos por cocheros y lacayos, que recordaban los buenos tiempos de los carruajes de principios de siglo, han sido puestos en servicio por numerosos vecinos. También han aparecido simones, tirados por jacos famélicos que más parecen caballos de pica para los ruedos, que se presentan como sucedáneos de unos taxis escasísimos. Tílburis, charretes, calesas y tartanas son conducidos por sus propios dueños, que así resuelven el problema del transporte. También en algún centro militar se ha restablecido el tiro caballar.

Un país entre la ficción y la realidad

La vida hispánica, obligada por la fuerza de unas circunstancias catastróficas resultantes de la guerra civil, discurre por dos cauces bien diferenciados. Por un lado, está la España oficial, asentada en sus principios autárquicos que mantienen la ficción de unas tasas reguladoras del trato comercial y de unos abastecimientos que deben alimentar al país, todo lo cual es totalmente falso porque para comerciar y subsistir coexisten dos corrientes al margen de la ley. Una es la del gran mercado negro industrial que abarca productos metalúrgicos y químicos, textiles, cemento, cupos e importaciones, lo que da lugar a la creación de las grandes fortunas amparadas en la situación. La otra corriente es la del estraperlo menudo y folclórico de la alimentación que lleva a cabo el pueblo llano para ganar algún dinero y poder sobrevivir, consumiendo parte del género traficado. El quehacer de estos españoles yendo y viniendo de las zonas aceituneras o arroceras funciona gracias al más pícaro ingenio, movido por un puro instinto de supervivencia.

Nacen las quinielas

En 1946 se crea el Patronato de Apuestas Mutuas Deportivo Benéficas, lo que significa la penetración del fútbol hasta en las masas más ignorantes del país. Los que en su vida no habían visto un partido, se interesan por el Alcoyano, el Don Benito o la Cultural Leonesa. La futbolización del país es completa. La rueda de la fortuna, la creencia tan ibérica en el premio gordo que ha de redimir de la pobreza, se asocia con la magia del 1, de la X y del 2, puestos al margen de unas confrontaciones cuyo sentido para unas gentes perdidas en el medio rural era totalmente desconocido. En 1950, don Aníbal Falcón gana el primer medio millón en las quinielas. En 1951, don Saturnino García Pereda obtiene el primer millón. La saga de los millonarios ha empezado. Las quinielas son el ingrediente que faltaba para embeber a España entera, alejándola definitivamente de cualquier meditación trascendental. He aquí cómo cuenta Josep Pla el invasor fenómeno en uno de sus inimitables «Calendario sin fechas» publicado en *Destino*:

—Le veo a usted muy enfrascado. ¿Está usted escribiendo a la familia?

—¡Ah, no, señor! Estoy llenando con el mejor cuidado una quiniela.

—¿La ha imaginado usted o se la han sugerido?

—Sugerido, no. Yo he tenido siempre una gran afición al deporte. Primero jugué en el colegio. Después presencié algún partido. Ahora escucho la radio y lleno cada semana diez quinielas. El deporte me cuesta cada semana treinta pesetas.

—Es usted un gran deportista. En el país, cada día hay una mayor afición al deporte, al deporte caligráfico, se entiende. Ahora yo le quisiera pedir un favor: cuando llena usted la quiniela, ¿tiene algún criterio? Si lo tuviera usted, aunque fuera algo vago y aproximado, le estimaría mucho que me lo dijera porque al paso que se está poniendo el aburrimiento, sobre todo en los pueblos, todos acabaremos haciendo quinielas.

La prostitución en la España de posguerra

En una situación en la que junto a la miseria convive el espectáculo degradante del dinero fácil procedente del mercado negro y su consiguiente despilfarro innecesario, la mujer, víctima de la necesidad, cae en gran número en la tentación de la seguridad y del lujo como evasión de la pobreza.

Había una copla que cantaba: «La honra, la perdí / pero vivo superior».

La prostitución es, en la mayoría de los casos, una salida impuesta por las imperiosas necesidades de la vida cotidiana. A la prostitución, legalizada —que se ejerce en los burdeles con carné y control sanitario— o clandestina, se ven abocadas mujeres maduras cuyos maridos están en paradero desconocido, con hijos que mantener y un nivel cultural que no les da opción a otro medio de vida; casadas jóvenes con maridos encarcelados; muchachas solas, cuyos padres han tenido que salir de España al terminar la guerra, niñas desamparadas, apenas entradas en la pubertad.

La prostitución clandestina es la más extendida. Va desde las chicas de elevada cotización que se ofrecen en los bares o salas de fiesta de moda, como Chicote, Pidoux o Negresco en Madrid, Marfil, Trébol, Rigat en Barcelona, hasta las más modestas que hacen la acera en las cercanías del lugar donde pueden disponer de habitaciones a las que llevar al cliente. Y todavía quedan las de los más ínfimos estratos de sordidez, operando a la intemperie y en descampados.

La clientela es amplia y fácil. Por un lado, están las circunstancias críticas que se atraviesan a diario, y el sentido de precariedad existencial que había sido la experiencia de la guerra. Por otro, el dinero fácil que amasan los especuladores del mercado negro. Todo ello genera un deseo de divertirse, de gozar. El que puede, lo hace, además, exhibiendo su dinero en las salas de fiesta en compañía de una fulana de postín.

La prostitución legal se ejerce en el burdel, lugar autorizado para el comercio del sexo y donde el macho ibérico puede desahogarse sin ser molestado por la justicia. El burdel vive en los años de la posguerra una etapa floreciente. A principios de los cuarenta hay en España 1.147 casas de tolerancia, con un número de prostitutas variable.

Las viejas casas de putas hispánicas que habían dado instituciones tan afamadas como Madame Petit o la Emilia en Barcelona, la Mediateta en La Coruña, la Pepita en Zaragoza, la Bizcocha en Granada o la Turca en Pamplona, hacen su agosto en tiempos de represión sexual. Con un salón decorado con pinturas lascivas y chillonas al que son convocadas las niñas para su exhibición semidesnudas ante los clientes, con su dueña y su encargada, que controla las ocupaciones, la mancebía es, no sólo el sumidero legal de la fornicación sino también, en las capitales pequeñas, cenáculo y tertulia donde una varonía chata y provinciana se evade de la hipocresía del ambiente, de los dengues de la esposa, de una respetabilidad ficticia que se aparenta en la puntual asistencia a la misa dominical, rito al que, dicho sea de paso, asisten también muchas dueñas de lupanares escoltadas por la encargada y por alguna pupila devota de la Virgen de las Angustias.

Por lo demás, los precios de las casas de lenocinio están al alcance de casi todos los bolsillos, desde los más modestos, para los que una hembra cuesta dos o tres duros, hasta los más encopetados y selectos, donde la cotización llega a las doscientas o trescientas pesetas. Las chicas de precio, que hacen señores en los bares elegantes o en salas de fiestas, utilizan los *meublés* más lujosos, llegando en los casos de más alta categoría a tener su apartamento propio. Su tarifa, entre las trescientas y las quinientas pesetas por hacer el amor, da para vivir como una princesa. Más de una utilizará esta saneada plataforma de lanzamiento para hacer carrera más tarde, en el mundo de la canción o en el comercio de las *boutiques*. El fenómeno llega hasta las páginas de los periódicos ante lo alarmante de las cifras. En diciembre de 1944 aparece en *La Vanguardia* una crónica enviada desde Madrid en la que, bajo el título de «Aumento de la prostitución en Madrid», se daban los datos siguientes:

En 1885 la población de Madrid no llegaba al medio millón de habitantes. Las estadísticas hechas dos años más tarde le asignaban exactamente una población de 472.228 personas. En ese mismo año había en la villa 1.331 profesionales del vicio. Hoy, que la población se ha triplicado, puede calcularse sin temor alguno a error que el número de prostitutas pasa de veinte mil.

Esta extensión del comercio del sexo tiene su lógica repercusión en el alarmante aumento de las enfermedades venéreas. La sífilis se convierte en un verdadero azote. La blenorragia llega a límites epidémicos. Sólo la aparición de las sulfamidas, primero, y la penicilina después, permitieron luchar con éxito contra la plaga.

Ardides de la picaresca o cómo subsistir

Un reportaje, aparecido en la revista *Semana*, nos descubre las estratagemas usadas por los traficantes, a los que debemos nuestra supervivencia. El texto es el siguiente:

> Los estraperlistas aprovechan los descuidos de los servidores de las máquinas de los trenes, y esconden sacos de treinta, cuarenta o cincuenta kilos de género en la parte trasera del ténder; en las máquinas eléctricas los ocultan en el «capot», con grave riesgo de quedar electrocutados. En una ocasión, un tren rendía viaje en una estación de Madrid, y alguien advirtió que las briquetas de carbón para alimentar la máquina, en vez de disminuir por el consumo del trayecto, habían aumentado. Entonces se vio que buena parte de las briquetas eran cajitas de cartón pintadas de negro, llenas de judías. [...] En el correo-expreso procedente de Santander, al observar un agente cómo una viajera, que llevaba un niño pequeño tapado con un mantón, daba muestras de inquietud, procedió a la inspección del equipaje infructuosamente. Como continuara el malestar de la señora, en contraste con la tranquilidad del niño, que en todo el viaje no había hecho el menor ruido, el agente descubrió que el presunto niño no era más que una gran vejiga llena de aceite. El truco de la embarazada ha hecho entrar en sospechas a más de una agente quien, con todos los respetos debidos al sexo, ha conseguido descubrir que el falso embarazo ocultaba grandes tiras de longaniza enrolladas. A los simuladores de joroba se les ha descubierto que esconden en la chepa saquitos de arroz o de judías. [...] Otras falsas embarazadas están grávidas de cantimploras llenas de aceite, citándose éstos como los casos más ingeniosos usados por la muchedumbre dedicada al pequeño tráfico de mercancías intervenidas. Pero los

> ardides no se agotan con los trucos descritos. Los instrumentos musicales han resultado utilísimos a los estraperlistas. De noche y con poca luz en el vagón, una bandurria puede pasar, en su caja de resonancia, un par de kilos de lentejas, y como en estos grupos musicales que animan las fiestas locales van laúdes, bandurrias y guitarras, pues la cosa puede resultar provechosa. Y no hablemos de las judías que caben en el interior de un contrabajo. [...] También se utilizan el chaleco-bidón, las novelas huecas.

Los riesgos de una incautación son muchos, sobre todo al llegar a las estaciones de tren, como lo muestra esta noticia:

> MADRID. La guardia civil de servicio en la estación de Atocha llevó a cabo una inspección en el Correo de Andalucía, procediendo a la incautación de los siguientes géneros: 20 litros de aceite, 50 kilos de arroz, 100 kilos de azúcar, 200 kilos de harina y un quintal de salvado. Todos estos géneros se hallaban en poder de viajeros procedentes de Andalucía, quienes habían escondido la mercancía utilizando ardides como vasijas de doble fondo, cuadros iluminados de la Virgen y falsas garrafas de vino. A un viajero se le ocuparon 10 kilos de longanizas que llevaba colgadas en el exterior del vagón, ocultándolas al llegar a las estaciones.

Bajo el signo del nacionalcatolicismo

Un Estado inspirado por la Iglesia católica y fiel seguidor de sus admoniciones, debía dar resonancia a la voz de la jerarquía eclesiástica, la cual opinaba sobre todo lo que afectaba a la moral. Sin ir más lejos, el baile era «alegría del diablo».

El baile «agarrao», como se decía castizamente, es objeto de anatemas, empezando por unos carteles en los que aparece un demonio como pareja de baile, y la recomendación de «¡Joven, diviértete de otra manera!». El padre Avellanosa, analiza con notable perspicacia y sobrada malicia cuáles eran los efectos eróticos de la danza. Ésta es su descripción:

> El contacto prolongado de caras, pechos, cinturas y vientres encierra enorme capacidad de las más graves excitaciones sexuales, cuyo fin lujurioso conduce al placer de la fornicación, completo e incompleto. El baile es el ejercicio público de la lascivia.

En este mismo orden condenatorio aparecerá, algún tiempo después, una pastoral del cardenal Segura, el íntegro arzobispo de Sevilla, cuyo título es: «Sobre los bailes, la moral católica y la ascética cristiana». En ella, el prelado hispalense saca a colación una vieja condena que databa del siglo XVIII, debida al jesuita padre Calatayud, quien condenaba el baile en estos impresionantes términos: «El baile es gavilla de demonios, estrago de la inocencia, solemnidad del infierno, tiniebla de varones, infamia de doncellas, alegría del diablo y tristeza de los ángeles».

Las modas, ofensas al pudor

El padre Ayala, bien conocido por su truculenta definición del cine, ante el descoco femenino se muestra apocalíptico en su condenación:

> ¡Qué modas tan indignas, tan atentatorias al pudor! ¡Pierna al aire hasta el muslo, brazos al descubierto hasta cerca del sobaco, escotes en el pecho y en la espalda, vestidos ceñidos al cuerpo de un modo inverecundo! ¡Casi van peor que desnudas!

Por su parte, el cardenal primado, doctor Gomá, llega a dedicar un volumen, titulado *Las modas y el lujo*, a hacer consideraciones sobre si el vestido femenino es una ayuda al pudor o si, por el contrario, es un impúdico reclamo. Éstas son sus palabras:

> Porque en muchos de los figurines de la moda hay, señoras, una malicia profunda del dibujante o del modisto que, más que vestiros, parece que se ha propuesto ejercer lo que un crítico llamaba «el arte de desnudar con decencia», tal es la perversa intención que delatan ciertos recortes.

Jóvenes, ¡sed castos!

El padre Avellanosa, orientador de jóvenes y celador de costumbres edificantes, exhorta así a la castidad de las parejas:

> Las parejas no deben salir solas. Los riesgos de la tentación son muchos y el maligno no descansa en su empeño por pervertir las almas puras. Por eso, es bueno que los jóvenes vayan siempre acompañados por persona formal, con

años y moralmente preparada, que sea para ellos como un escudo que les libre de las tentaciones. Esta sana precaución no debe abandonarse ni cuando la formalización de las relaciones asegure la proximidad del Santo Sacramento del Matrimonio. Antes al contrario: la cercanía del tálamo vuelve a los hombres más rijosos, y las mujeres más fáciles a la concesión de un anticipo. Por ello, ni las más firmes promesas deben eludir la vigilante compañía de un familiar o «carabina», que los haga mantenerse castos y puros hasta la hora en que, bendecida la unión, puedan entregarse a cumplir con los deberes estrictamente procreativos, para los que se fundó y santificó la unión matrimonial.

¡Casados! ¡Cuidado con las prácticas conyugales!

Si las modas, el baile y el noviazgo merecen las admoniciones del clero, en vela de la pureza y de las costumbres cristianas, también el comportamiento conyugal requerirá de un toque de atención que correrá a cargo del padre Remigio Vilariño. Éste es su grito:

> Es abominable la práctica de algunos casados inmorales y casadas malas cristianas, que usan del matrimonio de modo que no tengan hijos o solamente algunos. [...] Crimen detestable, vicio abominable que trastorna la familia, mutila el amor, desmocha la sociedad, engendra enfermedades, atrae la maldición de Dios. [...] Vicio horrendo, maldito de Dios, de la naturaleza y de la Patria. [...] Todo matrimonio que se aparta de las reglas de Dios es perverso.

El humor de Foxá (I)

Agustín de Foxá, diplomático y escritor, es un personaje dotado de un agudísimo sentido del humor y cuyas ocurrencias circulan por transmisión oral, dado el carácter divertidamente crítico hacia el sistema de que están provistas. Ya al poco de la victoria de 1939 y al observar el contenido totalitario y el perfil de dictadura cuartelera que desprendía la figura de Franco, vaticinó: «Cuando hayamos implantado el fascismo en España, yo me iré a vivir a Biarritz».

Frente a la definición oficial de Estado Nacionalsindicalista, Foxá, dada la relevancia del aspecto clerical del sistema, aclara: «No; esto que hay es un Estado Nacional seminarista».

Cuando el cerco internacional parecía hipotecar el futuro de la dictadura de Franco y hasta se especulaba con la marcha del general, Foxá apostilla: «El día que se vaya Franco, ¡menuda patada le van a dar en nuestro culo!».

Poco después de finalizada la segunda guerra mundial, con la derrota de los países totalitarios con toda su parafernalia de uniformes, rituales y saludos fascistas, se produjo la iniciativa de unos cofrades filipinos de viajar a Europa en peregrinación, portadores de una reliquia de san Francisco Javier, evangelizador de las islas, consistente en un brazo incorrupto del santo. Cuando aparecieron por España, Agustín de Foxá acertó a definir lo ejemplar del gesto de los cofrades al decir: «Son dignos de toda nuestra admiración. ¡Hay que ver lo que representa venir en estos tiempos desde Filipinas con el brazo en alto!».

Las bodas más sonadas. De la duquesita de Alba a la nieta de Franco

El día 11 de octubre de 1947, Sevilla se engalana para asistir a la boda de Cayetana Fitz-James, hija única del duque de Alba, con don Luis Martínez de Irujo, hijo del duque de Sotomayor.

Según las crónicas, Cayetana está bellísima con un vestido blanco de seda natural valorado en más de cien mil pesetas y adornada por una diadema de incalculable valor que había pertenecido a su madre, la infortunada dama doña Rosario de Silva.

El recorrido, desde el palacio de las Dueñas a la catedral, lo hace la novia en una calesa tirada por un espléndido tronco de caballos. Asisten a la ceremonia más de dos mil quinientos invitados que son obsequiados, primero con un aperitivo servido por Perico Chicote y después por un espléndido almuerzo en los jardines del palacio.

Entre los asistentes, aparte una amplia representación de nuestra más añeja y linajuda nobleza, hay gente del mundo del toro y figuras del cante y baile flamenco.

Por orden de la joven duquesita, se sirven comidas a los pobres, otorgándose también donativos a los asilos donde se albergan los más necesitados.

Llegados a la altura de 1950, el hecho que intriga mayormente a los lectores de *¡Hola!* y al público en general, es el casorio de Carmencita Franco Polo, la hija única del Generalísimo. Ya la cronista de sociedad

Marichu de la Mora ha intrigado al personal al presentárnosla en la revista *Semana* con estas palabras:

> Ésta es la muchacha guapa y elegante de sociedad que vive en las afueras de Madrid. El vestido sencillo pero de corte impecable: las perlas alrededor del cuello y un «clip» prendiendo el escote. La piel clara y la mirada brillante de la juventud esconde femeninamente todo un mundo de secretos.

Así reza el pie de foto. Poco después «el mundo de secretos» dejará de serlo. El elegido de su corazón era el «alférez Bordiu». Luego se amplió la referencia, resultando ser Cristóbal Martínez Bordiu, licenciado en medicina e hijo de los condes de Argillo, familia de abolengo. Pero no muy boyante. Como por ensalmo, el novio se convierte en marqués de Villaverde y antes de la boda, lo hacen caballero del Santo Sepulcro para poder lucir el vistoso y noble atuendo de «sansepulcrista».

La boda es el gran fasto social del franquismo. Franco actúa de padrino y los invitados forman la flor y nata de las jerarquías franquistas, del generalato y de los adinerados de la situación.

Como es obvio, se sirvió un agasajo a los pobres de El Pardo.

La muerte de Manolete

El día 28 de agosto de 1947 está anunciada en la plaza de toros de Linares una corrida que, con ganado de Miura, debían lidiar los espadas Gitanillo de Triana, Manolete y Luis Miguel Dominguín.

Llega el diestro cordobés a esta corrida fatigado, harto de verse enfrentado con los públicos por las exigencias de su apoderado y, por tanto, soñando con la llegada del fin de la temporada para, según había anunciado, retirarse de los toros.

La corrida discurre sin relieve, habiendo destacado tan sólo Dominguín en el tercer toro hasta que salió el quinto, *Islero* de nombre. El toro no es fácil pero Manolete, siempre honesto con la afición, aprovecha el pitón derecho que es el manejable para ligar unas series lucidas. Alcanzado el aplauso se perfiló. Tal vez se confió buscando el volapié y a *Islero* le bastó alargar el cuello para empitonarlo por la ingle. Cornada profunda que llegó hasta la cadera y rompió la safena.

Lo que sucede en la enfermería de la plaza es de pesadilla: suturas, transfusiones, insuficiencia de material quirúrgico, traslado al hospital, desconcierto ante una hemorragia que no se podía cortar. Hasta Gitanillo de Triana, conductor a altas velocidades, corre a Madrid en busca del doctor Jiménez Guinea, que llega a Linares con Manolete agonizando.

Al amanecer del nuevo día deja de existir Manuel Rodríguez Manolete. Los titulares del día siguiente proclaman: «¡De Leyenda! ¡A Manolete lo ha matado en Linares un toro de Miura!».

Y el pueblo español, como cuando Espartero, Joselito, Granero o Sánchez Mejías, llora a los ídolos ibéricos que se hacen entre sangre y arena.

Se inaugura el estadio Nuevo Chamartín, después Santiago Bernabéu

El crecimiento en la afluencia de espectadores a las competiciones futbolísticas y la nueva ola de aficionados nacidos al señuelo de las quinielas empuja a la directiva del Real Madrid a la construcción de un estadio con un aforo superior a las setenta mil localidades. El 14 de diciembre, con un lleno completo, tiene lugar la inauguración, enfrentándose el Real Madrid al equipo portugués de Os Belenenses, al que vence por 3 goles a 1.

El referéndum de «Menos Franco y más pan blanco»

Establecido el referéndum nacional como fórmula plebiscitaria en aval de las grandes decisiones históricas, se recurre a él para buscar la aprobación de la Ley de Sucesión, por la cual España se convertirá en reino, quedando la designación del monarca para cuando Franco lo tenga a bien. La consulta es disyuntiva: hay que votar «sí» o votar «no», y aunque la propaganda en pro del voto afirmativo se hace arrolladora, no se deja de hacer constar que sea cual sea el resultado, Franco seguirá indiscutido e imperturbable en su puesto de Caudillo de España. Esto dará lugar a que, en un diálogo entre amigos, en vísperas del 6 de julio, fecha fijada para la consulta, uno de ellos se muestre escéptico ante el sentido del «no», dada la asegurada continuidad de Franco, situada por encima del plebiscito. A las dudas expuestas por uno de los interlocutores, el otro le aclara: «Es que no has entendido bien el propósito verdadero de la consulta: el voto afirmativo significa que sí quieres que Franco continúe, el voto negativo quiere decir que no quieres que Franco se vaya. ¿Entendido?».

Las instancias hacia el voto afirmativo se hacen desde todos los ángulos, moviendo todos los resortes y utilizando todos los argumentos. Hasta los más llamativos:

> El voto afirmativo garantiza y refuerza la continuidad del régimen de Franco. El voto afirmativo garantiza y refuerza nuestra paz, nuestra unidad y nuestro porvenir. Todo lo demás quedó suficientemente seguro con el triunfo en nuestra guerra. Votar SÍ, es votar Franco. (*Arriba)*

La repulsa al «no» se argumenta así desde las páginas del mismo periódico:

> Votando NO se forma junto a Napoleón Bidault, bajo las puercas banderas de Lange: se sienta plaza de imbécil, a la vera de lord Templewood, y se acuesta uno a la sombra del crimen comunista, junto a la dulzura leniniana de la Pasionaria. Votando NO se está con los enemigos de España, con uniforme de cafre y con un anillo en las narices.

Las motivaciones en demanda del «sí» no rehúsan ni el recurso a lo macabro. De entrada, se expone: «Si Franco faltase sin dejar sucesión...», y todo un panorama de tragedias se remacha exponiendo fotografías de momias de la Semana Trágica, de cadáveres desenterrados, de los rostros cadavéricos de los inmolados durante la barbarie roja, entre los que aparecían el del general Capaz, del doctor Albiñana, del padre Gafo y, también, los de personalidades republicanas como Melquíades Álvarez, Abad Conde, Rey Mora, sacrificados en el desmadre revolucionario. La moraleja resultante se sintetiza en el dilema de: «O Franco o el caos».

La transcendental jornada se inicia en medio del mayor empeño por acudir a los colegios electorales. Las gentes se alinean formando largas colas desde primeras horas de la mañana. El entusiasmo es tal, que en algunos colegios la cola pasa dos veces por las urnas. Unos por convicción, otros por temor y los más siguiendo la gregaria corriente general, los españoles cumplen con el requisito de depositar su papeleta en la evidencia de que se vote lo que se vote, las cosas no van a cambiar en ningún sentido. La masiva reclamación de comprobantes de voto descubrirá el espíritu que anima a la mayoría de los votantes, que no es otro que ponerse a cubierto de cualquier sanción gracias al justificante.

La jornada discurrirá sin incidentes reseñables. Sólo en Mieres, un exaltado destroza una urna de un garrotazo, levantándose acta notarial del desafuero, mientras el agresor es conducido rápidamente al cuartelillo. En bastantes lugares se producen cortes de corriente, cosa frecuentísima dada la falta de energía y el pésimo estado de la red. Pese a ello, las votaciones siguen con entera normalidad y hasta se da el caso de que alguna urna registre después del apagón un sorprendente aumento en el volumen de las papeletas depositadas. Los transeúntes votan sin que los presidentes de las mesas les pongan inconveniente alguno, dado el valor cívico que ello demuestra, y a juzgar por el crecido número de personas que se hallan en tal circunstancia, parece como si a media España le haya dado por ausentarse aquel día de su residencia habitual. Algunos presidentes hacen cuestión de puntillo lograr la más alta cifra de votantes en competencia con otros colegios electorales vecinos. Muchos aceptarán papeletas depositadas en nombre de personas difuntas de las que, eso sí, les consta su adhesión a los principios del Movimiento. En el curso de la votación es posible observar cómo muchos electores acosados por temores insuperables se presentan con la papeleta bien visible a fin de que pueda verse la magnitud del «sí» que han estampado. Otros al oír el «vota» presidencial se apresuran a decir con voz firme: «Sí». No faltan tampoco los presidentes que, sobre todo en los pueblos, esperan la llegada de aquellos que se sabe son de ideas contrarias al Movimiento, a fin de saber cuál ha sido su voto. Y si comprueban que en él aparece un «no», se apresuran a decírselo al sargento de la Guardia Civil.

En medio de un civismo pregonado, bajo el que se oculta una estupenda farsa, se desarrollará la famosa jornada. Lo que hubo de picaresca tiene plena confirmación al procederse al escrutinio. La variedad de lo escrito en muchas papeletas es inenarrable. Aparecen votos para Manolete y para Arruza. Otros votan a Zarra, a César, a Pepe Blanco, a Machín. Otros más adornan la papeleta con ocurrencias impublicables. Un políglota vota en varios idiomas, escribiendo: «Yes, oui, sí» y al llegar al alemán, pone el adverbio repetido: «ja, ja», con el resultado chusco que fonéticamente se desprende. En una papeleta, el votante anónimo ha dado rienda suelta al sentir de muchos españoles de los que han participado en esta convocatoria que tantos ribetes bufos ofrece. El votante ha escrito: «Menos Franco / y más pan blanco».

Con el acto de julio se ha proclamado —a juicio de los voceros del régimen— nuestra más viril independencia y demostrado al mundo que estamos detrás de nuestro hombre providencial y que, además, en gracia a esta fidelidad, preferimos ser pobres pero dignos, hambrientos pero altivos, y en todo caso satisfechos de que el extranjero no interfiera en unos asuntos internos que son de nuestra exclusiva incumbencia.

Hechos públicos los resultados oficiales, el 92,94 por ciento de los 15.219.563 de votos emitidos han sido afirmativos. El día 18 de julio, *Arriba* publica unas declaraciones del jefe del Estado en las que, apostillando los resultados de la consulta, dice: «Agradezco al pueblo español la prueba de confianza que me reitera con el referéndum, y correspondo entregándole lo que de mi vida reste».

La designación del sucesor de Franco, a «título de Rey», se demorará hasta tal punto, que tardará tanto tiempo como el que tardó el hombre en llegar a la Luna. Ambos eventos tuvieron lugar en el año 1969.

El gran negocio de las falsificaciones

El asfixiante control establecido sobre los sufridos españoles, desde el comer hasta el fumar, desde el circular hasta el viajar, ha hecho de este país el paraíso de los falsificadores. Noticias como la que reproducimos revelan la existencia de un fenómeno que está a la orden del día:

> MADRID. Funcionarios de la Brigada de Investigación Criminal han descubierto una red de falsificadores, con ramificaciones en toda España, de tickets de gasolina, vales para aceite y lubricantes, tarjetas de fumador, hojas de los cupones de abastecimiento y otros efectos. La organización estaba compuesta por siete individuos, los cuales, por medio de enlaces, daban salida a los documentos falsificados.
>
> Estos sujetos disponían de dos imprentas clandestinas, una en Madrid y la otra en Murcia, y de dos laboratorios-talleres de fotograbado, siendo los delincuentes sorprendidos en pleno trabajo en la calle de Jaime el Conquistador, donde se procedió a la incautación de una máquina impresora, sellos de metal de la Compañía Arrendataria de Tabacos, de CAMPSA y de la Comisaría General de Abastecimientos y Transportes. Han sido detenidos José Escobar (a) el Pepe, jefe de la banda, comisionista, Mariano Rodrigues (a) el Fotograbador, fotógrafo y delineante, Carlos Andueza (a) el Cojo, impresor, Jesús Chamorro, vendedor ambulante, Felipe Cardeñosa y Gumersindo Díaz (a) el Cura,

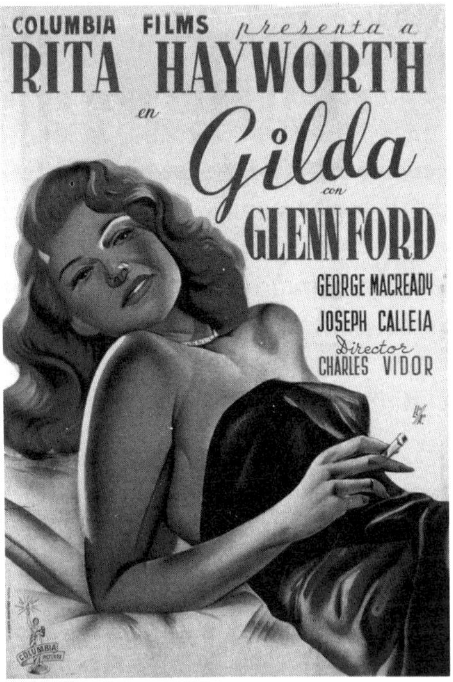

Cartel de Gilda.

chófer. Otros individuos, en número de ocho, han vendido unos 40.000 cupones de tarjetas de fumador.

Según propia confesión de los detenidos, han falsificado 50.000 tarjetas de fumador, tickets de gasolina por valor de varios millones de litros, 20.000 cupones de aceite de las cartillas de abastecimientos. (*Arriba*)

La «bomba» Gilda despierta pasiones

La sensación cinematográfica del año 1948 es el estreno de *Gilda*, precedido por un aparato publicitario que proclama: «¡Nunca hubo una mujer como Gilda!», y la Gilda en cuestión es, nada menos, que Rita Hayworth en todo su esplendor. La generosa presencia de la actriz provoca encontradas reacciones: para la pacatería ambiente, la sola presencia de la espléndida mujer, pese a ajustarse a las estrictas normas de la censura, provoca las iras de los cruzados de la fe, que se desahogan arrojando botes de pintura contra los carteles anunciadores de la película. Para los hambrientos de señora estupenda, la decepción es inmensa porque, para ellos, el acto de quitarse sus largos guantes debía ser el comienzo de un *striptease* integral, suprimido por la censura, y la verdad es que no había tal. Pero el espíritu censor hace trabajar la imaginación de los reprimidos, que sospechan más cortes que los que hay en realidad. Rita será tema de una de las más atrevidas ocurrencias de *La Codorniz*. Utilizando doble página, aparecen dos piernas de mujer, coincidiendo sus dibujos uno en cada página. El pie de uno de ellos dice: «Ésta es la pierna derecha de Rita Hayworth, que la actriz ha asegurado en 50.000 dólares». El pie correspondiente a la otra extremidad reza: «Ésta es la pierna izquierda de Rita Hayworth, que también ha sido asegurada por 50.000 dólares». Y, abarcando las dos leyendas, puede leerse: «Total: que entre pierna y pierna, Rita tiene un tesoro».

De la gesta de Colombes al gol de Zarra en Río

Terminada la guerra mundial, se reanudan los encuentros internacionales. El fútbol, con todo y tener el favor del público y vivir prósperamente, atraviesa una fase de crisis de nuestra selección. En junio de 1946 el equipo de Irlanda bate al de España en Madrid y por si esto fuera poco, en enero de 1947, nuestro once nacional es estrepitosamente batido en Lisboa por la selección portuguesa, lo que producirá indescriptible alegría en el país hermano. Los más jeremíacos trenos acusan estas derrotas como auténticos desastres nacionales, más que lamentar el hecho de que estemos sin luz eléctrica o corroídos por la miseria. El año 1948 es pasable, aunque nuestra participación en los Juegos Olímpicos de Londres pasa completamente inadvertida. Será en 1949 cuando las gestas deportivas de que tan necesitado está el régimen den motivo de orgullo. Para empezar, se vence a Irlanda en Dublín, por el tanteo de 4 a 1. Pero la gran hazaña llegará una semana después. El partido es contra Francia en París. En estos tiempos de aislamiento, salir al exterior es un anhelo que hace proliferar enchufados que con una justificación u otra se apuntan para viajar con el equipo nacional y de paso ir a ver un *striptease*, comprar un *Paris-Hollywood* y traer una combinación de *nylon* para la señora. El partido de París, y cualquier otro desplazamiento que permita evadirse de la sordidez hispánica, lleva a la capital de Francia a una patulea de celtíberos dispuestos a demostrar a los gabachos a base de gamberradas hasta dónde puede llegar el orgullo nacional herido por tanta innoble maniobra antiespañola de la dulce Francia. Para dar una idea de cuál es la actitud que prevalece en estos momentos, vale la pena reseñar este estupendo suceso: cuando uno de los aviones que transporta expedicionarios, adheridos y enviados especiales se dispone a tomar tierra en el aeropuerto de Le Bourget, el que funge como jefe de la expedición se alza trabajosamente de su asiento y dirigiéndose a todos los que viajan en la cabina les conmina enérgicamente: «Y ahora, antes de pisar esta tierra de cabrones, gritemos todos: "¡Viva España!"». Todo el pasaje se asocia vigorosamente a la patriótica demanda del jefe de la expedición.

Después se producirá la gran victoria española, que derrota al equipo francés por 5 a 1. Los titulares dan rienda suelta a la euforia: «¡Ya volvemos a ser los mejores!», «¡Mala la hubisteis franceses en esa de Colombes!». La prensa se apresurará a crear las leyendas del «gamo de Dublín» (Gainza) y de «la liebre de Colombes» (Basora). A un pueblo dominado por la postración, estos éxitos se le presentan como una demostración palpable de nuestro resurgir. Para el régimen, los triunfos deportivos se toman como una sublimación de todos nuestros complejos de inferioridad —tecnológicos, científicos, culturales— arrastrados en nuestra decadencia. A la épica deportiva le faltaba su cantor y la suerte hace que se halle en la persona del locutor Matías Prats. Su voz de oro le convierte en el Homero de nuestras odiseas, en el relator inapreciable que da un énfasis especial a la palabra «¡Gol!», repitiéndola con sublime paladeo cuando la fortuna quiere que el tanto se produzca en las redes adversarias. Él, con Enrique Mariñas, forman el dúo magistral que transmitirá a millones de españoles pegados a su receptor los avatares del trascendental peloteo, superando con su gráfica palabrería la tortura del seguimiento del juego.

Culminación de esta euforia futbolística circunstancial es el triunfo obtenido sobre Inglaterra en el Campeonato del Mundo celebrado en Río de Janeiro. El histórico gol de Zarra desatará la euforia más demencial. El máximo federativo, el doctor Muñoz Calero, a micrófono abierto grita nuestra victoria «sobre la Pérfida Albión». Se produce una reclamación diplomática, por parte del Foreign Office, por tan grosera expresión y habrá que pedir excusas. Pero lo de Río queda y la rúbrica es el telegrama de Franco a los jugadores de la selección, felicitándoles «por su brillante triunfo en defensa de nuestros valores».

El régimen, a falta de otras victorias más sustantivas, se agarra a los

El futbolista Telmo Zarraonaindía, conocido popularmente como Zarra.

éxitos balompédicos —cuando los hay— como medio de proclamar nuestra superación de todas las desdichas históricas.

La Renfe y sus desdichas

En 1941, los ferrocarriles se convirtieron en empresa pública. Así nació la Renfe, Red Nacional de los Ferrocarriles Españoles, y, al poco tiempo, hablar de Renfe es sinónimo de calamidad.

Si se tiene en cuenta que, al término de la guerra, el material ferroviario inutilizado por las circunstancias bélicas asciende a un 41,6 por ciento de las locomotoras, un 71,2 por ciento de los vagones para el transporte de viajeros y un 40,3 por ciento de los vagones de mercancías, nos explicaremos las razones del precario y arriesgado estado de nuestros caminos de hierro, y tanto más cuanto la reposición del material destruido tropieza con carencias de toda índole.

Con estos antecedentes, viajar es una pura aventura. A partir de 1945, la vetustez del material y las deficiencias infraestructurales encadenarán una serie de accidentes de los cuales dejarán huella el sucedido en 1946, la catástrofe de Cinco Casas, producida al embestir el expreso Madrid-Algeciras a un mercancías, con el resultado de 24 muertos y más de cien heridos. Ese mismo año se produce un choque entre tres trenes en la zanja de la calle Aragón en Barcelona. En 1947, por haber socavado una riada los estribos de un puente en la línea Soria-Calatayud, hay 12 muertos y 40 heridos. En el mismo año, en Villamayor de la Sierra, un choque reporta 12 fallecidos y 60 heridos. Posteriormente, en 1949, un descarrilamiento en Espeluy ocasiona 7 víctimas mortales, y otro en Pozuelo, 4 víctimas más.

Esta serie de desastres, unidos a otros siniestros de menor gravedad, crean una psicosis de temor ante la eventualidad de un viaje en la Renfe, en el que si preocupa el estado del material rodante, no es menor el recelo ante el precario estado de las vías, que obliga a establecer límites a la velocidad. Tal vez por esta sucesión de siniestros, que hacen de los accidentes ferroviarios algo habitual, los maquis deciden perpetrar una de sus más siniestras acciones, provocando el descarrilamiento del expreso Barcelona-Madrid, el 12 de febrero de 1949, entre las estaciones de Mora La Nueva y Guiamets, posiblemente presumiendo que el atentado quedará impune, dada la frecuencia de los siniestros. Desde el primer momento se admite la hipótesis de un sabotaje, lo que se confirma al observarse un desplazamiento de los carriles por haberse extraído los tirafondos que los sujetaban. El criminal atentado arroja un balance de cuarenta muertos y más de sesenta heridos.

El servicio que pudiera considerarse normal, es decir, sin catástrofe que reseñar, se caracterizará por la pesadilla de los retrasos y por las chanzas que bautizan a los trenes con nombres tan pomposos como «el Shanghai» o «el Transiberiano», debido a la eternidad de su recorrido.

En una comedia musical, *La Blanca Doble*, en vulgo revista, de gran éxito en la época de su estreno, se pondrá de moda una cantinela cuyo estribillo repetitivo es:

Ay qué tío, ay qué tío,
qué puyazo le ha metío

Pues bien, una de las coplas que precede al estribillo dice:

> Los viajes en la Renfe sólo tienen una pega,
> que sabes cuando sales pero nunca cuando llegas...
>
> Ay qué tío, ay qué tío, etc.

Las gorduras de Nicolás Franco

En la década de 1950 los semanarios ilustrados italianos —*Oggi*, *Tempo* o *Época*— son un modelo de amenidad y suelen cargar el acento en la exhibición de espléndidas señoritas, pues en este tiempo de bellezas de concurso hay donde escoger. Unos sujetos a los que denominan *paparazzi*, periodistillos de indiscreción y escándalo, se encargan de aportar instantáneas indiscretas de personajes famosos y dada la envidiable libertad de que goza la república transalpina, uno de los notables captados en situación comprometida es nada menos que Nicolás Franco, el hermano vividor de nuestro invicto Caudillo, que aparecerá en atuendo playero devorando con ojillos pícaros la impecable silueta en biquini de la modelo Nina Dyer. Los pies de las fotos en cuestión no tienen desperdicio. Dicen: «Para Franco II, la vida empieza a los cincuenta años» o «El hermano del defensor de la cristiandad no parece ser el defensor de la castidad».

La famosa foto llega a conocimiento del gobierno y entre los ministros se plantea la cuestión de si debe ser mostrada a Franco o no. En deliberación, se decide que sí y queda por decidir a qué ministro le toca la papeleta de poner la foto a la vista de Franco. Finalmente se decide que sea el titular de Asuntos Exteriores, Martín Artajo, quien, con ciertas precauciones, se acerca a Franco cuando éste se halla sentado a su mesa de trabajo y le dice: «Excelencia, hay un asunto ciertamente no muy grato que el gobierno ha entendido que es obligado poner en su conocimiento». Y acercando la revista *El Europeo*, abierta por las páginas incriminadoras, la pone sobre la mesa del despacho a la vista de Franco y se retira prudentemente. Franco se queda mirando y remirando la escena playera de un señor entrado en años y en kilos y la espléndida silueta de la señorita y después de una larga pausa se limita a decir: «Qué gordo está Nicolás». Eso fue todo.

La actriz inglesa Nina Dyer en la Riviera francesa, donde fue fotografiada con Nicolás Franco.

Llegan los yanquis

De acontecimiento ha de calificarse la arribada al puerto de Barcelona de unidades de la VI Flota de Estados Unidos. El opulento despliegue de medios, entre los que la mayor curiosidad la inspiran los *jeeps*, desconocidos hasta entonces, hace que en los muelles se apiñe una multitud curiosa, entre la que descolla una chiquillería que persigue a los marineros en espera del regalo de chicles o chocolatinas. La imaginación popular vislumbra en esta presencia de representantes del país más rico del mundo una derrama de dólares unida al mítico míster Marshall. La derrama se produce, pero los que obtienen mayor beneficio son las tascas y los burdeles del distrito V.

Frente a los excesos, unos fornidos mozos, con un brazal en el que aparecen las letras «MP», encargados de las labores de policía, son los destinados a recoger o reducir a los que, por tener mal vino, acaban pendencieros o derrumbados. Para los bares de la parte baja de la Rambla, la visita es como maná del cielo. Todos los establecimientos de bebidas se apresurarán a decorar sus escaparates con letreros de «English Spoken» o de «Se entiende el americano». Un restaurante se lleva la palma del gracejo hispánico al anunciar en su cristalera: «Wellcome... Y calla».

En guardia frente al turismo

La afluencia es módica —se calculan en 600.000 el número de extranjeros que en 1950 cruzaron nuestra frontera—, pero su presencia se hace ostensible en tierras catalanas, dada la vecindad con Francia y ser de este país la mayoría de visitantes, que en sus utilitarios se hacen visibles en la ciudad de Barcelona o en las playas de la Costa Brava. Debido a esta causa, nada tiene de extraño que la primera voz de alarma la dé el obispo de Barcelona, doctor Madrego Casaus, de origen aragonés, y que a mayor abundamiento es vicario general castrense. De él parte esta admonición:

> Ante la aparición de modas exóticas e inmorales, traídas por extranjeros con indumentaria que no osamos describir porque no hallaríamos manera de hacerlo sin ofender vuestra modestia, vuestro prelado se ve en la obligación de poner a los feligreses en guardia frente a personas cuya conducta es doquiera gravemente pecaminosa, a juicio de cualquier moralista por laxo que sea y, entre nosotros, además, pecado de escándalo y ofensa e insulto al pudor cristiano de nuestro pueblo.

La corriente continuará. En 1951 se habla de que el número de turistas pasará del millón. Y así fue.

Un centroeuropeo llamado Ladislao Kubala

A lo largo y ancho de la década de los cuarenta, el fútbol ha recuperado su condición de opio nacional. El encono de las pugnas, que del terreno de juego ha pasado a las gradas, obliga a intervenir a la censura de prensa, que llegará a suprimir el relato de unos incidentes ocurridos en un partido entre el Barcelona y el Madrid, motivando que los directores de periódicos recibieran un comunicado de los delegados de información, redactado así:

> A partir de esta fecha y a los efectos de informaciones y crónicas deportivas, fundamentalmente futbolísticas, este periódico habrá de observar, necesariamente, las siguientes instrucciones dictadas por la superioridad: no se podrá publicar más material que la denominada «película del partido» y el comentario a su desarrollo. Quedan prohibidas las incidencias que pudieran ocurrir ajenas al juego, y dentro de éste, todo lo que haya podido resultar antideportivo y aun dentro de las reglas del mismo, suprimiendo las tan usadas frases de «patadas alevosas», «juego subterráneo», agresiones entre jugadores, actos de gamberrismo entre el público, etcétera, y en general todo aquello que pueda enconar o exacerbar las pasiones entre las distintas regiones españolas.

Hacia finales de los años cuarenta, al término de una década en la que las victorias en las competiciones nacionales se han distribuido principalmente entre el Atlético Aviación, el Valencia, el Barcelona y el Atlético de Bilbao, el club catalán logra formar un equipo que impone su hegemonía y que consigue casi todos los títulos en los años 1947 y 1948, hecho que volverá a repetirse en el bienio 1952-1953. En este resurgir del club barcelonés, concretamente en el del último bienio citado, tiene parte preponderante el fichaje de un muchacho centroeuropeo de complicada genealogía futbolística llamado Ladislao Kubala, huido de su patria. Su fichaje posee caracteres rocambolescos hasta conseguir regularizar la situación federativa y de nacionalidad, harto complicada. Con él se inicia la etapa de los grandes divos futbolísticos. El solo nombre de Kubala llena los campos, lo que dará lugar a la cimentación de una idolatría que confirma el acierto de las autoridades federativas autorizando la contratación de jugadores extranjeros, hecho del que inicialmente resultarán beneficiarios el Atlético de Madrid y el Barcelona. Entrados los años cincuenta, dado que el equipo nacional, formado tan sólo por españoles, no llega muy lejos ni en el encandilamiento de las multitudes ni en el mantenimiento del clima enfervorizado que desea el régimen, se pensó que el fútbol de club reforzado por extranjeros podría proporcionar el ambiente triunfal que a toda costa se precisaba. En la política de los regidores del deporte balompédico, condicionados por la Delegación Nacional de Deportes y ésta por la Secretaria General del Movimiento, se destierra cualquier consideración sensatamente nacional que propugne la mejora de nuestros resultados por el más esmerado cultivo de la cantera propia. Desde 1948 se da el paradójico caso de que un país que no tiene para importar muchos productos vitales, se permita el lujo de importar jugadores de fútbol.

La condición de España como Meca del fútbol tiene su más clamorosa confirmación con la diáspora de los futbolistas húngaros por los sucesos de 1956. La gran mayoría de los componentes de aquel equipo que maravilló al mundo escoge España como país de acogida. Al Barcelona fueron a parar Kocsis y Czibor. Al Real Madrid, Puskas.

No a los concursos de belleza

Noticias procedentes de Roma: «Toda la prensa católica italiana publica el decreto de la Sagrada Congregación del Santo Oficio que condena los concursos de belleza por considerarlos una seria amenaza para la piedad y la moralidad». El cardenal primado doctor Pla y Deniel ha afirmado: «En los concursos de ganado, bien está que se atienda sólo a su cuerpo. En los de hombres y mujeres, hay que valorar algo más que su cuerpo».

Tiempo de seriales: «Lo que nunca muere»

El éxito se veía venir. La radio ha sido entretenimiento capital en los años de penuria, y entre la programación —concursos y musicales sobre todo— los seriales son solaz de la gente sencilla, que se engancha a tramas sensibleras y lacrimógenas, interpretados por voces admiradas y amigas. Y todo urdido gracias a la retorcida trama del más puro folletín. «Ha desaparecido un collar» y «La Pasión de Bernardette» marcarán un hito, haciendo de la escucha radiofónica algo multitudinario. A los seriales se une siempre la audición de un mensaje publicitario, generalmente ofrecido por el patrocinador, mensaje que suele ser musical a base de milonga, marchiña o pasodoble. Enorme difusión alcanzará el tema ofrecido por el Cola-Cao, aquel que cantaba:

> Yo soy aquel negrito
> del África tropical,
> que cultivando cantaba
> la canción del Cola-Cao.
>
> Y como verán ustedes
> les voy a relatar

las múltiples cualidades
de este producto sin par:

Es el Cola-Cao desayuno y merienda ideal
Cola-Cao, Cola-Cao.

Lo toma el futbolista
para entrar goles,
también lo toman los buenos
nadadores,
y si lo toma el ciclista
se hace el amo de la pista,
y si es el boxeador
¡Pum! ¡Pum!
golpea que es un primor.

El año 1952 es el de «Lo que no muere», convertido en «Lo que nunca muere» para dar mayor énfasis. El éxito que obtuvo este serial fue algo inaudito. Su propio autor, Guillermo Sautier Casaseca, que lo escribió en colaboración con Luisa Alberca, lo explica así:

> «Lo que no muere» fue una bomba radiofónica. Se escuchó con interés desde sus primeros capítulos. De cinco a cinco y media de la tarde era una hora prohibitiva para hacer visitas o llamar por teléfono. El radioyente comentaba las incidencias de Carlos López Doria (el protagonista) en todas partes. En las peluquerías, las señoras pedían que se les quitase el casco secador para escuchar «Lo que no muere». El que llegaba a casa del radioyente a las cinco, debía permanecer mudo hasta que finalizaba el capítulo y, antes de entrar en materia, estaba obligado a comentar lo que le sucedía a López Doria con Nita y la pobre Margarita.

Hay que reconocer que el propio autor no exagera lo más mínimo al juzgar el impacto de su obra. Del meteórico exitazo da idea el que rápidamente se ruede una versión cinematográfica, se monte una obra de teatro y se edite un libro del serial.

El Biscúter, rey del transporte

El Biscúter, ideado por el francés Voisin, con largo historial aeronáutico a sus espaldas y, en 1953, inventor venido a menos, se presenta como la «solución nacional al problema del transporte». Es un vehículo de dos plazas, casi artesanal, intermedio entre la motocicleta y el automóvil. No alcanza «grandes prestaciones», pues su velocidad máxima es de setenta kilómetros por hora. Los primeros modelos, carentes de marcha atrás, obligaban a evacuarlos con precipitación cuando un camión de gran tonelaje, u otro vehículo, retrocedían inopinadamente en una detención. El último modelo se presenta con esta publicidad:

> Siguiendo la marcha... Hoy ya tengo... Marcha Atrás. Ello completa al máximo mi gran y reconocido rendimiento, tanto en la ciudad como en el medio rural o en la práctica de los deportes, con el utilitario Biscúter. Y recuerde que se le ofrecen facilidades de hasta 18 mensualidades para adquirir su utilitario Biscúter, con arranque eléctrico.

Normas rígidas para el género frívolo

Se dictan severas normas de censura para las obras de género frívolo. En un pliego de cargos por contravención a las normas se afirma: «En el número final de la obra incriminada, la señorita Susi hace un mutis de espaldas al público imprimiendo un movimiento de rotación a sus caderas que resulta indecorosísimo». Se reitera la prohibición de representar este género de obras en poblaciones de menos de 40.000 habitantes.

En pro de la pureza

En defensa de la castidad. Se divulga entre los escolares el «Decálogo de la Pureza» en el que se expone:

> San Jerónimo estudió el hebreo para apartar de su mente los malos pensamientos. A nosotros puede sernos de utilidad el estudio de cualquier lengua moderna, por ejemplo el inglés, el alemán o el japonés. Cualquier otro entretenimiento es bueno en momentos de tentación como, por ejemplo, contar las losas de la calle, las vigas del techo o los hilos de un tejido.

El escándalo de Ana

La sensación cinematográfica de 1953 es el filme *Ana*, protagonizado por Silvana Mangano, en el que la actriz italiana baila el *baiao* brasileño contoneándose de maravilla. En las poblaciones pequeñas las escenas de baile provocan un clamor que obligan al encargado de la proyección a encender las luces, volver atrás el rollo de la cinta y repetir la lasciva danza tantas veces como reclama el alboroto.

Vendiendo agua fresca en el Everest

El Everest y nosotros. La llegada a la cima del Everest por el neozelandés Edmund Hillary y el sherpa Tenzing es un acontecimiento mundial en 1953. En éste se inspirará el dibujante Herreros para confeccionar una de las más inspiradas portadas de *La Codorniz*. Para reivindicar nuestra condición de adelantados, la portada refleja la llegada de los esforzados escaladores a la cúspide, que se encontraban en lo alto con un paleto carpetovetónico con boina y a la vera de un borrico y con dos tinajas de agua fresca que iba pregonando el palurdo. El pie reza: «¡Nosotros siempre los primeros!».

La noticia del siglo. ¿Beria en España?

En el mes de julio de 1953, una noticia de la Agencia EFE procedente de la Unión Soviética provoca una conmoción mundial. La noticia reza: «Beria destituido, expulsado del Partido Comunista de la Unión Soviética y acusado de alta traición».

Que el todopoderoso y terrorífico jefe del Comisariado Popular para Asuntos Internos (NKVD) fuera destituido, entra dentro de la lógica de las pugnas soviéticas. Pero ¿cuál ha sido su destino final? Al diario madrileño *ABC* llegan confidencias que aseguran haberse producido un gran despliegue policial en el aeropuerto de Málaga. Y la expectación crece al divulgarse el rumor de que Beria ha huido de Rusia y está intentando entrar en España.

Un rotativo yanqui de San Diego da la noticia de que existe una pista que sitúa a Beria en un país del sur de Europa. Málaga, con su aeropuerto en pie de guerra, se convertirá en el epicentro de la sensacional noticia. La expectación va en aumento. Europa entera está pendiente de nosotros.

El 21 de septiembre otra noticia de la Agencia EFE da cuenta del rumor muy extendido de que Beria quiere pedir asilo político en Estados Unidos y, como paso intermedio, entregarse en un país neutral con buenas relaciones con los nortemericanos. Podía ser Grecia o España.

En *ABC* se relacionan hechos, se envía a Málaga un reportero en misión especial y se llega a la conclusión de que el ex jefe de la policía secreta soviética está en España.

La noticia es una primicia tan sensacional que la dirección de *ABC* elude el pase por la censura y el día 23 de septiembre de 1953 aparece el periódico con un gran titular: «¿Está Beria escondido en España?».

La noticia se extiende en detalles fantásticos. Beria había llegado a la costa de Málaga en un submarino y después de desembarcar subió a un automóvil y marchó a toda velocidad hacia Madrid habiéndosele visto en una localidad manchega. A confirmar todo lo expuesto, sigue la información que habla de la presencia de dos altos jefes de la Oficina Federal de Investigación del Departamento de Justicia de Estados Unidos (FBI) en Madrid. Una nota de la redacción remite a las fuentes informativas.

Después todo resultará un enorme fiasco. La buena fe del director de *ABC* se ve sorprendida por la audacia de unas fuentes inseguras. Y tanto por la trascendencia del bulo, como por haber sacado el número sin el obligatorio pase por censura, el director, Torcuato Luca de Tena, fue destituido, cesado por el ministerio.

La verdad es que Beria no ha huido de Rusia. Fue ejecutado en su país el 24 de diciembre de 1953.

Balance de una década de tribulaciones para el fumador esclavo de su cartilla de racionamiento

Durante la larguísima posguerra, entre 1939 y 1953, en la que el tabaco fue de venta libre, su baja calidad, su racionamiento y su carencia, es una pesadilla para los fumadores. El periodista Luis Carandell hace una acertada síntesis de lo que es la disponibilidad de lo fumable y lo infumable en este divertido artículo:

Hacia 1950 todavía se contaban historias de fumadores que, en los años de la guerra y en los cuarenta, habían sido capaces de cambiar arroz, aceite, azúcar y otros alimentos por cuarterones de tabaco. Eran los tiempos del fumador heroico, dispuesto a fumarse lo infumable. Se vendía tabaco de colilla (lo había «de primeras» y «de segundas») y los recogedores modernizaron su utillaje, fabricándose un palo con un pincho en la punta para hacer su colecta sin necesidad de agacharse.

Apenas entrada la nueva década, sin embargo, la situación mejoró un poco. La ración a que daba derecho la cartilla de fumador se hizo más abundante y no tardó mucho tiempo en desaparecer el racionamiento. La cartilla, mientras existió, fue para los españoles una especie de credencial de virilidad. Se concedía exclusivamente a los varones mayores de dieciocho años. Estaban impresas en papel amarillento y llevaban unos cuponcitos recortables que permitían retirar las labores que hubiera en existencia en los estancos. Los padres fumadores esperaban que sus hijos varones llegaran a la edad para mejorar así su ración. Los fallecimientos tardaban en comunicarse al organismo que extendía las cartillas, de manera que puede decirse que nunca los difuntos fumaron tanto como entonces.

Era el tiempo en que los fumadores liaban. La petaca pasaba de mano en mano en las reuniones. Las fábricas de Alcoy abastecían los estancos con Jean, Smoking, Bambu y otros librillos de papel de fumar, se apagaba con frecuencia y la gente decía: «Tiene bomberos». La libra llevaba tabaco más seleccionado. El caldo de gallina era tabaco de lujo. Su paquete azul de cigarrillos preliados de papel engomado era signo de distinción. La picadura, en sus variadas formas, suscitaba chistes populares como el que hablaba de un fumador que había muerto, «de una picadura de la Tabacalera».

De los cigarrillos liados, los más corrientes eran los Ideales de hebra en papel amarillo, de sabor muy fuerte, y los infumables, Diana. El Bubi, el Bisonte y el Timonel eran labores de tabaco rubio de la época, lo mismo que el más o menos mentolado Reno y los Jirafas que, como su nombre indica, eran de longitud *king size*. Pero la verdadera revolución se produjo cuando llegaron las labores americanas. Primero el Chesterfield y luego el Philip Morris, el Camel y el Lucky, todos ellos sin filtro. «¿Quieres un chester?», decía uno sacando el paquete con un aire de infinita complacencia. Y siempre había alguien que comentaba: «Como los americanos».

3

EL AMIGO AMERICANO
(1954-1959)

AQUELLOS AÑOS

Una confusa política internacional

Intrigas de García-Valiño

Mientras en la zona francesa del Protectorado de Marruecos se desarrolla una dura lucha por la independencia, Franco y Carrero, como muchos funcionarios coloniales, parecen creerse su propia propaganda de la «tradicional amistad hispanoárabe». Opinan que los habitantes de la zona española no desean una independencia, que sólo les aportaría problemas, y ayudan a los independentistas de la zona francesa para responder a la inquina antifranquista de la IV República.

El alto comisario en Marruecos, el general Rafael García-Valiño, acepta que los refugiados políticos se establezcan en la zona española y, en una granja cercana a Nador, guarden armas e instruyan a guerrilleros que combatirán en Argelia y el Marruecos francés. La operación se redondea cuando llega a Tetuán el agente egipcio Attef Abdou Saad, que se gana la confianza de García-Valiño, como supuesto periodista de *Al Joumhouria*.

El 21 de enero de 1954, el alto comisario declara no reconocer al sultán Mohamed Ben Arafa, impuesto por los franceses, ofrece un cargo a Abdeljalak Torres, cabeza visible del independentismo en Tetuán, y organiza un acto de adhesión al destronado sultán Mohamed ibn Yusuf, recibiendo a partidarios del sultán ibn Yusuf en la hípica. La prensa informa de que los manifestantes marroquíes han vitoreado a Franco y a España, mientras Radio Tetuán se convierte en propagandista del antiguo sultán. El 9 febrero, García-Valiño acompaña a Abdelkrim Hadad y una delegación de notables marroquíes, que visitan a Franco para expresarle su lealtad al sultán depuesto por los franceses.

El embajador y los estudiantes

Ante el anuncio de que la reina Isabel II de Inglaterra visitará Gibraltar en 1954, el régimen reacciona como si hubiera recibido una pedrada en el ojo. Los dirigentes del Sindicato Español Universitario (SEU) organizan una manifestación ante la embajada británica bajo los lemas «Gibraltar español» y «Gibraltar para España». Como por casualidad, aparece un camión cargado de piedras junto a la embajada y, con tal munición a su alcance, los estudiantes reciben a la policía a pedradas. Blas Pérez, el ministro de Gobernación, telefonea al embajador británico para ofrecerle más agentes y el diplomático de Su Graciosa Majestad, responde con flema: «Muchas gracias. No necesito que mande más policías. Me basta con que no mande más estudiantes».

El diario *Arriba* publica unos artículos antibritánicos, firmados por Macaulay, sobre cuya identidad se especula. Thomas Macaulay, el escritor y político *whig*, lleva casi cien años muerto y no es probable que colabore en el órgano falangista. Hasta que se filtra que Macaulay es el propio Franco.

Los prisioneros que llegan del frío

Tras la muerte de Stalin, la Unión Soviética libera a los prisioneros de la segunda guerra mundial, pero los funcionarios rusos no saben que hacer con un grupo de españoles de la División Azul, pues no hay relaciones diplomáticas con España. Finalmente, los antiguos divisionarios son entregados a la Cruz Roja Internacional.

Con su proverbial delicadeza, la burocracia soviética mete en el mismo lote a los miembros de la División Azul, sus desertores, «niños de la guerra» y alumnos de piloto republicano de 1939, que son embarcados en el mismo buque. Los funcionarios internacionales tranquilizan a los desertores prometiéndoles no llevarlos a España sino hacer una escala en Marsella, para que puedan desembarcar.

En España, la gente se sorprende cuando la radio y la prensa anuncian que el barco griego *Semíramis* navega con más de doscientos repatriados procedentes de Rusia. No se cumple la promesa de hacer escala en Marsella y el barco llega directamente a Barcelona el 2 de abril de 1954, con todos los liberados a bordo. El antiguo jefe de la División Azul, ahora minis-

Llegada a Barcelona del Semíramis, *fletado por la Cruz Roja, con prisioneros de la División Azul, liberados tras más de ocho años en campos de concentración de la Unión Soviética.*

tro del Ejército, Agustín Muñoz Grandes, y el del Movimiento, Raimundo Fernández Cuesta esperan en el muelle donde se ha congregado una gran multitud y, a pesar de que también regresan algunos miembros de la Escuadrilla Azul, no aparece Eduardo González Gallarza, ministro del Aire, monárquico enemigo de Muñoz Grandes y partidario de Juan de Borbón.

La Hermandad de la División Azul pretende que Muñoz Grandes y los repatriados visiten a Franco, pero los recién llegados son dispersados sin más recibimientos y algunos deben regresar a su pueblo por sus propios medios. Franco no desea conceder a Muñoz Grandes el protagonismo de presentarse en El Pardo al frente de sus veteranos.

Un turista excepcional

Con mayor alborozo que el que despertó la visita de la reina de Inglaterra, se recibe al dictador dominicano Rafael Leónidas Trujillo y su numeroso séquito, que llega al puerto de Vigo, en el trasatlántico *Antillas*, el 2 de junio de 1954. Lo esperan en el muelle el ministro Martín Artajo y altos funcionarios españoles, con honores militares. Al día siguiente los dominicanos viajan por tren hasta Madrid, en cuya Estación del Norte los reciben Franco, Carmen Polo, ministros, miembros del cuerpo diplomático y numerosas personalidades. Después, escoltado por la Guardia Mora, Trujillo se desplaza al palacio de La Moncloa, donde quedará alojado durante su estancia.

La visita es celebrada por la prensa y los medios oficiales, mientras el generalísimo Trujillo pasa casi dos semanas recorriendo España con sus acompañantes, hasta que, el 14, embarca para visitar Italia.

Ponga un nazi en su vida

El 8 de diciembre de 1954, fiesta de la Inmaculada y patrona de la infantería española, el alcalde de Madrid y antiguo embajador en el Berlín hitleriano, José Finat, conde de Mayalde, recibe en el ayuntamiento a un grupo de repatriados de la División Azul. También es invitado al acto el constructor José León Ramírez Reina, nombre que esconde a Léon Degrelle, general de las SS (el cuerpo de protección del Partido Nazi), criminal de guerra belga condenado a muerte en su país y refugiado en España desde 1945. El conde de Mayalde, que era entonces director general de Seguridad, intentó entregar a los belgas otro refugiado, pero la superchería fue rápidamente descubierta. Mientras tanto, escondió a Degrelle, proporcionándole dinero y documentación falsa. Poco después, el refugiado ingresó en la Falange y, ayudado por sus nuevos camaradas, montó una empresa de construcción, que recibió numerosos encargos oficiales.

Ese mismo año recibe la nacionalidad española y se fotografía con los antiguos combatientes de Rusia. Son camaradas de armas, porque él mismo mandó la Legión Valonia de las Waffen SS (el cuerpo de combate de élite de las SS), en el frente del Este, como relató en su libro *Campaña de Rusia*, publicado en Barcelona por el editor falangista Luis de Caralt en 1951.

El gobierno de Bruselas lleva nueve años reclamando infructuosamente la extradición de Degrelle, pero Madrid responde que no se encuentra en España. Los servicios de la embajada belga lo reconocen en una foto de la recepción en el ayuntamiento y Bruselas protesta oficialmente ante el gobierno español, que se hace el sordo. Léon Degrelle seguirá viviendo tranquilamente en España, publicará varios libros y, a principios de los años setenta, será uno de los promotores del Círculo Español de Amigos de Europa (CEDADE) y sus Ediciones Nothung. Se jubilará tranquilamente en Torremolinos y morirá impune en Málaga en 1994.

Cambio sin avisar

El 23 de febrero de 1955 cae el gobierno francés de Pierre Mendès-France, sustituyéndolo Edgar Faure. Las guerrillas independentistas han proliferado en la zona francesa de África del Norte y el nuevo presidente decide dar un giro a la política colonial: abandonará Marruecos para concentrar todos los esfuerzos en salvar Argelia, que es un departamento francés. París inicia conversaciones secretas sin dar cuentas a Madrid, aunque el Protectorado se había establecido en 1912 mediante un acuerdo franco-español.

El 1 de octubre de 1955, las autoridades francesas deponen al sultán Mohamed Ben Arafa, que se retira a Tánger. Mientras tanto, la zona española sirve de apoyo a las guerrillas antifrancesas, que pasan y repasan impunemente la frontera. Los franceses demuestran su irritación hasta el extremo de que, el 18 de octubre, aviones de combate galos dan varias pasadas y algunos proyectiles de artillería caen en el zoco de Targuist, situado en la zona española.

El 16 de noviembre, el antiguo sultán Mohamed ibn Yusuf regresa a Rabat desde su destierro, entre el entusiasmo de la población, y cambia su título de sultán por el de rey Mohamed V. García-Valiño felicita a la multitud que celebra el regreso del soberano en Tetuán. Sin embargo, El Pardo comprende que la política española ha fracasado en Marruecos y comienza a echar las culpas sobre el alto comisario, que muestra una creciente irritación contra Franco y Carrero.

Entramos en la Organización de las Naciones Unidas

En un mundo agitado, donde se ha creado el Pacto de Varsovia, termina la carrera política del autor de la «caza de brujas», el senador Joe McCarthy, que es recusado por el Senado de su país por su disparatada campaña que acusa al ejército de estar plagado de comunistas.

La evolución de la política internacional y la apertura representada por los pactos con Estados Unidos han roto definitivamente el aislamiento de España, que, el 15 de diciembre de 1955, es admitida como miembro de las Naciones Unidas, diez años después de haberse fundado la organización.

Este mismo día se celebra un acto solemne en el patio de armas de la Academia Militar de Zaragoza, donde una promoción recibe su despacho de teniente y otra jura bandera. Entre quienes se gradúan está el hijo del general Muñoz Grandes, que preside el acto como ministro del Ejército. Sin embargo, la atención del público se concentra en el cadete de primer curso Juan Carlos de Borbón, que jura bandera y es claramente visible por su alta estatura y por desfilar el primero. En el discurso de rigor, Muñoz Grandes no alude a la presencia del nieto de Alfonso XIII, que hoy ingresa en el ejército, y los asistentes comprueban cómo el antiguo jefe de la División Azul sigue siendo un falangista radical y rotundamente antimonárquico.

El año termina con dos mensajes navideños, uno del papa y otro de Franco. La censura española recorta las menciones papales a la justicia social, mientras el Generalísimo advierte de la amenaza que supone el «renacimiento de los vicios liberales».

El ingreso en las Naciones Unidas tendrá una consecuencia imprevista pasados unos meses. Dos decretos de marzo y abril de 1956 calificarán la prostitución de «tráfico ilícito». Con ellos, el gobierno acata el acuerdo de la Asamblea General de la Organización de las Naciones Unidas de 1949 y clausura los burdeles, lo cual provocará numerosos disimulos, como camareras o artistas y la aparición de las llamadas «barras americanas».

La trifulca monárquica

Un susto a la Falange

La economía se reactiva parcialmente importándose materias primas, gracias a las facilidades derivadas del pacto con Estados Unidos. El beneficio industrial aumenta con claridad y la situación política del régimen se consolida gracias al apoyo de Washington, en una época de clara tensión internacional.

Se han superado los anteriores apuros políticos y Carrero Blanco ha recuperado la confianza de Franco, en quien delega los asuntos ordinarios para dedicarse con intensidad a la caza y la pesca.

Hasta ahora, el ministro de Gobernación ha designado libremente a los gobernadores civiles, quienes, a su vez, nombran a los alcaldes y concejales. Ahora, el régimen pretende ganar alguna representatividad, celebrando, por primera vez en 1954 y a modo de ensayo, elecciones municipales en el Ayuntamiento de Madrid, en la confianza de que la candidatura organizada por el ministerio de Gobernación logrará una pacífica victoria.

Para sorpresa general, aparece una candidatura paralela, formada por los monárquicos Joaquín Satrústegui, Joaquín Calvo Sotelo, Juan Manuel Fanjul y Torcuato Luca de Tena. El primero es un condecorado veterano de la guerra civil, los dos siguientes, familiares directos de sobresalientes caídos, y el último pertenece a la más importante familia del periodismo dinástico conservador.

Fiel a su tradición, el diario *ABC* los apoya claramente, y en medios oficiales se teme que puedan vencer, desplazando a la «candidatura del Movimiento». La policía despliega una operación contra los monárquicos madrileños, que concluye con la detención de 282 personas, y los falangistas movilizan todos sus recursos para cortar el paso a los inesperados rivales.

El 21 de noviembre triunfa la candidatura oficialista, entre grandes acusaciones de pucherazo por parte de los monárquicos y, el 2 de diciembre, tres de ellos, el dramaturgo Joaquín Calvo Sotelo, el ex ministro Antonio Iturmendi y el general Juan Vigón presentan al mismo Franco su indignada protesta.

El rifirrafe de esta elección muestra la punta del iceberg de una opinión monárquica que existe, aunque está integrada en el franquismo. El conde de Ruiseñada, que dirige a los partidarios de don Juan de Borbón en España, conspira activamente y mantiene contactos con varios generales, especialmente con Juan Bautista Sánchez, capitán general de Cataluña, que goza de amplias simpatías entre la población barcelonesa por su merecida fama de honestidad. Su actitud ya resultó equívoca durante la huelga de tranvías de 1951 y, anteriormente, aprovechó una audiencia para plantear a Franco el caso de su sucesión después de muerto.

Ante esta situación, el Generalísimo decide adelantarse a las maniobras dinásticas y, el 20 de diciembre de 1954, se reúne con don Juan de

Borbón en la finca extremeña Las Cabezas, del conde de Ruiseñada. Tratan sobre la futura educación del príncipe Juan Carlos después del bachillerato y el padre pretende que estudie sociología en la Universidad Católica de Lovaina, pero Franco impone que curse en España unos estudios específicos para él, basados en cuatro cursos en las academias militares de Tierra, Mar y Aire, algún otro en la universidad y prácticas en la Administración.

Ramalazo antidinástico

La entrevista en Las Cabezas inquieta a sectores falangistas, que temen la instauración de la monarquía y comienzan a agitar las conciencias de los muchachos del Frente de Juventudes. La Guardia de Franco es una organización de falangistas exaltados fundada en 1944 y, en febrero de 1955, algunos de sus miembros vocean públicamente consignas contra Juan Carlos de Borbón y protestan por la aproximación entre Franco y el pretendiente a la Corona.

El Sindicato Español Universitario está perdiendo el control de la Universidad donde pugnan entre sí pequeños grupos de falangistas disidentes, socialistas, comunistas y monárquicos. Es costumbre que el sindicato falangista celebre cada 9 de febrero el Día del Estudiante Caído, conmemorando el asesinato de Matías Montero, primer estudiante falangista asesinado en 1934. Durante la conmemoración de 1955, un estudiante de derecho increpa al ministro secretario general del Movimiento, Raimundo Fernández Cuesta. El muchacho es sancionado y sus compañeros desencadenan la primera huelga universitaria.

Con símbolos y canciones

La inquietud falangista ante una posible aproximación monárquica se agudiza cuando el *ABC* del 24 de junio de 1955 publica unas manifestaciones del pretendiente, que confirman sus buenas relaciones con Franco y hasta parecen una aceptación del Movimiento. Un mes más tarde, el Generalísimo inaugura en Burgos la estatua del Cid y manifiesta su confianza en el futuro en conexión con las glorias pasadas que la estatua representa. Glorias que algunos suspicaces identifican con la monarquía.

A lo largo del verano se suceden minoritarias expresiones antimonárquicas en el Frente de Juventudes, algunas de sus centurias entonan canciones contra los Borbones y, con pícara inocencia, los muchachos más osados vocean una canción de marcha que ridiculiza a Franco:

> Con los nietos de la mano
> inaugura los pantanos;
> en la pesca del salmón
> es un gran campeón.
> ¡Pa...co!

El 19 de noviembre de 1955 se conmemora el fusilamiento de José Antonio. Franco acude a El Escorial vestido de capitán general y no con el uniforme de Falange. Un joven falangista grita: «No queremos reyes idiotas», lo cual desencadena el cese de algunos altos mandos, aunque el Sindicato Español Universitario ya no puede recuperar el terreno perdido.

Entre el sindicalismo y la teología

Un santo de confianza

El 1 de mayo, Día Internacional de los Trabajadores, es la efeméride histórica de la izquierda. En la celebración de 1955, el papa Pío XII anuncia a los obreros católicos concentrados en la plaza de San Pedro que cristianiza la conmemoración, convirtiéndola en la fiesta de precepto de San José Obrero.

La decisión vaticana ocasiona un problema en España. Porque el circunspecto vocabulario del franquismo designa a los trabajadores como «productores», pues considera la palabra «obrero» como propia de los comunistas y sus compañeros de viaje. No obstante, el régimen se define como católico y debe respetar la nueva festividad instituida por el papa, que, por ende, la ha declarado de guardar, so pena de pecado mortal. Los capitostes de la Organización Sindical se resisten a machacar su propio diccionario y apellidar «obrero» a un santo, aunque también comprenden que asistir a misa en honor de «San José Productor» rebasaría los límites del ridículo.

La cuestión se resuelve respetando simultáneamente el mandato papal y el vocabulario políticamente correcto. Desde 1956, el 1 de mayo será festivo en España, aunque no bajo la advocación de «San José Obrero» sino de «San José Artesano», dado que ésta es una categoría laboral exenta de la lucha de clases y evocadora de venturosos tiempos medievales, donde nadie se declaraba en huelga y los trabajadores no se agrupaban en sindicatos marxistas sino en gremios y cofradías bajo la advocación de un santo patrono.

Durante la jornada festiva, por la mañana, misa. Por la tarde, gran Demostración Sindical en el Estadio Bernabéu, presidida por Su Excelencia el Jefe del Estado y doña Carmen Polo de Franco. A pesar de todo, grupitos recalcitrantes reivindicarán el 1 de mayo, laico y subversivo, intentando manifestarse. Para disuadirlos, las Fuerzas de Orden Público y Televisión Española desplegarán todos sus medios. Las primeras, situando piquetes en los puntos álgidos de las ciudades, la segunda proyectando apasionantes películas y retransmisiones deportivas, que invitarán a quedarse en casa.

Conflictos obreros y estudiantiles

La inflación se ha hecho galopante y deteriora el nivel de vida de las clases menos favorecidas. En junio de 1955, la Organización Sindical celebra su III Congreso Nacional de Trabajadores, que aprueba una escala móvil de salarios, la jornada laboral de ocho horas, seguro de paro e igualdad de salario entre sexos. Estos acuerdos expresan las angustias del mundo laboral, pero no tienen otro valor que sugerencias elevadas a la superioridad y, aunque algunos jerarcas falangistas y sindicalistas abogaban por ellos, Franco los rechaza antes de acabar el mes. Entonces estallan importantes conflictos en grandes industrias, como la Seat de Barcelona, La Papelera de Valencia y la Renfe.

También se complican las relaciones con la Iglesia, cuyas publicaciones no están sometidas a la censura previa. Gabriel Arias Salgado, el ministro de Información y Turismo, mantiene una polémica epistolar sobre la libertad de la prensa católica con el obispo de Málaga, Ángel Herrera Oria, que antes de la guerra fundó *El Debate* y la primera escuela española de periodismo.

La inquietud universitaria se patentiza al morir José Ortega y Gasset.

En diversas facultades se suceden los homenajes al maestro fallecido y Pedro Laín Entralgo preside la convocatoria en el paraninfo de la Universidad de Madrid, entre ovaciones de estudiantes, que jalean las referencias liberales del discurso. Cuando aumenta la agitación estudiantil, Arias Salgado suspende las revistas *Alcalá*, *Ateneo*, *Ínsula* e *Índice* y también será prohibido un Congreso de Universitarios Escritores Jóvenes, que se anunciaba para finales de año. El corresponsal del *New York Times* en Madrid publica que la mayoría de estudiantes se oponen al sistema y, a finales de mes, Laín Entralgo pide una audiencia a Franco con la finalidad de entregarle un informe sobre la sociedad española.

El naufragio de la apertura

Las consecuencias de un alboroto

Casi todos los universitarios pertenecen a las clases medias y superiores; sin embargo, 1956 marca la ruptura de la nueva generación de estudiantes con el franquismo. Varios jóvenes pertenecientes a familias del régimen, pero distanciados de él, asisten a una cena en homenaje a Rafael Sánchez Ferlosio, que ha ganado el premio Nadal con su novela *El Jarama*. Después, promueven un manifiesto llamando a una asamblea nacional de estudiantes libremente elegida.

El documento circula clandestinamente y activa el malestar estudiantil de Madrid, donde pequeños grupos, desde monárquicos a comunistas, intentan liberarse del Sindicato Español Universitario. El 7 de febrero de 1956, unos estudiantes de magisterio chocan con falangistas y miembros del Sindicato Español Universitario y la noticia provoca enfrentamientos al día siguiente. El 9 de febrero, se da una pelea entre estudiantes y falangistas que regresan de conmemorar el Día del Estudiante Caído. Interviene la policía y, en pleno tumulto, un tiro de pistola hiere en la cabeza al falangista Miguel Álvarez Pérez, que no es universitario. Son detenidos cincuenta estudiantes y, el 10 de febrero, se suspenden los artículos 14 y 18 del Fuero de los Españoles y se clausura temporalmente la Universidad de Madrid. Al día siguiente se publica la lista de los detenidos, donde figuran Sánchez Ferlosio, Dionisio Ridruejo, Ramón Tamames, Enrique Múgica, Javier Pradera, Gabriel Elorriaga y José María Ruiz Gallardón, pasante de Serrano Súñer.

Los líderes falangistas exigen que se tomen medidas, la prensa del partido se desboca sobre los peligros de la subversión universitaria y se dice que la Falange reparte armas para una noche de cuchillos largos. El general Rodrigo amenaza a los jerarcas falangistas: «Mientras yo sea capitán general de Madrid, aquí no se mueve ni Dios». Luego, los generales Muñoz Grandes, Rodrigo y Martínez Campos visitan a Franco y le advierten de que ocuparán la ciudad si los falangistas desencadenan una venganza. El Generalísimo los conoce, sabe de qué son capaces y les da seguridades de que no pasará nada.

Raimundo Fernández Cuesta, ministro secretario general del Movimiento, que se encontraba en Sudamérica, regresa inmediatamente y presenta sus excusas en El Pardo. Franco le escucha en silencio y lo tranquiliza con una frase venenosa: «No se preocupe usted, al fin y al cabo, ya no es ministro».

Efectivamente, el 16 de febrero son destituidos Ruiz Jiménez y Fernández Cuesta. Carrero Blanco, siempre amigo de pontificar desde la sombra, escribe el editorial de *Arriba*, titulado «Los sofismas de la libertad». Es la partida de defunción de la apertura iniciada tres años antes.

Como nuevos ministros, Franco nombra a Jesús Rubio en Educación, y a José Luis Arrese, que regresa a la Secretaría General del Movimiento después de once años. Sin embargo, salvan la cabeza dos miembros del equipo de Ruiz Jiménez: Torcuato Fernández Miranda y Manuel Fraga Iribarne, que son nombrados directores generales.

Marruecos independiente

Las conversaciones franco-marroquíes culminan en la concesión de la independencia a Marruecos y, el 2 marzo de 1956, Mohamed V declara extinguidos los estatutos de Tánger y de la zona española. El 6 de marzo estallan tumultos en Tetuán, Alcazarquivir y en Larache, donde la multitud incendia el Casino Español y la tropa dispara causando algunos muertos y heridos. Abdeljalak Torres rompe con García-Valiño, huye a Tánger y exige negociaciones directas con Mohamed V. El jalifa, saltándose la reglamentación del gobierno español y las órdenes de García-Valiño, declara que sólo actuará como representante del sultán.

El proceso no tiene marcha atrás, los marroquíes detenidos son puestos en libertad al cabo de diez días y el gobierno debe aceptar la visita de

Llegada del rey Mohamed V a Barajas, donde es recibido por Franco.

Mohamed V a Madrid. Franco lo recibe en Barajas el 6 de abril, intercambiándose mutuas incorrecciones. No obstante, se inician negociaciones en las que la delegación marroquí se muestra inflexible y exige la plena independencia. El gobierno español no tiene otra salida que concederla el 7 de abril y Mohamed V, tras una breve visita a Andalucía, entra triunfalmente en Tetuán al día siguiente.

Ahora deberán repatriarse los efectivos militares estacionados en el Protectorado, con serios perjuicios para numerosos militares. Sin embargo, apenas surgen mínimas señales de disconformidad porque los uniformados son profundamente franquistas y están sujetos a una inflexible disciplina. El Generalísimo cierra la cuestión con un discurso en Sevilla y una notable subida de sueldos.

Las relaciones con el mundo islámico son complejas. El gobierno español, mientras traga quina en el asunto marroquí, mantiene cordiales relaciones con Egipto, un buen comprador de camiones, municiones y blindados de segunda mano, aunque también principal impulsor del nacionalismo islámico. Franco tiene simpatía a Nasser porque es un dictador militar antijudío y prohíbe el Partido Comunista. En consecuencia, Annajjar, su agente secreto en Madrid, se mueve libremente y coordina a los independentistas argelinos y marroquíes.

Cuando, el 29 de octubre, tropas judías, francesas y británicas atacan Egipto, el gobierno español apoya secretamente a Nasser, aunque se está inclinando por una alianza con la Unión Soviética. Los comentarios de la prensa española procuran ser equidistantes y ambiguos en esta disputa; en cambio, se vuelcan en favor de los patriotas húngaros que sufren la invasión de las tropas soviéticas desde hace una semana.

La Falange intenta resucitar

Arrese tiene un proyecto

La situación económica es mala y la inflación crece imparablemente. En el consejo de ministros del 3 de marzo de 1956, Girón y Arrese proponen una subida de salarios del 23 por ciento para contener la agitación obrera y Franco se muestra de acuerdo, ya que la operación le permitirá camuflar el aumento de sueldo concedido a los militares para compensar la independencia de Marruecos. El incremento de salarios se aprueba mediante un decreto según el cual no debe influir en el alza de los precios. Sin embargo, la medida llega tarde y no puede evitar huelgas en Pamplona, el País Vasco y Asturias; en otoño, deberán incrementarse nuevamente los salarios en un 7,5 por ciento.

Arrese se ha opuesto tradicionalmente a las tendencias monárquicas y desea aprovechar su nuevo cargo para recuperar y consolidar el poder falangista. A tal fin, impulsa una comisión formada por miembros del partido, como Fernández Cuesta y Rafael Sánchez Mazas, sumados a ministros no falangistas como Carrero Blanco y el tradicionalista Antonio Iturmendi. Al cabo de unos meses, la comisión cuenta con tres proyectos de ley que, a la muerte de Franco, deberán convertir el movimiento en una organización independiente, que controlará al futuro Jefe del Estado y las instituciones esenciales.

La prensa no publica una palabra sobre el tema, pero los documentos se conocen. Arrese pretende organizar un Estado falangista que inquieta a los monárquicos juanistas, generales, tradicionalistas y católicos, tanto democristianos como opusdeístas. Iturmendi y el general Barroso se preocupan seriamente; el conde de Vallellano denuncia el intento de establecer un Estado totalitario y un buró político comunista; Martín Artajo envía un documento oponiéndose y López Rodó convence a Carrero, que acaba que confiarle la Secretaría General Técnica de la Presidencia del Gobierno creada expresamente para él.

El 12 de diciembre, tres cardenales se dirigen a Franco y le manifiestan que el propósito de Arrese se opone a la doctrina vaticana y que, aunque no propugnan un sistema parlamentario, es deseable una verdadera representación orgánica.

También se mueve el representante de don Juan de Borbón en España, el conde de Ruiseñada, que invita al general Juan Bautista Sánchez, capitán general de Cataluña, a una cacería en su finca a la que asistirán importantes personalidades monárquicas. Pero Muñoz Grandes le prohíbe ir a cazar porque ese mismo día se ha convocado un pleno de las Cortes, al que debe asistir como procurador.

Huelga y conspiración en Barcelona

El 9 de enero de 1957, el gobernador civil de Barcelona, Felipe Acedo Colunga, autoriza la subida del precio de los billetes de tranvía, que no se incrementan en Madrid, donde ya son más baratos. Poco después, militantes del Partit Socialista Unificat de Catalunya y comisiones de estudiantes comienzan a repartir octavillas llamando a una huelga de tranvías como la de 1951. El 14 de enero, el boicot a los tranvías es completo, aunque el movimiento es menos intenso que el de hace seis años.

El día 15, un grupo de estudiantes radicales asalta el rectorado de la Universidad de Barcelona y lanza por la ventana los retratos de Franco y José Antonio Primo de Rivera. La policía penetra en el centro, que queda clausurado y con las clases suspendidas. El capitán general, Juan Bautista Sánchez, como ya hizo en 1951, no ofrece su apoyo moral al gobernador civil y se dice que conspira en favor de don Juan de Borbón. Complicando la situación, cae una gran nevada sobre la ciudad, pero la huelga continúa durante otros once días.

La policía interfiere las conversaciones telefónicas del general Bautista Sánchez, una de las cuales, precisamente con Ruiseñada, Franco hace escuchar al ministro del Ejército, Muñoz Grandes, que parte inmediatamente para Barcelona. Allí, el ministro y su séquito coinciden en el hotel Aricasa con Joaquín González Gallarza, general monárquico, hermano del ministro del Aire y, en una tensa confrontación, González Gallarza resulta herido de un disparo, hecho que se mantiene en secreto.

El general Bautista Sánchez sale de Barcelona para visitar unas maniobras en los Pirineos y, el 29 de enero, fallece en un hotel de Puigcerdá, oficialmente a causa de un infarto. Una gran multitud acude a su entierro y Franco comenta en privado: «Me ha quitado la preocupación de tenerlo que relevar».

Dos tecnócratas en el gobierno

El frente contra los proyectos totalitarios de Arrese ha logrado reunir a los tradicionalistas Iturmendi y Bilbao, Carrero y los tecnócratas, los monárquicos de Vallellano y Vigón, los falangistas moderados, varios generales, los cristianodemócratas y la jerarquía católica. La situación parece complicada y, como se producen manifestaciones falangistas a favor de Arrese, la policía comienza a vigilar su domicilio.

Franco está preocupado por la mala situación económica y sólo falta que ahora le enreden los ministros. Decide aplazar los proyectos de Arrese y depurar radicalmente el gabinete. Cesan como ministros Eduardo González Gallarza y Muñoz Grandes, a quien compensa con el grado de capitán general. En Exteriores, el democristiano Martín Artajo es sustituido por el falangista Castiella, que ha evolucionado hacia posturas más liberales. En Gobernación, Blas Pérez deja el puesto a un amigo de Franco, el durísimo general Camilo Alonso Vega. Los falangistas pierden poder porque Sanz Orrio sustituye a Girón y Arrese es arrinconado en Vivienda, ocupando su antiguo puesto José Solís, un falangista de camisa blanca, de quien se espera que no enrede. La gran novedad consiste en el nombramiento de dos miembros del Opus Dei para ministerios económicos: Alberto Ullastres, Comercio, y Mariano Navarro Rubio, Hacienda.

Adquieren protagonismo algunos falangistas de nuevo tipo como Torcuato Fernández Miranda, Manuel Fraga y Pío Cabanillas. Muy pronto definen una línea reformadora, antimonárquica y enemiga del Opus, a quienes se unirán Solís, Castiella y, ocasionalmente, Nieto Antúnez. Entre todos, buscarán el amparo del general Muñoz Grandes, presentándolo como alternativa de Franco, cuando éste falte. Aunque nadie se atreve a llamar a las cosas por su nombre y, en lugar de mencionar la muerte del Generalísimo, se alude al «inevitable hecho biológico».

La situación social y económica es lamentable. En febrero de 1957 han estallado huelgas estudiantiles en Madrid y Barcelona; en marzo, paran los mineros asturianos durante veinte días y a su final se promulga la Ley de Responsabilidades Colectivas en la Huelga. En abril, el Estado se encuentra al borde de la quiebra técnica y debe eliminar el cambio artificial de divisas. El 5 de abril se devalúa la moneda y el dólar, que se cambiaba oficialmente a 5 pesetas, pasa a valer 46.

Caído Arrese, Luis Carrero Blanco decide sustituir su antiguo proyecto por una ley que perpetúe el franquismo y, el 22 de junio de 1957, se nombra una ponencia, controlada por Laureano López Rodó, que redactará un borrador de Ley Orgánica del Estado.

Situación estancada

Una guerra por sorpresa

Sin confirmación oficial, corre el rumor de que las tropas españolas han sido atacadas en Ifni y en el Sáhara por bandas de guerrilleros. El hecho es cierto y ha tenido lugar el 22 de noviembre de 1957, aunque el gobierno no lo reconocerá hasta el 27 y luego censurará rígidamente las informaciones.

Las guarniciones han sido sorprendidas sin medios de defensa y los primeros ataques capturan los puestos pequeños del interior, poniendo en apuros el conjunto del territorio. A toda prisa se trasladan tropas españolas desde Canarias, Marruecos y la Península, pero Estados Unidos no autoriza el empleo del armamento facilitado con los pactos de Ayuda Mutua, que sólo sirven contra los rusos. Deben utilizarse materiales obsoletos y se abandona el territorio de Ifni, concentrándose la defensa en Sidi Ifni, la capital. La flota hace inútiles demostraciones en Tánger y Agadir y se envía a Ifni al general Gómez Zamalloa y, al Sáhara, al general José Héctor Vázquez.

La situación es complicada en el desierto porque faltan la aviación y los transportes, hasta que Franco autoriza la ayuda de la aviación y tropas francesas establecidas en Mauritania, que permiten derrotar y expulsar a las bandas. El Generalísimo se ve obligado a prescindir de la Guardia Mora y se lamenta a su primo Franco-Salgado.

El 14 de enero de 1958, las Cortes declaran provincias españolas a Ifni y Sáhara, imitando la práctica del gobierno portugués que pretende conjurar la oleada descolonizadora con disposiciones legales. Las operaciones militares continúan durante el mes de febrero y concluyen con la limpieza total del Sáhara y el abandono del territorio de Ifni, excepto la capital. Esta pequeña guerra, que se ha ocultado parcialmente, ha costado a las fuerzas españolas 198 muertos, 574 heridos y 80 desaparecidos, desconociéndose las bajas enemigas.

La descolonización está en carne viva, como demuestra la guerra sin cuartel que se libra en Argelia. El mundo islámico adquiere creciente protagonismo y Nasser forma la República Árabe Unida (RAU), integrada por Egipto y Siria; acuerdo que fracasará cuando se intente ampliarlo con Yemen, hasta que las desavenencias recíprocas desmantelen el acuerdo y la República Árabe Unida se desintegre.

Cara y cruz de la política

No disminuyen las tensiones políticas y una nota de la policía informa de la desarticulación de un intento para reorganizar el Partido Comunista, en el que se ha destacado Javier Pradera, descendiente del famoso pensador tradicionalista. En marzo de 1958 estallan duras huelgas en Asturias, Euskadi y Valencia, que el gobierno intenta frenar el día 14, decretando el estado de excepción durante tres meces en Asturias. A la agitación obrera se suman los estudiantes de las principales universidades, que también se declaran en huelga. La conflictividad impulsa la redacción de la Ley de Convenios Colectivos, que se promulga el 4 de abril y ofrece condiciones más favorables a las reivindicaciones de los trabajadores.

En estas fechas fallece inesperadamente el conde de Ruiseñada, motor de las maniobras monárquicas juanistas en España, que quedan desactivadas, lo cual no conduce a la estabilidad interna del régimen, porque surgen nuevos focos de tensión y la policía se mueve incesantemente contra la oposición clandestina. Ahora son descubiertos y detenidos en Madrid notables miembros de la Asociación Socialista Universitaria: Gonzalo Anes, Luis Gómez Llorente y Miguel Boyer; en Barcelona la policía detiene a Joan Raventós y consiguen escaparse Francisco Bustelo, Juan Manuel Kindelán y Rafael Sánchez Mazas. Paralelamente, un grupo de estudiantes católicos crea el Frente de Liberación Popular (FLP), que luego evolucionará hacia posturas más radicales. Poco después, se celebra en Perpiñán el congreso del Moviment Socialista de Catalunya.

Sin embargo, la política tiene también su lado sonriente en los cáusticos comentarios sobre el veraneo de Franco, que pesca intensamente a bordo del *Azor*, en el que ha hecho instalar un cañoncito arponero y cañonea cachalotes. La prensa publica su fotografía junto a grandes peces en la cubierta del barco, que sirven para construir numerosos chistes. Cuando termine el otoño, su hija Carmen, con su esposo y el general Barroso visitan Estados Unidos, porque Franco desea que compensen la buena impresión dejada por una visita anterior de don Juan de Borbón y su hijo Juan Carlos.

Sin que nadie lo sepa todavía, se cierra una época de la Iglesia católica cuando, el 28 de septiembre de 1958, fallece Pío XII y el 9 de octubre sube al solio pontificio Juan XXIII, que pronto introduce cambios reveladores en las costumbres vaticanas.

De momento, en España no cambia nada y, cuando el nuevo pontífice nombra cardenal a monseñor Bueno Monreal, obispo de Sevilla, Franco le impone la birreta en la catedral hispalense, el 23 diciembre.

Al borde del abismo

La sorpresa de los barbudos

Las noticias internacionales revelan un hecho espectacular, que tendrá serias consecuencias: el presidente Fulgencio Batista huye de La Habana dejando el campo libre a los revolucionarios de Fidel Castro, que toman el poder en Cuba el 1 de enero de 1959. La España oficial mira de reojo sin hacer comentarios, porque los objetivos de la revolución no están claros y no se desean enfrentamientos con una república hispana.

Otras crisis mantienen su vigencia, como el conflicto de Argelia que, el 8 de enero, lleva al general De Gaulle a la presidencia de la V República francesa, fundada por él. Es uno más de los problemas de África del Norte, donde la monarquía marroquí choca con una sublevación de las tribus del Rif, opuestas a los burócratas llegados de la zona francesa. La prensa española no airea el problema, pero lo comentan gozosamente los antiguos círculos coloniales, que aceptaron a regañadientes la independencia marroquí.

También los territorios españoles de África Occidental son desestabilizados por guerrilleros que pretenden su incorporación a Marruecos. Hasta el extremo de que Franco se ve obligado a reconocer que existe un conflicto en el Sáhara. Sin embargo, la mayor conmoción española de este año es la ruptura de la presa del embalse de Vega de Tera, cuyas aguas arrasan el pueblo zamorano de Ribadelago, matando a 144 personas. Proliferaron los actos destinados a recoger fondos y Franco adopta al nuevo pueblo, que se reconstruye como Ribadelago del Caudillo.

La realidad y las ideas

La economía española no remonta y, en febrero, una nueva devaluación de la peseta establece el cambio del dólar de 42 a 60 pesetas. El saldo internacional es negativo en 76.300.000 dólares y el gobierno teme que le corten el suministro de petróleo. Apenas cuenta con divisas y no pueden pagarse las importaciones autorizadas. Navarro Rubio intenta convencer a Franco de la urgencia de un plan de estabilización que cuenta con el apoyo del Fondo Monetario Internacional. Los argumentos técnicos chocan con la obstinación del Generalísimo, que no desea reconocer el fracaso, hasta que el ministro logra convencerlo de que la situación económica los ha colocado al borde del abismo.

Franco tiene total confianza en Carrero y pone la economía en manos del equipo de López Rodó, amparado por el almirante. Su proyecto es transformar la economía española, sin modificar el régimen político. Los tecnócratas ocupan los lugares de decisión desplazando a la Falange, aunque se respetan cuidadosamente los aspectos políticos y el Generalísimo hace trasladar los restos de José Antonio Primo de Rivera al Valle de los Caídos, obra faraónica que ha costado veinte mil millones de pesetas y, en buena parte, ejecutada por prisioneros de guerra y presos políticos.

Franco la inaugura solemnemente el 1 de abril de 1959, en una ceremonia que reúne a toda la clase dirigente y los representantes diplomáticos extranjeros.

El lento crecer de la oposición

Hace una semana que se ha conmemorado el XX aniversario de la muerte de Antonio Machado en el cementerio de Collioure (Francia), donde reposan sus restos. Asisten numerosos intelectuales y artistas de distintas tendencias procedentes de ambos lados de la frontera, como Jorge Semprún, Francesc Vincenç, Francisco Sitjà, Antonio de Senillosa, Paulino Azcárate, Julio Just, José Herrera Petere, José Corrales Egea, Germán Bleiberg, Manuel Tuñón de Lara, Blas de Otero, Alberto Puig Palau, Armando López Salinas, José Manuel Caballero Bonald, Ángel González, José Ángel Valente, Juan y José Agustín Goytisolo, Jaime Gil de Biedma, Alfonso Costafreda, Carlos Barral, Juan Ferraté y Josep Maria Castellet, entre otros.

La muerte del conde de Ruiseñada ha convertido a José María Pemán en representante de don Juan en España, sin abandonar su fidelidad a Franco. No todos los monárquicos están de acuerdo y Joaquín Satrústegui organiza una cena en el Hotel Menfis de Madrid, que pretende ser el acto fundacional de una asociación de juanistas liberales llamada Unión Española. Entre los asistentes destacan Jaime Miralles, Enrique Tierno Galván y José María Gil Robles, que no toman la palabra. Los discursos mantienen la tesis de que la monarquía no debe ser restaurada por Franco y tampoco puede buscar la legitimidad en la guerra civil. Los asistentes más significados son multados por el ministerio de Gobernación.

Aunque la política está prohibida fuera del Movimiento, también surgen otros grupos como la Democracia Social Cristiana de Gil Robles y la Izquierda Democrática Cristiana de Manuel Jiménez Fernández, ante cuya defección Franco busca apoyo en otros sectores católicos más conservadores, especialmente en los miembros del Opus Dei encabezados por López Rodó. Para compensar la creciente presión de los monárquicos juanistas, inicia un acercamiento con Alfonso de Borbón, primo de Juan Carlos e hijo del infante don Jaime. Solís y algunos falangistas, temerosos de que don Juan influya en su hijo, contemplan a Alfonso como la oportunidad para establecer una monarquía más próxima a la Falange.

López Rodó reacciona y, a través de Carrero, logra que Franco sitúe a

Juan Carlos a su lado, con uniforme de teniente de Infantería y en la tribuna presidencial del Desfile de la Victoria del 3 de mayo de 1959. Como si fuera una presentación informal de su heredero al ejército, aunque Juan Carlos carece de título oficial.

Otros grupos alejados del régimen intentan organizar la oposición. En Valencia, Eliseu Climent encabeza *Diàleg*, expresión de un sector de intelectuales catalanistas. En el nacionalismo catalán se mueven Jordi Pujol, que ha dirigido el movimiento Catalanisme i Catalunya (CC) y Josep Benet, que llega desde la Acción Católica progresista y es detenido por la policía en Barcelona. La democracia cristiana catalana está dirigida por Antón Cañellas, y amparada por el abad de Montserrat, bajo cuyo patrocinio comienza a publicarse la revista *Serra d'Or*, única publicación en lengua catalana.

El Partido Comunista intenta el 18 de junio una huelga general pacífica, que considera instrumento adecuado para derribar a Franco. Una vez más, el intento fracasa y son detenidos Simón Sánchez Montero y numerosos militantes. La inoperancia de sus métodos obliga a una reflexión y, en diciembre, se celebrará el IV Congreso del Partido Comunista de España, donde Dolores Ibárruri es elegida presidenta, Santiago Carrillo secretario general y los comunistas españoles deciden cambiar de estrategia para emprender una política de reconciliación nacional.

Se perfilan nuevas líneas de oposición política y laboral contra las que el ministerio de Gobernación prepara una nueva ley de Orden Público; mientras tanto, la policía detiene al diplomático católico de izquierdas Julio Cerón, principal dirigente del Frente de Liberación Nacional, cuya expresión catalana, el Front Obrer de Catalunya (FOC), cuenta con la militancia del católico Alfonso Carlos Comín. El 30 de julio de 1959, mientras el Generalísimo cañonea ballenas, se publica la nueva ley de Orden Público que considera delictivos los paros, cierres y suspensiones de empresas, las concentraciones y manifestaciones ilegales y la propaganda política. Como si fuera un sarcasmo, al día siguiente, del grupo nacionalista vasco llamado Ekin se desgaja un grupúsculo con vocación radical cuyo nombre alcanzará siniestra fama: Euskadi ta Askatasuna (ETA).

Reformas y esperanzas

En la cuerda floja

A principios de 1959 se ha firmado el convenio de incorporación de España a la Organización Europea de Cooperación Económica (OECE), que se ratifica el 18 de marzo. España se dispone a abandonar la autarquía y camina lentamente hacia la integración en los organismos económicos internacionales. López Rodó prepara una astuta maniobra, amparada por Carrero Blanco, destinada a terminar definitivamente con la preeminencia falangista. El 17 de mayo, la ley de Principios Fundamentales del Movimiento declara que éstos son permanentes y reduce a la Falange a ser una parte del Movimiento, que pretende reunir a todos los españoles que aceptan el régimen. Es el primer paso para desplazar a los jerarcas falangistas de los puestos de decisión política y económica, a fin de que los tecnócratas controlen resortes esenciales y modifiquen la economía terminando definitivamente con los planteamientos autárquicos, que arruinan España. El ministro Navarro Rubio prepara un Plan de Estabilización para sentar las bases de un futuro crecimiento económico, apartándose de los presupuestos económicos de la Falange y el primer franquismo.

La nueva política económica quema etapas como el decreto-ley de incorporación de España al Fondo Monetario Internacional y el Banco Mundial y la ley de Procedimiento Administrativo, obra de López Rodó destinada a reformar profundamente la burocracia oficial. Una misión de la Organización Europea de Cooperación Económica visita España para elaborar un informe que posteriormente será referencia obligada para iniciar una estabilización de la economía. La ley sobre reordenación del Mercado de Crédito a medio y largo plazo cierra una nueva etapa en la ordenación administrativa, que se desarrolla bajo una peligrosa crisis económica. El Estado se encuentra al borde de la ruina.

El Plan de Estabilización

El ministro de Comercio, Alberto Ullastres, anuncia el 1 de junio que se prepara un plan de estabilización económica y, a final de mes, el gobierno dirige un memorando al Fondo Monetario Internacional y la Organización Europea de Cooperación Económica en el que anuncia profundos cambios estructurales. Ullastres viaja a Estados Unidos para solicitar ayuda económica de las grandes entidades financieras y consigue una cobertura de 544 millones de dólares.

Se abre camino una nueva política y, el 6 de marzo de 1959, el gobierno aprueba el proyecto de Plan de Estabilización, supervisado por el Fondo Monetario Internacional y la Organización Europea de Cooperación Económica. Sus puntos esenciales son devaluar la peseta, restringir el crédito y recortar el gasto público, a fin de situar a España en la economía de libre mercado, abandonando el autárquico paternalismo falangista. En su primera época provocará desempleo, congelación salarial, carencia de artículos de primera necesidad y algunos ministros se enfrentarán a Ullastres y Navarro Rubio porque ven reducidos los presupuestos de sus respectivos departamentos.

El decreto-ley de Ordenación Económica, de 21 julio, establece el Plan de Estabilización, que no busca un simple equilibrio económico sino poner las bases para abandonar las pautas seguidas hasta entonces, sanear la economía para incorporarla a los mercados internacionales y lograr un posterior desarrollo.

Una semana después, la Juventud Obrera Católica (JOC) replica con un manifiesto en el que denuncia la repercusión del plan sobre las clases más humildes, que soportarán el coste social del saneamiento económico.

Ciertamente, a corto plazo las clases más humildes pagarán un alto precio y la erosión de sus condiciones de vida empuja a muchos españoles hacia la emigración. Numerosos subempleados del campo se instalan en barrios suburbiales de las grandes ciudades o marchan al extranjero, movilizando una enorme fuerza de trabajo.

Sin embargo, las consecuencias positivas sobre la economía son fulminantes. Crecen la competitividad, el turismo y la inversión extranjera. Al acabar el año, se han incrementado las reservas de divisas y la balanza de pagos registrará un superávit de 81 millones de dólares.

Un americano en Madrid

La administración norteamericana prepara un largo viaje del presidente Eisenhower, que visitará Europa, Oriente Próximo, la India, Pakistán y el norte de África. La diplomacia española conoce el proyecto y, en agosto, el gobierno invita a Eisenhower a que aproveche el viaje para visitar

Cartel instalado en la plaza de España de Madrid con una fotografía del presidente estadounidense Dwight Eisenhower junto a Franco, para festejar la visita del primero a España.

también España y, en noviembre, se tiene la confirmación de que el presidente visitará Madrid, entre las estancias de París y Rabat.

El acontecimiento será un espaldarazo al régimen ante la sociedad internacional y una buena ocasión para demostrar a la reticente Europa occidental que Franco cuenta con el apoyo de Washington.

El alcalde de Madrid, José Finat, conde de Mayalde, es ducho en visitas extranjeras de alto rango y, ya en 1940, organizó la llegada de Heinrich Himmler, el jefe de las SS. Ahora hace distribuir miles de banderas y retratos, ordenando que todas las empresas, oficinas y colegios de la ciudad cierren sus puertas la tarde del lunes 21 de diciembre de 1959, cuando llegará el mandatario estadounidense.

A las cuatro y media de la tarde del día previsto, el avión en que viaja Eisenhower aterriza en la base norteamericana de Torrejón y la prensa comenta que el encuentro entre ambos generales victoriosos es un acto que puede cambiar la historia. Franco espera al pie de la escalerilla, con un efusivo y sonriente abrazo latino, y ambos jefes de Estado suben a un automóvil que emprende el camino de Madrid. En la plaza de Castelar se trasladan a un coche descubierto para hacer un recorrido triunfal lleno de público, arcos de triunfo y grandes fotografías de los dos generales.

Horas después se celebra la cena de gala amenizada por una pequeña orquesta, con el guitarrista Andrés Segovia como solista. En su discurso, Franco compara a Eisenhower con uno de los ángeles de la Navidad, que prometen paz a los hombres de buena voluntad. Se desconoce si la ascendencia luterana de Eisenhower le permitió comprender el símil, pero, en todo caso, a las siete y media de la mañana siguiente, una niña de siete años llega al palacio de la Moncloa, donde reside el huésped, para entregarle una carta de bienvenida ante un grupo de periodistas. Ante tan curiosa forma de iniciar el día, la formación militar del presidente le ayuda a dominar sus naturales impulsos, sonríe, regala una muñeca a la criatura y le estampa un par de besos.

El paso siguiente es desayunar con Franco, que se ofrece como aliado incondicional ante la Unión Soviética y agradece la ayuda norteamericana, que Eisenhower promete intensificar. Terminada la entrevista, suben a un helicóptero que los traslada a Torrejón, donde el avión presidencial despega a las 10.45 en dirección a Rabat, a las veinte horas de haber llegado a España.

Como expresión de cariño del pueblo español, el presidente norteamericano se lleva varios regalos: varias mantillas, muñecas vestidas con trajes típicos, libros sobre turismo, un par de cuadros, dos puros canarios de un metro de longitud y cinco centímetros de diámetro y un documento que le acreditaba como ¡alcalde honorario de Marbella!

CASOS Y COSAS

Franco, primer pescador de España

La afición del Caudillo a la pesca deportiva se glosa en la revista *Semana* de esta gráfica manera:

> A bordo del *Azor*, recorrió S. E. las zonas del Cantábrico donde es fama que abundan determinadas especies cuya captura exige mucha destreza, principalmente los atunes y otros peces de parecido tamaño y fuerza notable. El Generalísimo evidencia una especial habilidad en la pesca, toda vez que ciertas modalidades como ésta requieren condiciones que sólo poseen los deportistas avezados. Las costas de Guipúzcoa y de Santander y las bocas de las rías gallegas, han sido los parajes más frecuentados por nuestro Caudillo. En todas cuantas localidades ha sido visto, el pueblo le ha hecho objeto de entusiásticas muestras de admiración.

El dictador, pescando.

Posteriormente, durante la estación veraniega no falta noticia acerca de las proezas pesqueras de Franco.

«Felicitadme. ¡Soy madre!»

El día 9 de diciembre, el Caudillo tiene su primer nieto varón. El día 15 hay sesión plenaria de las Cortes, y en ella el presidente de las mismas, don Esteban Bilbao, lee una carta del conde de Argillo, abuelo paterno del recién nacido, en la que textualmente manifiesta:

> [...] su deseo de interesar de los poderes públicos para que, previos los trámites legales a que hubiera lugar, se autorizase el que dicho vástago y su descendencia masculina llevaran el nombre de Francisco Franco, en recuerdo de su ilustre ascendiente, nuestro invicto Caudillo.

El presidente de las Cortes, terminada la lectura del pintoresco escrito del conde de Argillo, se dirige a los señores procuradores y, después de ensalzar la obra de Franco, somete a la consideración de la Cámara el siguiente acuerdo:

> ¿Acuerda la Cámara, solidarizándose con los deseos del excelentísimo señor conde de Argillo, que son también los de los padres del recién nacido, y como homenaje de las Cortes al Jefe del Estado, que su primer nieto varón pueda, previa trasposición de sus dos primeros apellidos, ostentar en vida y para su descendencia el nombre de Francisco de Asís Franco y Martínez y, en consecuencia, dirigirse al excelentísimo señor ministro de Justicia, a fin de que por éste se dicten las disposiciones necesarias al mejor y más exacto cumplimiento de este deseo de las Cortes españolas?
> [Aclamación general.]
> Así se acuerda por aclamación.
> Francisco Franco,
> primer nieto varón de Francisco Franco,
> Caudillo de España.
> [Grandes y prolongados aplausos.]

Se dice que el marqués de Villaverde, padre del niño, a quien no faltaba sentido del humor, puso un telegrama a sus íntimos con el siguiente texto: «Felicitadme. ¡Soy madre!»

El tema propicia el chiste, y uno de los más celebrados es el que asegura que el «neonato sería incapaz de sentarse porque le habían puesto lo de delante atrás».

En la muerte de Eugeni d'Ors

El 25 de septiembre de 1954 fallece en Vilanova i la Geltrú el escritor, filósofo y esteta Eugenio d'Ors i Rovira, uno de los más destacados representantes de la generación de 1914. En la hora de su muerte, se recuerdan múltiples anécdotas debidas a su agudo ingenio. En cierta ocasión leyó un artículo suyo recién escrito a una persona de su confianza y le preguntó:

—¿Está claro?
—¡Clarísimo, maestro!

Y como a D'Ors le gustaba que su prosa tuviera profundidad estilística y densidad conceptual, replicó:

—Pues ¡oscurezcámoslo!

El mismo D'Ors explicaba, con fino humor a costa propia, una anécdota protagonizada por dos franceses, muy interesados en la literatura hispánica y, en una conversación, uno de ellos preguntaba al otro:

—*Connaissez-vous l'œuvre d'Ors?*

Cuestión que obtuvo esta réplica:

—*Pas du tout: mais je connais bien les «hors d'œuvre».*

Franco confiesa que no sabía lo que era visitar un portaaviones

La rúbrica del acuerdo con Estados Unidos precisa de un refrendo que ante la opinión pública norteamericana pregone la presencia de un nuevo aliado, cuya misión será servir de base a las fuerzas de Estados Unidos en Europa, ya que nuestras fuerzas terrestres, aéreas y navales, con un material vetusto, son de escasa ayuda contra el peligro soviético. El refrendo en cuestión consiste en una visita del general Franco al portaaviones *Coral Sea*. Al anuncio de esta visita, los corresponsales yanquis en Madrid hacen saber a su embajada que, dado que el Caudillo va a pisar suelo norteamericano a bordo del navío, debería someterse a una rueda de prensa y contestar a todas las cuestiones que se le planteen. Conocida esta petición por la Casa Civil, Franco se niega en redondo. Tras una ardua negociación y ante la amenaza de los corresponsales de hacer el vacío a la visita, se llega a un acuerdo, según el cual el decano de la prensa acreditada en Madrid hará en nombre de todos los periodistas tres preguntas a S. E. El decano era Camille Cianfarra, que morirá años después trágicamente en el hundimiento del *Andrea Doria*.

Cianfarra es bien conocido por sus opiniones antifascistas y, llegado el momento, prepara unas preguntas en las que queda claro que el nuevo aliado, salido del subdesarrollo, no va a aportar más que un portaaviones en forma de península, tan apto para dar como para recibir. He aquí las preguntas formuladas y las correspondientes respuestas:

—¿Qué cosa cree S. E. que podrá aportar España para la mayor eficacia de la VI Flota en el Mediterráneo, con las fuerzas que tiene?

—La Flota americana es potente por sí misma, porque en sí misma lleva todos los elementos necesarios para la acción y para el mantenimiento. Sin embargo, llegada a una situación de emergencia, la posición estratégica de España, sus posibilidades en todos los órdenes y su voluntad de lealtad, habían de multiplicar esta potencia.

—¿Es la primera vez que S. E. sube a un barco americano?

—Sí.

—¿Es la primera vez que S. E. visita un portaaviones?

—Sí.

Nuevos títulos nobiliarios

Una ley de 1948 otorga a Franco la competencia, típicamente regia, sobre la concesión, rehabilitación y transmisión de títulos nobiliarios y de grandeza. Sus primeras disposiciones, en este orden, se encaminan a ennoblecer a los mártires de la causa: Calvo Sotelo, José Antonio Primo de Rivera y Onésimo Redondo. Después tocará el turno a los más destacados militares de la guerra de la liberación: Dávila, Queipo de Llano, Moscardó y Saliquet. Más adelante se extenderá a notabilidades científicas, como el doctor Arruga, o a celebridades financieras, como Julio de Arteche. En 1955, la concesión de blasones creará un extraño precedente: se ennoblece a don Pedro Barrié de la Maza, financiero e hidroeléctrico, asociando su novísimo linaje al anagrama de la empresa de su creación. Barrié es nombrado conde de Fenosa, es decir, de las Fuerzas Eléctricas del Noroeste Sociedad Anónima. Aunque los conocedores del hermoso idioma galaico le dan una interpretación ennoblecedora, diciendo que «Fenosa» significa «fe nuestra» o «nuestra fe», no faltan chuscos que aseguran que, con gran sorpresa de la Diputación de la Grandeza, se ha abierto el camino para que la aristocracia hispánica registre, en el futuro, duques de Agromán, marqueses de Iberduero o barones de Banesto.

Extranjeros pervertidores

La continuidad del aluvión turístico aporta un contingente juvenil de hábitos promiscuos y que «fumaba». Los destinos de su preferencia hacia 1955 son algún enclave de la Costa del Sol y la isla de Ibiza. Allí, entre sol y mar, se van creando pequeñas colonias que marcarán la transición entre el existencialismo y lo que vendría después: la contracultura *hippy*. Fray Antonio, obispo de Ibiza, lanza una patética pastoral ante la crecida del pecado. Éstas son sus palabras:

> Es que esos indeseables, con su indecoroso proceder en playas, bares y vía pública y, más aún, con sus hábitos viciosos y escandalosos van creando aquí un ambiente mefítico que nos asfixia, y que no puede menos que pervertir y corrompe a nuestra inexperta juventud. [...] Nadie se explica por qué se autoriza la estancia aquí de féminas extranjeras, corrompidas y corruptoras que sin cartilla de reconocimiento médico vienen para ser lazo de perdición física y moral de nuestra inexperta juventud, ni tampoco sabe nadie cómo pueden tolerarse ciertos individuos, carentes de medios de vida, de los cuales dice la voz pública que viven exclusivamente del vicio que facilitan y propagan descaradamente.

Y termina el atribulado obispo con este grito:

> Y que nadie vea en estas líneas otra cosa que la voz de alerta, el grito de ¡socorro! del pastor de almas que contempla, angustiado e impotente, la riza, el destrozo que hace el lobo entre las amadas ovejitas que el Señor le confiara, y de las cuales tendrá que rendirle estrecha cuenta un día (*El Español*).

Luis Miguel Dominguín y Lucía Bosé en una Vespa por las calles de Roma, en los años cincuenta.

El enlace entre Dominguín y Bosé

Si en los años cincuenta hay una figura «mandona» en su actividad, envidiado como varón y adornado por las cualidades de la apostura y de la inteligencia, ésa es la de Luis Miguel Dominguín, matador de toros.

Figura del toreo, su fama trasciende convirtiéndole en un personaje solicitado entre la gente bien por su agudeza y en amante legendario con un record copiosísimo —su romance con Ava Gardner, el animal más bello del mundo— que se constelará en locas noches madrileñas de juerga, vino y rosas.

Su trayectoria se cruza con la de una estrellita de cine italiano —el cine de posguerra que alumbró beldades como la Loren, la Mangano, la Lollobrigida o la Pampanini— llamada Lucía Bosé. Y hay flechazo. Y hay boda. Y tendrán tres hijos, antes de que llegue la separación. El mayor, Miguel, escogerá el apellido materno para ser famoso. Hace bien porque su nombradía se alza sobre una esfera de valores alejadísimos, de los que hacen de su padre arquetipo de elegido, en la viril profesión de matador de toros.

Nace la televisión

El día 28 de octubre de 1956 se inauguran oficialmente las emisiones de la televisión española. El diario *Arriba* da cuenta así del acontecimiento: «El ministro de Información y Turismo, don Gabriel Arias Salgado, inauguró ayer tarde oficialmente la estación de televisión de Madrid, instalada en la avenida de La Habana 77».

El transmisor de la imagen y del sonido permitirá la recepción de televisión en un radio de cincuenta a sesenta kilómetros alrededor de Madrid. Las pruebas han demostrado que se recibe perfectamente en Toledo...

La emisión se abre a las ocho y media de la noche y, previas unas palabras del locutor, el prelado doméstico de Su Santidad, monseñor Bulart, celebra la santa misa, la primera que se televisa en España, en un altar instalado en el estudio, presidido por una bella imagen de santa Clara, patrona de la televisión española.

El ministro de Información y Turismo, de quien dependerá el nuevo organismo, pronuncia las siguientes palabras:

> Hoy, día 28 de octubre, día de Cristo Rey, a quien ha sido dado todo el poder en los cielos y en la tierra, se inauguran los nuevos estudios de Televisión Española.
>
> Mañana, 29 de octubre, fecha del XXIII aniversario de la Fundación de Falange Española, darán comienzo de manera regular y periódica los programas diarios.
>
> Hemos elegido estas dos fechas para proclamar así los dos principios básicos, fundamentales, que han de presidir, sostener y enmarcar todo el desarrollo futuro de la televisión en España: la ortodoxia y el rigor, desde el punto de vista religioso y moral, con obediencia a las normas que en tal materia dicte la Iglesia católica, y la intención de servicio a los principios fundamentales y a los grandes ideales del Movimiento Nacional.

El minutado del programa inaugural queda finalmente establecido de este modo:

A las 18.00: Carta de ajuste. A partir de las 18.15: Cabecera de presentación. Misa oficiada por monseñor Bulart. Discursos inaugurales del ministro de Información y Turismo, señor Arias Salgado, y del camarada José Ramón Alonso, director de Programas y Emisiones. Programa dedicado a Santa Clara. España Hoy. Actuación de coros y danzas de la Sección Femenina del distrito de la Latina. Estreno de NO-DO A. Más actuación de coros y danzas. Estreno de NO-DO B. Documental «Blancos Mercedarios». Documental «El Greco y su obra maestra». Grupo provincial de coros y danzas de Málaga. La orquesta de Roberto Inglez. Actuación de José Cubiles, pianista. Himno nacional y banderas de cierre.

El humor de Foxá (II)

Las características clericales de la España nacionalcatólica es algo que arranca a Foxá sus más agudas ocurrencias, como cuando alguien le pregunta cómo definiría la España en la que los democristianos de Acción Católica marcan la pauta. Foxá contesta sin dudar: «¡España es un "obispero"!».

A raíz de la firma del primer pacto militar con Estados Unidos, que casi coincide con el nuevo Concordato con la Santa Sede, le preguntan a Foxá qué ventajas obtendrán los españoles con los acuerdos suscritos y la contestación es: «¡Pues a cada español nos toca un dólar y cien días de indulgencia!».

En ocasión de un relevo de ministros, Fernando María Castiella sustituye a Alberto Martín Artajo en la cartera de Exteriores. Dado lo súbito del nombramiento, Castiella carece del uniforme protocolario de gala. Felizmente su predecesor, que tiene una eslora semejante, accede a prestarle su casaca. Comentario de Agustín de Foxá: «¡Las cosas que hay que ver! Hasta ahora sabíamos de ministros que cambiaban de casaca, pero hoy nos hemos enterado de que hay casacas que cambian de ministro».

Tras pasar una larga temporada fuera de España, en un destino diplomático como corresponde a su condición, Foxá toma contacto con la realidad española y por ende, madrileña, y una de las cosas que llama su atención es la presencia en la prensa de la capital de una firma que se reitera en la crónica municipal y ciudadana, en la crítica teatral y en las reseñas taurinas, todo identificable por un estilo gracioso pero algo pedestre. Intrigado, pregunta quién es el autor que tanto se prodiga y, cuando sabe su nombre, lanza esta cuarteta:

¿Quién es ese botarate
que en todas partes se mete?
Me dicen que es Cañabate,
pues yo le digo ¡coño, vete!

Efectivamente, el denostado periodista es el famoso Antonio Díaz-Cañabate.

El primado y los curas: contra el relajo vestimentario

En mayo de 1957 se hace pública una exhortación pastoral del cardenal primado, doctor Pla y Deniel, en la que recuerda al clero regular «las normas sobre uso riguroso de las prendas que componen el indumento eclesiástico», exhortación que viene aconsejada por la licencia que empieza a imperar en el modo de vestir de nuestros clérigos, bajo el influjo de los «nuevos curas». Algo empieza a cambiar empujado por las corrientes europeas de renovación, que alcanzan incluso a la Iglesia. Por eso, el cardenal recuerda «la obligación del uso de la sotana, el tullete o el manteo o, por lo menos, la esclavina, siendo, asimismo, necesario llevar la cabeza cubierta con la teja, salvo cuando se vaya en motocicleta, en cuyo caso puede usarse boina o casco de motorista». Como la motorización, usando Vespa o similares, se ha ido imponiendo para recorrer la feligresía, aprovecha el cardenal la ocasión para recordar que «el vehículo debe usarse tan sólo para actos relativos al sagrado ministerio o de apostolado» y, de paso, advierte «que no sería conforme a la decencia el llevar a una mujer en la trasera», signo evidente de que las mozas de la parroquia aprovechan el circular de los sacerdotes para montar en el escúter, compañía que no debía de ser muy desagradable al clero, a juzgar por la conminación del prelado.

Y, saliendo al paso de una peligrosa liberalización de las costumbres, el primado invoca ciertos cánones para extraer, como conclusión, que «el clero no debe fumar en público, ni asistir a cines, teatros, fútbol y, mucho menos, a espectáculos consistentes en exhibiciones de bailes modernos».

Termina el doctor Pla y Deniel recordando con energía «la obligación de llevar la tonsura abierta», síntoma de que los cabellos empiezan a crecer en las otrora relucientes coronillas de los mosenes hispánicos.

Desde el espíritu de la Cruzada, no hay duda de que algo está cambiando en España.

Franco, ¿cardenal?

En diciembre de 1957, un grupo de españoles propone que, por los excepcionales méritos contraídos por el Caudillo en la defensa de la fe católica, ha de ser elevado a la dignidad de cardenal. He aquí los términos en los que está concebida la extraordinaria propuesta:

> Un grupo de españoles, que conservarán por el momento su nombre en secreto, para que los resentidos de siempre no puedan tacharles de oportunistas y aduladores, tienen la iniciativa, y la hacen pública, de pedir el capelo cardenalicio para Francisco Franco Bahamonde, por los grandes servicios que, durante más de veinte años, ha prestado a la Iglesia.
>
> Porque, en verdad, desde Constantino el Grande y Carlomagno, nunca soberano alguno, nunca caudillo militar o civil, hizo tanto por nuestra Santa Madre Iglesia como el glorioso Francisco Franco, el hombre que ha restituido España a Dios y Dios a España, reparando así la más grosera y odiosa paradoja cometida por los regímenes anteriores: la de una España sin Dios y sin fe.
>
> La Divina Providencia, según confesión del propio Caudillo a un redactor de la Agencia EFE, le ha venido asistiendo de manera especial, y de hecho milagrosa, a lo largo de su extraordinaria y preciosa existencia.
>
> Sí, ¡mil veces sí! No dudéis un momento. España, martillo de herejes, tiene en Franco un gobernador excepcional, que su íntimo, su congénito catolicismo están esperando desde centurias, el que ha arrancado de cuajo las herejías del liberalismo y de la masonería. No en vano el ministro subsecretario de la Presidencia, señor Carrero Blanco, hablando ante las Cortes en julio último, lo dijo en frase lapidaria, en expresión que debería ser grabada en mármoles y bronces, en todas las ciudades y pueblos de España: «El Caudillo es uno de esos regalos que la Providencia hace, cada tres o cuatro siglos, a un pueblo, para premiarle los sacrificios que ha hecho por Dios». (Agencia EFE)

Por fin se casa la Faraona

El rumor va tomando cuerpo: Lola Flores se va a casar, pero ¿con quién? Con la leyenda (cierta) de devoradora de futbolistas, toreros, actores, directores de cine, empresarios, etc., se hacen quinielas sobre quién será el varón capaz de llevar a la vicaría a este «torbellino de colores, al que llamaban Lola Flores». Y el varón resulta ser un «tocaor» gitano catalán y consumado danzante de la rumba catalana. Su nombre es Antonio

González, *el Pescaílla*. La boda tiene lugar en El Escorial y de padrino interviene el productor gallego Cesáreo González y de madrina la cantante Paquita Rico, gran amiga de la contrayente.

Contra lo que pudiera suponerse, el matrimonio durará, pero Lola es Lola hasta el fin. No en balde su madre la define diciendo: «Mi Lola duerme en casa pero se acuesta con quien quiere».

El auge del tebeo

Como la época es de exaltación de valores patrios y varoniles un determinado género de cómic alcanza gran éxito. Entre ellos vale la pena recordar a *Diego Valor*, *Capitán Trueno*, *Roberto Alcázar y Pedrín* y *El Jabato*. Otros como *Carpanta* tienen un valor más sociológico por reflejar una pesadilla nacional. En 1958, aparece uno destinado a hacer historia: *Mortadelo y Filemón*, obra de Ibáñez, una historieta que el tiempo haría escribir con mayúsculas.

Portada de El Capitán Trueno, *uno de los tebeos más leídos de la época.*

El fin de Facerías, el guerrillero urbano más temido

Al fin los barceloneses, Cataluña entera, puede decirse, ha respirado tranquila. Acribillado a balazos ha caído en las cercanías del manicomio barcelonés de San Andrés, uno de los más siniestros personajes del terrorismo rojo. Once años le ha costado a la policía cobrar tan fiera presa. Pero la caza era fatal, por muy experto del instinto sanguinario. Una y otra vez logró José Luis Facerías, que así se llamaba el forajido atracador, escapar de las manos de la policía cuando estuvo semisitiado como ocurrió hace poco más de un año en la barriada de Les Corts. [...] Pues El Facerías, como era conocido entre los terroristas españoles, estaba dispuesto a no dejarse coger vivo, a morir matando. Como intentó hacerlo el viernes pasado, sin fortuna, a la hora en que en Barcelona caía una tromba de agua que pudo dar al traste con el servicio de captura que habíase montado la noche anterior.

Su negro historial de crímenes y atracos hacíanle temible. Su audacia para realizarlos, amparado todavía por la suerte, era inaudita. Colocó bombas que pudieron ocasionar víctimas inocentes, voló polvorines, asaltó bancos y hoteles, en uno de los cuales asesinó a un conocido constructor barcelonés, robó cuanto pudo y donde pudo. Al atracar el automóvil de Edgar Neville, hace de ello siete años, tuvo un encuentro con la Guardia Civil, muriendo dos sujetos de su banda. Pero siempre consiguió escapar, refugiándose en Francia. Siempre hasta el día citado, en que fue acorralado y muerto a tiros en el paseo del Doctor Pi y Molist, cuando esperaba a su compinche, El Metralla, para planear un asalto a la Caja de Ahorros Provincial, radicada en aquella populosa barriada de San Andrés, atraco que hubieran realizado el lunes día 2. [...] El siniestro Facerías ha rendido a la Justicia el tributo que, desde hace once años, debía pagarle. Un hermano suyo lo ha identificado sobre la losa en que yace esperando la autopsia (¿Qué virus corroería las entrañas de este hombre?). La policía, aun así y todo, le ha tomado las huellas dactilares comprobando su identidad. Y ha respirado tranquila, a buen seguro, al coronar su plan sin una baja (*Semana*).

La jalea real, fuente de juventud

En el año 1957, España vive la obsesión de las cualidades milagrosas de la jalea real. Como años antes lo fuera el hongo, el país, propicio a creer en el milagro de los jueves, se entrega a la creencia en las mágicas cualidades rejuvenecedoras del potingue en cuestión. He aquí cómo se cantan las excelencias energéticas del famoso preparado:

La jalea real ha desprovisto de todo sentido a los famosos versos de Rubén Darío que dicen:

Juventud, divino tesoro,
¡ya te vas para no volver!
Cuando quiero llorar no lloro...
y a veces lloro sin querer.

Este canto del cisne angustiado y melancólico de un climatérico ha sido sustituido por otro henchido de plenitud y lozanía, merced a las virtudes energéticas hormonales y polivitamínicas de unos cuantos gramos de jalea real. [...] El caso de Su Santidad Pío XII es, en parte, conocido por todos. No obstante, refrescaremos la memoria. Cuando estuvo gravemente enfermo y los facultativos que le trataban dudaban de su curación, el doctor Ricardo Galeazzo-Lisi, su médico de cabecera, basándose en los tratamientos de Boyer de Belvefer, propuso la administración de jalea real. Una comunidad de religiosos de México proporcionó al papa el primer kilo de jalea real. Con esta sustancia logró Su Santidad restablecerse completamente y ganar doce kilos de peso. Meses después, en el Instituto Católico de Roma, Galeazzo-Lisi hacía una exposición científica de la enfermedad de Pío XII, del tratamiento y de sus resultados.

Desde entonces, algunos preparadores de jalea real de todo el mundo han enviado grandes remesas al Santo Padre, entre ellos algunos españoles.

Después de la extraordinaria publicidad concedida a la jalea real por la prensa, radio y televisión con motivo de la sorprendente mejoría de Pío XII, la fe y la esperanza de una multitud de enfermos, algunos incurables, se ha volcado sobre este producto glandular de las abejas jóvenes. Tuberculosos, cancerosos, paralíticos, viejos decrépitos la han tomado espontáneamente a grandes dosis confiados en sus mágicas virtudes. [...] La jalea real se ha convertido en unos cuantos meses, peligrosamente, en la más ideal de todas las panaceas: la que otorga una estimulante y eufórica energía y concede una larga vida (*El Español*).

Franco, don de la providencia

Julio de 1957. Discurso del ministro subsecretario de la Presidencia, contraalmirante Carrero Blanco, en las Cortes Españolas. Véase de que modo enjuicia la personalidad y el significado del Generalísimo Franco, en la coyuntura histórica derivada de la guerra civil:

> [...] no se trata de una burda lisonja. Ya lo he dicho en otra ocasión, desde esta misma tribuna, que creo que Dios nos concedió como premio, sin duda, al sacrificio de nuestros caídos y como compensación a tanta sangre de héroes y mártires, a tanta lágrima de mujer y a tanta angustia de huérfanos, la inmensa merced de un Caudillo excepcional, que sólo podemos valorar como uno de estos regalos que, por algo muy grande, hace la Providencia a las naciones cada tres o cuatro siglos.
>
> ¿Cómo nadie de buena fe, salvo que esté rayando en la demencia o en pleno sopor mental, puede pensar en la conveniencia para España de un sistema liberal de democracia inorgánica?
>
> No hay que conceder, pues, la más minima importancia, ni a las maquinaciones de los rojos exiliados en su mendicidad de contubernios absurdos, ni a los enredos de media docena de insensatos. El camino de España está trazado por el cauce indeformable del Movimiento Nacional. España es un Reino, bajo la jefatura temporal y vitalicia de Francisco Franco.

La televisión sale al exterior

La transmisión de un acto en el Valle de los Caídos. El realizador no se dio cuenta de que queda abierto el micrófono interior de órdenes y, al ir a recoger la presencia de los ministros que alineados esperan la llegada de Franco, los telespectadores pueden escuchar desde sus casas esta impagable orden: «¡Cámara dos! Date una pasadita por los ministros deteniéndote un poco en el nuestro por aquello de la coba».

Resumen del año 1957

Este año entran en España 3.200.000 turistas. Entre las divisas aportadas por ellos y las que envían los miles de españoles que han tenido que emigrar a Europa, nuestro país empieza a salir del túnel. Los tiempos van cambiando. Donde antes podían leerse letreros que proclamaban «Por el Imperio hacia Dios», ahora dicen «Beba usted Coca-Cola».

Uno de los primeros carteles publicitarios en España de Coca-Cola.

Cuádruple crimen en Madrid

En el mes de julio de 1958, la opinión pública se conmueve ante la noticia de un delito que ha costado la vida a cuatro personas en Madrid. Por aquel entonces pululan por la capital de España muchos hispanoamericanos ociosos a quienes una «renta en dólares, conjugada con nuestra baratura, permitía vivir como príncipes dedicándose al "ligue" y a frecuentar los bares de moda y las salas de fiestas». Uno de estos sujetos, José María Manuel Pablo de la Cruz Jarabo Pérez Morris, de buena familia, educado en el distinguido colegio de El Pilar y ubicado posteriormente en Puerto Rico, ha escogido Madrid como residencia donde lleva una vida de crápula entre alcohol y droga. Como una peripecia más de su turbulenta existencia, se ve chantajeado por dos prestamistas en cuyo poder estaba una alhaja pignorada por Jarabo, alhaja propiedad de una señora británica comprometida y que apremia su rescate. Jarabo se propone recuperar la joya y, como no lo consigue, mata a uno de los prestamistas, a su esposa y a la sirvienta. Después va en busca del otro y, como también fracasa en su propósito, le da muerte. Al parecer, la joya había sido ya vendida.

Jarabo es detenido a los pocos días. La pista que lo delata fue una gabardina manchada de sangre que llevó a una tintorería.

El fondo musical de los cincuenta

Los años de la década que marcan la existencia de la mitad del siglo XX se mecen al ritmo del bolero, tomando como emblemático el *Caminemos* del famoso trío Los Panchos. Pero la batería de éxitos es amplia: Lucho Gatica canta al reloj; Lorenzo González a su *Cabaretera*; Gloria Lasso su *Luna de Miel*; la gran Olga Guillot lleva a la fama *Contigo en la distancia*. El fondo musical de este decenio es de predominio abrumador de la música latinoamericana. De México llega el *Huapango* de Lola Beltrán, los corridos de Pedro Infante o de Aceves Mejía. La hegemonía se corona con el éxito de Pérez Prado, el rey del nuevo ritmo, el mambo, con piezas numeradas y su inolvidable *Patricia*. Y como voces exóticas, teñidas de indigenismo, surgen las de Ima Sumac y Atahualpa Yupanqui, que llevará a la fama *Los ejes de mi carreta*.

Hacia el final de la década, salen voces italianas del Festival de San Remo que van a poner de moda la *canzoneta*, cuyo más exitoso exponente es *Volare* de Domenico Modugno, y también se hacen famosos Renato Carosone, Claudio Villa y Nila Pizzi.

Entre nosotros prospera la canción protesta como *Mi casita de papel*, la canción dislocada como *A lo loco, a lo loco*, la romanza cantada por Luis Mariano en *Violetas imperiales* o el pasodoble castizo como *El Beso*.

A la hora de recordar forzoso es constatar que de 1950 queda el éxito mundial *Only You* de los Platters, y la revelación de un muchacho canadiense que no llega a la veintena y que con el tema *Diana*, inunda todas las salas de fiestas. Su nombre es Paul Anka.

La providencia aliada de Franco

Abril de 1959. Inauguración, tras veinte años de trabajos más o menos forzados, del complejo monumental del Valle de los Caídos en Cuelgamuros. Franco aprovecha su discurso para hacer balance de la ayuda providencial recibida en los momentos más difíciles de la Cruzada:

En todo el desarrollo de nuestra Cruzada, hay mucho de providencial y de milagroso.

¿De qué otra forma podríamos calificar la ayuda decisiva que en tantas vicisitudes recibimos de la protección divina? ¿Cómo explicar aquel primer legado providencial e inesperado que en los momentos más graves de nuestra guerra recibimos, cuando la inferioridad de nuestro armamento era patente, y con arrojo teníamos que sustituir los medios y que nos llegó como llovido del cielo, en un barco con 8.000 toneladas de armamento apresado en la oscuridad de la noche por nuestra Marina de Guerra a nuestros adversarios?

¿Y qué pensar del desenlace de las grandes batallas cuyas crisis victoriosas, sin que nadie se lo propusiese, se resolvieron siempre en los días de las mayores solemnidades de nuestra Santa Iglesia?

Sólo el simple enunciado de estos hechos justificaría esta obra de levantar en este valle, ubicado en el centro de nuestra Patria, un gran templo del Señor.

El célebre incidente Galinsoga

Don Luis Martínez de Galinsoga, director del periódico *La Vanguardia* de Barcelona desde 1939, protagoniza un famoso incidente que será largo en consecuencias. Deseoso de cumplir el precepto dominical, asiste el día 21 de junio de 1959 a una misa en la parroquia de San Ildefonso, misa autorizada para que la homilía se diga en lengua catalana. Galinsoga, lleno de cólera, se persona en la sacristía protestando airadamente por el uso del catalán. Al no estar el párroco Narcís Seguer, descarga su ira sobre el sacristán, redondeando su iracundia con la frase: «Todos los catalanes son una mierda», y deja una tarjeta con su identidad.

El incidente trasciende y, después de una hábil y sutil gestión del párroco alertando a Galinsoga de «una posible suplantación de su personalidad», queda clara la actitud anticatalana reafirmada por el propio Galinsoga.

Divulgado por vía oral, el incidente adquirirá importancia y alcance ciudadano. Brota un boicot popular al periódico y, entretanto, los escritores Néstor Luján y Josep Maria Espinàs escribirán unas coplas alusivas de las que reproducimos unos fragmentos:

Escuche quien quiera oírla
la historia tan singular
de Luis de Galinsoga,
un castellano leal.

Un día se fue a la iglesia
a oír misa y a rezar.
Ya sube al púlpito el cura
y comienza a predicar.

«¿Qué pasa? —don Luis, dice—.
¡Éste habla musulmán!
Éste ni es cura ni es nada;
¡es un perro catalán!»

Ya entra en la sacristía
y se dirige al sacristán,
y le dice: «Si eso es misa,
es la misa de Companys».

No le dan satisfacciones,
da una tarjeta y se va.
Dice la palabra «mierda»
que en su boca siempre está.

«Mierda, dijo, dijo mierda»
le susurra el sacristán
al párroco don Narciso
y éste al obispo se va.

Los «rojoseparistas»
escriben sin descansar,
diciendo que dijo «mierda»
Galinsoga al sacristán.

«¡Mierda!», dice don Camilo,
que es ministro y general,
y al Pardo llega la mierda
cuenta la revista *Time*.

Ya se reúne el gobierno
—que no es tiempo de pescar—
ya les informa el ministro,
todos se echan a temblar.

Que Galinsoga se vaya
es criterio general.
Ved cómo los grandes pagan
tan larga fidelidad.

Pese a la impopularidad adquirida por Galinsoga y al deseo de la propiedad de *La Vanguardia* de cesarlo, el viejo periodista se resiste a dejar el cargo y prácticamente hubo que tapiar su despacho para impedirle la entrada.

El humor: de los años cuarenta a los cincuenta

Pese a todas las desdichas sufridas por el pueblo español tras las dos posguerras atravesadas (la nacional y la internacional), el humor se mantiene a través de *La Codorniz* y de los que cultivan este género en pistas de circo y escenarios de variedades.

A mediados de los años cuarenta irrumpen en los teatros los hermanos CAPE, que no eran tales hermanos. Su nombre escénico es la combinación de las iniciales de los cuatro componentes. La A correspondía a Arturo, Arturo Castilla, después famoso empresario. La gracia de los hermanos CAPE crea el «¿Qué le dijo?», pregunta que con gran dinamismo repiten los cuatro componentes, hasta que uno de ellos concreta:

—¿Qué le dijo el cepillo a la chaqueta?

A lo que respondía otro:

—¡Qué polvo tienes, negra!

Y las preguntas se van repitiendo, contestando los cuatro elementos en un derroche de ingenio y humor.

Después se ponen de moda los «Tantanes», uno de cuyos cultivadores es el caricato y gran actor Roberto Font. La sal de los «Tantanes» consiste en repetir el adverbio, exagerando una cualidad en busca del efecto sorpresa, como lo acredita esta muestra, más bien de humor oral:

—Era una chica tan ingenua, tan ingenua, que creía que un pichón era una picha grande.

Más tarde llega la moda del chiste escenificado, al compás de «Sube el telón. Baja el telón», y cuyo quid se basa en adivinar, después de la escenificación, el título de una obra o una marca conocida, como es el caso de este ejemplo:

Sube el telón. En escena: Elisabeth de Inglaterra y el duque de Edimburgo que se dirigen muy amorosos hacia su alcoba. Baja el telón.

Sube el telón. Elisabeth y Felipe de Edimburgo encamados hacen el amor. Baja el telón.

Sube el telón. Felipe se aplica un bálsamo en sus partes nobles. Baja el telón.

¿Título de la obra?: *Los polvos de Elisabeth «Arden»*.

A comienzos de los años cincuenta llega Miguel Gila a revolucionar el humor. Su aparición en escena, con sus parodias de la guerra y la operación de riñón retransmitida como si fuera un partido de fútbol, se gana la admiración instantánea de todos los públicos. Otro plato fuerte suyo son «las bromas de los pueblos». La revista *Triunfo* relata así una actuación de Gila:

Gila apareció corriendo con un teléfono debajo del brazo. Puso una conferencia con Badajoz, esa que gracias a estar recomendado le pusieron al cabo de dos meses. Habló a gritos con su primo Pepe y con una señora de Bilbao que se cruzó en la línea. Luego nos contó, con la boina de los paletos sobre la cabeza, esas bromas inefables de los pueblos, la hecha a aquel farmacéutico al que estallaron un cartucho de dinamita en las orejas, la de aquel al que, engañándole, le hicieron trepar por un poste de «alta traición» y después enchufaron la corriente... ¡Y se quedó «como la ceniza de un puro»!, o aquella que le hicieron al hijo del tabernero, al que le dieron a comer una morcilla rellena con los polvos matarratas de los que reparte el Sindicato... «¡Le matemos al hijo! Pero ¡jo!, ¡cómo nos reímos!»

Así es el humor de Gila, que ya en *La Codorniz* ha dado muestras sobradas de su talento.

El Real Madrid se va de copas

El equipo de la capital de España, presidido por un personaje curioso como es Santiago Bernabéu, después de construir un soberbio estadio no consigue los resultados que merece tan espléndido marco. Sus directivos se dan cuenta de hasta dónde pueden llegar con la nueva reglamentación, que permite el fichaje de profesionales extranjeros. Y van a por Alfredo Di Stéfano, *crack* que ofrece las garantías de ser un verdadero fuera de serie. Como quiera que el Barcelona tiene el mismo objetivo, el asunto se complica porque la situación del argentino es confusa. Su club de origen es el River Plate, pero Di Stéfano ha fichado —no muy legalmente— por el Millonarios de Bogotá. Resulta que los catalanes han ultimado su traspaso con uno de los clubes (el argentino) y los madrileños con el otro. El litigio será feroz. De acuerdo con las normas de la Federación Internacional de Fútbol (FIFA), parece que es el Barcelona quien tiene más derecho, pero la Federación Española, apoyada por la Delegación Nacional de Deportes, no ve con buenos ojos que un equipo que ya cuenta con otro superclase como es Kubala, se refuerze nada menos que con Di Stéfano. Se opta por una fórmula salomónica: que juegue dos temporadas alternas en cada club, a lo cual se opone el Barça, que renunciará al fichaje del argentino. Esta es la historia, en síntesis.

A todo esto, el desarrollo de las líneas aéreas que facilita los desplazamientos entre las capitales europeas más distantes está abriendo las puertas a las competiciones continentales a nivel de clubes. Así nace la iniciativa del periodista francés Gabriel Hanot, con el patrocinio del rotativo *L'Equipe*, de crear la Copa de Europa de clubes.

El trofeo está hecho a la medida del Real Madrid que, capitaneado por un Di Stéfano excepcional y reforzado por un plantel de extranjeros de gran clase (los argentinos Olsen y Rial, el francés Kopa y el húngaro Puskas, que se irán incorporando en etapas sucesivas), conquista nada menos que cinco Copas de Europa seguidas entre 1955 y 1959. Sin olvidar la aportación de los españoles Alonso, Muñoz y Gento. Desde la versión patriótica, la irradiación del Madrid como equipo de la capital haría que sus éxitos sean sentidos por grandes zonas de España como éxitos de toda la nación. Y compensatorios de los pobres resultados que logra la selección española después del Mundial de Río.

En busca de una traducción al clergyman

Ya que la rebelión vestimentaria del clero español a la que vanamente quiso poner remedio el primado Pla y Deniel es ya algo imparable, pues son cada vez más los que visten a lo cura anglosajón con alzacuello, se quiere buscar una equivalencia en el leguaje hispánico, al igual que al inglés *hostess* se le ha encontrado el castellano «azafata», para designar a las que algunos denominaban las «aeromozas» que atendían a los pasajeros en un vuelo comercial.

Con el fin de descubrir el vocablo idóneo para limpiar nuestra lengua de anglicismos como *clergyman*, un rotativo madrileño hace un concurso entre sus lectores, en busca del neologismo feliz que bautice a los nuevos curas.

Las propuestas serán dignas de una antología de disparates. Nombres propuestos: habicler, cleriterno, postacler, cleripán, curpán, ternocler, cleritraje, vesticlero, vesmosén, ministerno, vespater, clerizón y... sotano.

El humorista Edgar Neville, dejándose influir por el auge de la minifalda, propone la definición de «minicurita».

Como es obvio, ninguna de las delirantes propuestas tendrá éxito.

Se inicia el boom *de la televisión*

Pocos fenómenos penetran con tanta rapidez en la aceptación popular como el medio televisivo. Ya las primeras series de importación como «Patrulla de Tráfico» se siguen, así como los prodigios perrunos de *Rintintín* o de *Lassie*. Se ofrecen concursos como «Hacia la fama». Hay rostros que empiezan a crear la idolatría televisiva como los de Laura Valenzuela, Blanca Álvarez y, entre ellos, el de Jesús Álvarez. Nace el «Hombre del tiempo», que durante muchos años se asociará a la figura de Mariano Medina.

El teatro empieza a llevarlo a la tele Juan Guerrero Zamora y en sus obras aparecen las grandes figuras de la escena de entonces, como José María Rodero, Luis Prendes, Fernando Rey y Maruchi Fresno.

En 1958 se estrena la serie «Te quiero Lucy», que protagoniza Lucille Ball y el *western* se apodera en 1959 de la pequeña pantalla con la serie «Cisco Kid».

Y esto no es más que el comienzo.

Jarabo ejecutado

Se ha cumplido la sentencia de pena de muerte dictada contra José María Jarabo, culpable de cuatro delitos de asesinato, hecho que conmocionó a la opinión pública. La justicia se ha cumplido a garrote vil y según se ha filtrado el verdugo tuvo grandes dificultades para ajustarle la «corbata», es decir, la argolla que agarrota, debido a la anchura de su cuello.

Glosa ditirámbica a la visita de Eisenhower

He aquí cómo relata Luis Martínez de Galinsoga la apoteósica llegada del presidente norteamericano a la capital de España:

> Nuestro Caudillo, con esa sencillez y ese señorío suyos proverbiales, se cuadró militarmente ante su colega de armas y de victorias. Las manos de ambos se estrecharon en un efusivo apretón, cuyos latidos parecían sentir el selecto concurso circundante: ministros del gobierno, Consejo del Reino, procuradores en Cortes, diplomáticos, etc. Invitó el Caudillo seguidamente a Eisenhower, con un ademán de llaneza elegante, a situarse a su derecha para pasar revista a las tropas de Aviación que rendían honores. Los himnos nacionales hicieron el aire sonoro, pero no solamente de notas musicales sino de emociones y moralejas. ¡Qué contacto entre estos dos países y sus jefes respectivos tan traídos por los buenos caminos de la mutua dignidad, del mutuo respeto y del recíproco sentido de una responsabilidad histórica! Los españoles sabemos muy bien los quilates de la serenidad y del aplomo de nuestro Caudillo ante las encrucijadas gratas o adversas de su vida militar y de estadista. Pero yo estoy seguro de que Franco, esta tarde, sin perder su genuina imperturbabilidad, se ha sentido, él mismo, estremecido por un escalofrío en el que se entremezclaban tantas evocaciones de vario linaje y tantas sugestiones para llegar a la conclusión de que, solamente por los caminos rectos de la vida y de la honestidad, se llega, de una manera cierta y segura, a conclusiones que antaño parecían inverosímiles y casi metafísicamente imposibles. [...] Tenía que ser en Madrid la realización de esta apoteosis nacional en nombre de España entera y tenía que ser en el recoleto despacho del palacio de El Pardo, la dación de cuentas del periplo histórico de Eisenhower al hombre que en esta punta de Europa —la eterna Europa, clave del mundo— fue siempre el centinela gracias al cual, el Occidente se ha podido salvar con el esfuerzo y con la obra gigantesca y benemérita del general Eisenhower.

4

LA DÉCADA PRODIGIOSA
(1960-1969)

AQUELLOS AÑOS

La vida cambia

La educación de un príncipe

Don Juan de Borbón se entrevista de nuevo con Franco, el 9 de marzo de 1960, en la finca extremeña Las Cabezas y éste le impone un nuevo preceptor, el general Juan Castañón de Mena —cabeza visible del Opus Dei militar—, más un consejo de cuatro mentores, tres de ellos también de la Obra, y un conjunto de profesores escogidos. Propone prepararle una residencia en El Escorial, pero el padre logra eludir el desangelado proyecto y consigue que le asignen el palacio de la Zarzuela.

Trampa para un falangista

Cuando, en 1957, José Luis de Arrese fracasa en su intento de imponer la Falange totalitaria, fue desplazado al irrelevante ministerio de la Vivienda, donde quema su última carta, con un ambicioso plan de viviendas protegidas que costará 3.500 millones de pesetas. No se le opone ningún ministro y cree viable que su faraónico proyecto resucitará la Falange social. Y cuando todo está ultimado, Mariano Navarro Rubio, del ministerio de Hacienda, le niega los fondos prometidos, dejándolo en ridículo. Arrese se ve obligado a dimitir el 17 de marzo y Franco acepta, por primera vez, que renuncie un ministro.

Los tecnócratas han ahogado el estertor del partido. El 20 de noviembre de 1960, cuando se celebre en el Valle de los Caídos el funeral por José Antonio Primo de Rivera, un joven falangista gritará, en plena ceremonia: «Franco, traidor a la Falange».

Discrepancias católicas

El 4 de enero de 1960, Quico Sabater, el último maqui, muere a tiros en Sant Celoni (Barcelona). El régimen parece haber solventado sus grandes problemas y Franco se dedica a cazar y pescar, dejando los asuntos en manos de Carrero Blanco, que confía en el equipo de López Rodó, cuyos planes económicos navegan viento en popa: aumentan los turistas y las inversiones extranjeras, mientras muchos españoles emigran a las zonas industriales europeas o españolas en busca de trabajo. Ellos hacen «el milagro español» y soportan la cara gris del desarrollo. Hasta que los arzobispos se conmueven y publican una carta el 15 de enero, alabando la política del gobierno, aunque pidiendo solidaridad a los ricos, porque es injusto que sólo los pobres soporten los reajustes.

Franco asiste impertérrito a los cambios de decorado y declara al diario *Arriba:* «Nuestro Movimiento no está enfrentado con la democracia», ofreciendo «la solución española» a los demás países, porque la democracia liberal ha fracasado. El 24 de abril firma con su seudónimo Hakin Boor el artículo «Masonería y descristianización» y, solapadamente, achaca a los masones el cambio de actitud del Vaticano.

Mientras los trabajadores hallan comprensión en la nueva sensibilidad que llega de Roma, el sindicalismo católico español crece vivaz y diverso. Un sector de la Hermandad Obrera de Acción Católica (HOAC) y su editorial ZYX intentan crear un sindicalismo anarquista y cristiano. Los jesuitas forman las Vanguardias Obreras Juveniles y la Acción Sindical de Trabajadores. Católicos catalanes se agrupan en la Solidaritat d'Obrers Catalans Cristians. Católicos y sacerdotes de las regiones industriales apoyan las protestas obreras. Como la *Mater et Magistra* los refuerza, algunos obispos pretenden que Roma declare que estos planteamientos sociales no son aplicables en España. El escritor católico José María Gironella publica su novela *Un millón de muertos*, reflejo de la nueva mentalidad, y el libro es atacado por los mismos franquistas que habían aplaudido *Los cipreses creen en Dios*, la novela que hizo famoso al autor unos años antes.

El 1 de mayo, el gobierno prohíbe un manifiesto de la Hermandad Obrera de Acción Católica y el ministro Solís envía una circular a los gobernadores civiles en la que acusa de «infiltración marxista» a la organización y a la Juventud Obrera Católica (JOC). El cardenal Pla y Deniel, que siempre ha sido hombre del régimen, defiende a los sindicalistas católicos y afirma que, si la Organización Sindical no reconoce los derechos laborales, éste será «un régimen totalitario como el hitleriano o el soviético».

En cambio, otros católicos cierran filas en defensa del franquismo y crece el número de miembros del Opus Dei en puestos del Estado. La postura del clero es más compleja; en el norte, 339 sacerdotes vascos y navarros envían cartas a sus obispos en las que se quejan de la ausencia de libertades y de los malos tratos policiales. Los prelados no publican el documento y acusan a sus autores de «estar cegados por la pasión política».

Las huelgas menudean y, en septiembre, se propagan a grandes empresas del País Vasco y a Altos Hornos de Sagunto. Sectores católicos las apoyan en el periódico *Juventud Obrera* de la Juventud Obrera Católica y se declaran partidarios de los huelguistas de la Compañía Auxiliar de Ferrocarriles de Beasain. El sindicalismo católico acabará alumbrando una nueva organización, la Unión Sindical Obrera (USO).

Un tal Pujol

Desde que Luis Martínez de Galinsoga se enfretara al párroco que predicaba en catalán, no cesa una campaña contra el director de *La Vanguardia* animada secretamente por Jordi Pujol, que por entonces cuenta con veintinueve años. El periódico sufre un boicot de publicidad, suscripciones y ventas con pintadas, octavillas, declaraciones y ejemplares rotos en las calles más céntricas. Hasta que el conde de Godó, temeroso por su empresa, se entrevista con Franco, que cesa a Galinsoga contra la opinión del ministro Arias Salgado.

Bullen el sindicalismo ilegal, la universidad, la Iglesia y los grupos de las clases medias catalanas comienzan a mostrarse disconformes. Para contrarrestar el desgaste, Franco y el gobierno se instalan en mayo en Barcelona, donde el Generalísimo entrega a la ciudad el castillo de Montjuïc, otorga una Carta Municipal, visita el monasterio de Montserrat y recibe a personalidades representativas.

Promete asistir a un concierto el día 19 en el simbólico Palau de la Música Catalana y en el programa figura el *Cant de la Senyera* que, a última hora, prohíbe el gobernador civil. El acto transcurre sin incidentes y, al terminar, parte del público, puesto en pie, entona la canción. Son detenidos algunos activistas, seguidos poco después por Jordi Pujol, y se filtra que han sido torturados. Josep Maria Pi i Suñer, decano del Colegio de Abogados, presenta varias denuncias por malos tratos y el abad Escarré, superior de la comunidad benedictina de Montserrat, rechaza por escrito una recepción ofrecida por Franco. Un tribunal militar condena a Pujol a siete años de prisión.

La era Kennedy

Mirando al exterior

Los españoles se interesan por noticias internacionales, que parecen llegar con nuevos aires, como la escala técnica de Nasser en Barajas, el 23 de septiembre. Éste es un reconocido aliado de la Unión Soviética y promueve la descolonización africana; no obstante, Franco lo recibe cordialmente, porque Egipto compra camiones a España y, al fin y al cabo, Nasser es militar y no permite la existencia de los comunistas, que son la bestia negra del régimen. Como se demuestra el 1 de octubre, en la Asamblea General de las Naciones Unidas, donde chocan el representante español, José Félix de Lequerica, y Nikita Jruschov, a pesar de los intentos de moderación del presidente Frederick Boland.

La prensa española resalta que el católico John Fitzgerald Kennedy ha ganado las elecciones norteamericanas del 8 de noviembre, pero intentan disimular que es demócrata. Aunque el gran acontecimiento periodístico español sucede el 15 de diciembre, cuando Fabiola de Mora y Aragón se casa con el rey Balduino de Bélgica. El ministerio de Información y Turismo intenta neutralizar las actitudes de Jaime de Mora, el hermano *playboy* de la novia, que explota el filón presentándose como «el hermano de la reina». Cuando se dispone a embarcar en Barajas para asistir a la boda, la policía le obliga a quedarse en tierra y, como tantos españoles, presencia la ceremonia por televisión.

En enero de 1961 toma posesión el presidente Kennedy y, el 16 de abril, 1.600 cubanos anticastristas organizados militarmente desembarcan en la bahía de Cochinos, donde son rechazados tras tres días de combate. También fracasa, entre el 21 y el 26 de abril, una sublevación militar en Argelia contra el presidente Charles de Gaulle, donde los paracaidistas rebeldes toman como himno de guerra el último éxito de la canción ligera: «Mustafá, oh, oh Mustafá...». El movimiento había sido preparado en España, donde reside el general Raoul Salan *el Chino*, amparado por Ramón

El presidente estadounidense John Fitzgerald Kennedy y su esposa Jackie, en 1962.

Serrano Súñer, el cuñado de Franco. Salan vuela hasta Argel en un avión español y se pone al frente de los rebeldes, pero De Gaulle moviliza a militares adictos y pronuncia un memorable discurso por la televisión y la radio. Como telonera actúa una joven cantante francesa de origen armenio, a quién la ocasión hace famosa, Silvie Vartan.

También son noticias de impacto las que ofrecen el soviético Yuri Gagarin, primer astronauta en órbita terrestre, y el trasatlántico portugués *Santa María*, secuestrado por el capitán portugués Enrique Galvao al frente de un grupo deseoso de llamar la atención internacional sobre la dictadura salazarista. España lo considera un acto de piratería y Franco ordena que el crucero *Canarias* capture al trasatlántico. Aunque quien lo hace es la marina de Estados Unidos, y es el almirante Allen Smith quien pacta una solución con Galvao y el general portugués exiliado en Brasil Humberto Delgado. El 2 de febrero, el *Santa María*, rebautizado *Santa Libertade*, atraca en el puerto brasileño de Recife, donde el presidente Jânio Quadros concede asilo político a los asaltantes. La prensa española silencia que los lugartenientes de Galvao son dos españoles republicanos e imputa los hechos al comunismo internacional y a la masonería, aunque ningún miembro del comando es comunista ni masón.

Asegurar el futuro

El gobierno acelera sus trabajos para mantener el franquismo después de Franco y, el 3 junio, se anuncian la Ley Orgánica del Estado y la Ley de Prensa e Imprenta, advirtiendo que éstas no suponen el abandono del «espíritu del 18 de julio». Para demostrarlo, en el gran Desfile de la Victoria de este año, tras los soldados desfilan cincuenta mil excombatientes franquistas vestidos de civil, con sus banderas, condecoraciones y distintivos.

ETA escoge la ocasión para su primer atentado terrorista y, el 18, levanta la vía férrea entre San Sebastián y Bilbao para descarrilar un tren que lleva a los excombatientes. Sin embargo, el atentado es descubierto antes de producirse y la policía practica numerosas detenciones.

Otro foco violento se incuba en las posiciones africanas. El 31 de agosto, los últimos soldados españoles abandonan el antiguo Protectorado de Marruecos; sin embargo, en el África Occidental Española menudean las escaramuzas con guerrilleros y el gobierno declara: «España contestará de forma adecuada a las agresiones».

Festejos para un Caudillo

Se rumorea que Juan Carlos de Borbón es novio de Sofía de Grecia y Carrero Blanco envía a Laureano López Rodó a Lisboa para que se entere. El 11 de septiembre se entrevista con el conde de Barcelona, que no suelta prenda. Finalmente, el día 13, un irritado Franco recibe la llamada telefónica de don Juan, para anunciarle el compromiso matrimonial de su hijo.

El 1 de octubre de 1961 se cumplen 25 años de su proclamación como Jefe del Estado, preparándose grandes festejos en Burgos, su capital durante la guerra. En memoria de los tiempos pasados, al día siguiente se celebra un Consejo de Ministros en el palacio de la Isla, su antigua residencia, y, el día 3, se reúne el Consejo Nacional de la Falange en el monasterio de las Huelgas, donde celebró su primera sesión.

Recuperando el tiempo perdido no llegan a ningún sitio, porque Franco se refiere a la Falange llamándola el Movimiento y, al terminar, los consejeros hacen el saludo falangista y entonan el *Cara al sol,* conservando las liturgias del Imperio. Mientras tanto, Franco, Carrero Blanco y López

Rodó permanecen en posición de firmes, sin secundar el saludo, y José Solís, que comprende la situación, baja rápidamente el brazo que tenía levantado.

A pesar de todo, junto con Fernando Herrero Tejedor, han convocado en el Valle de los Caídos a la flor y nata del fascismo internacional y, el día 13, se reúne la Asamblea Europea de Excombatientes, desvaído cuadro de un mundo que se fue. Franco no asiste y envía al general Pablo Martín Alonso, que nada tiene que ver con la Falange. Ésta acaba concentrando sus ardores en una organización llamada Guardia de Franco, liderada por el general Tomás García Rebull, que no consigue extenderla.

El día de Nochebuena salta una noticia inesperada: al Generalísimo le ha estallado la escopeta mientras cazaba palomas en El Pardo. El parte médico oficial consigna que «se ha roto la falange», pero alguien lo rectifica y la prensa publica que «se ha roto el dedo». El suceso dispara nuevamente las alarmas del régimen: Franco puede morir sin estar establecida su sucesión.

España cambia de piel

Conflictos de crecimiento

Casi un millón de trabajadores españoles se ha ido legalmente al extranjero y gran parte de la población rural se desplaza a zonas industriales, sobre todo del País Vasco, Barcelona y Madrid. La sociedad se conmueve ante el impulso del desarrollo y las relaciones internacionales, aunque la mejora de la economía y la ligera apertura cultural provocan continuos conflictos porque no las acompaña el desarrollo político.

En diciembre del año 1961 hay huelgas en Bilbao y crecerán en enero de 1962. El establecimiento o renovación de los convenios colectivos da lugar a reuniones de trabajadores que fomentan su organización, especialmente entre los mineros de Asturias. La conflictividad se extiende y, en Barcelona y Madrid, aparecen las Comisiones Obreras, que ya existían en Vizcaya y Asturias.

Algunos falangistas se debaten, como gato panza arriba, con malos resultados. El intransigente Rodrigo Royo ataca al Opus y es cesado como director de *Arriba*. Blas Piñar publica en *ABC* un violento artículo antinorteamericano titulado «Hipócritas» y es fulminado como director general de Cultura Hispánica, sinecura que disfrutaba en mérito a sus incógnitos valores.

En enero de 1962 se afianzan los tecnócratas y Laureano López Rodó pasa a dirigir la recién creada Comisaría del Plan de Desarrollo, nombramiento que disgusta a Mariano Navarro Rubio, ministro de Hacienda y su camarada en la Obra.

Solís, secretario general del Movimiento, comprende que abandonar la autarquía es una derrota de la Falange, que la tuvo como instrumento en su camino «por el Imperio hacia Dios». Un ex falangista y ex divisionario en Rusia, hoy evolucionado, Fernando María Castiella, es ahora ministro de Asuntos Exteriores, y escribe oficialmente al presidente del Consejo de Ministros de la Comunidad Económica Europea, y le pide abrir negociaciones para «establecer una asociación susceptible de llegar en su día a la plena integración». Un vana pretensión, porque Europa no aceptará un Estado sin libertades democráticas. El gobierno parece tener los pies tan lejos del suelo como el astronauta John Glenn, que, por estas fechas, da tres vueltas alrededor de la Tierra

En abril, las huelgas mineras de Asturias se extienden al País Vasco, León, Ponferrada, Peñarroya, Río Tinto, Cádiz, El Ferrol y tanto se complican las cosas que, el 4 de mayo, se decreta el estado de excepción en Asturias, Vizcaya y Guipúzcoa.

Con la Iglesia hemos topado

Juan Carlos y Sofía de Grecia se casan en Atenas el 14 de mayo, entre relumbrones de la realeza europea y numerosos monárquicos españoles desplazados a la capital griega, en cuyo puerto recala sus herrumbres el veterano crucero *Canarias*, en que ha viajado la representación oficial enviada por Franco.

En la misma fecha, la Hermandad Obrera de Acción Católica y la Juventud Obrera Católica publican un manifiesto de solidaridad con los huelguistas, con quienes también alinean sus simpatías los sacerdotes asturianos, catalanes, vascos, madrileños y un grupo de intelectuales. El gobierno comprende que no puede acabar con las huelgas sólo a golpes de porra y Solís se desplaza a Asturias, donde se reúne con los mineros en una multitudinaria asamblea. Muchos huelguistas se mueven más por motivaciones económicas que políticas, el ministro escucha sus peticiones y convence al gobierno para incrementar los salarios mineros. Entonces se encrespan los patronos, asegurando no poder asumir el gasto. Hasta que un decreto salomónico aumenta el precio del carbón e impone que el importe de la subida se aplique a los salarios.

Un editorial de *Ecclesia,* órgano del obispado, pide diálogo y comprensión; no obstante, la policía arremete contra las organizaciones que se han movido entre el pasado movimiento huelguístico y detiene a numerosos militantes del Frente de Liberación Popular, Partido Comunista de España y Partit Socialista Unificat de Catalunya, lo que provoca un nuevo manifiesto de intelectuales contra la represión. Frente a ellos cierran filas los católicos conservadores, y el ministro Alberto Ullastres, preclaro miembro del Opus Dei, pronuncia en Barcelona un duro discurso contra el progresismo católico y exhibe una interpretación reaccionaria de la encíclica *Mater et Magistra.*

Es inútil que la Organización Sindical convoque un congreso buscando un camino civilizado porque sus conclusiones sólo tienen carácter de recomendación y las huelgas se disparan de nuevo en Asturias, que se mantienen hasta noviembre, mientras aparece un nuevo sindicato clandestino, la Alianza Sindical Obrera (ASO).

El conflicto eclesiástico rebrota en septiembre, cuando monseñor Aureli Escarré, abad de Montserrat, hace unas declaraciones a *Le Monde* que le enemistan definitivamente con el gobierno. Al cabo de unos meses, tomará la decisión de exiliarse ante las presiones y amenazas interiores y las recomendaciones del Vaticano.

Dos niños prodigio

La prensa internacional sorprende al gobierno al informar de que, entre el 5 y 6 de junio, se ha reunido en Munich el Congreso del Movimiento Europeo con asistencia de 118 delegados españoles tanto del interior como del exilio. Excepto los comunistas y anarquistas, que no han sido invitados, los reunidos representan todas las tendencias de la oposición.

El ministro de Información, Arias Salgado, ordena que los medios respondan violentamente y el diario *Arriba* y Radio Nacional truenan contra el «contubernio de Munich». El gobierno suspende el artículo 14 del Fuero de los Españoles durante dos años y, cuando los congresistas regresan a España, la policía les da a elegir entre el exilio y el confinamiento en las Canarias. Algunos prefieren marcharse a París y los otros son confinados en Fuerteventura y Hierro, que no son todavía grandes destinos turísticos.

La oficiosa Hermandad de Alféreces Provisionales reacciona con una concentración en el cerro de Garabitas, sangriento escenario de la guerra civil, y recibe a Franco en un ambiente enardecido por los viejos entusiasmos. El Generalísimo, sintiéndose entre los suyos, los desborda y deleita con un discurso intransigente, que expresa su verdadero pensamiento. Los veteranos lo aclaman entusiasmados, tan peleones como hace un cuarto de siglo, y, cuando se marcha el jefe, se vuelcan en un almuerzo bajo los pinos, al que denominan «rancho de campaña», como si estuvieran en la batalla del Ebro.

El 10 de julio, un cambio súbito en el gobierno hace algunas víctimas. Entre ellas se cuenta Arias Salgado, un hombre leal a Franco que carece de su astucia y cesa por haberse enzarzado en una polémica con el cardenal Ángel Herrera Oria, dirigente democristiano franquista, pero defensor de la libertad de expresión de la jerarquía eclesiástica. Por si fuera poco, Arias embistió de proa a don Juan de Borbón, porque sus partidarios estaban en la reunión de Munich. El hombre no logra remontar el disgusto de que Franco le apee del ministerio y muere dos semanas más tarde. También Carrero Blanco se siente desairado, aunque se calla: Franco ha nombrado vicepresidente a su enemigo el general Muñoz Grandes. No obstante, el almirante conserva las riendas del poder en sus manos e inicia una solapada zapa política contra el prestigioso y primitivo general.

Figuran también en el nuevo gabinete dos «niños prodigio» del régimen: el tecnócrata Gregorio López Bravo y el franquista renovador Manuel Fraga, que nombra subsecretario a Pío Cabanillas y jefe de gabinete a Gabriel Elorriaga, alineándose con Solís y con Nieto Antúnez, ministro de Marina, para postular a Muñoz Grandes como sucesor de Franco, lo cual contraviene los planes de Carrero, López Rodó y su grupo, que piensan en Juan Carlos como monarca continuador del régimen.

Franco visita Barcelona con motivo de las grandes inundaciones que arrasan la comarca barcelonesa del Vallés, causando más de 800 muertos y cuantiosos daños. La «crisis de los misiles» entre Kennedy y Jruschov pone a la gente con el alma en vilo, porque puede estallar la guerra. Finalmente, todo se resuelve sin víctimas y la prensa española lo comenta con grandes titulares anticomunistas.

En cambio, se muestra circunspecta ante el inicio del Concilio Vaticano II convocado por Juan XXIII. El régimen desconfía de esa asamblea universal de obispos, que puede impulsar aires incómodos. Sus sospechas se confirman el 11 de abril de 1963, cuando el papa publica la encíclica *Pacem in Terris*. La prensa española presenta el documento como un gran acontecimiento, y obvia que hace una firme defensa de los derechos humanos, la promoción de los trabajadores, de las mujeres y de la igualdad entre los pueblos.

Crecimiento económico, congelación política

Aunque lo pida el papa

Juan XXIII muere el 3 de junio y los medios políticos españoles esperan lo peor cuando le sucede el arzobispo de Milán, el cardenal Montini, con el nombre de Pablo VI, un claro enemigo del régimen. Poco después, se pone en marcha la reforma litúrgica impulsada por el Concilio; los cultos dejan de celebrarse en latín, numerosos creyentes acogen las nuevas prácticas con entusiasmo, mientras otros se resisten a las misas en español, catalán, gallego o vasco y hasta buscan parroquias que conserven el latín.

Julián Grimau, un dirigente del Partido Comunista, está detenido desde finales de 1962 acusado de haber cometido graves crímenes durante la guerra civil. Su juicio ante un tribunal militar adolece de graves defectos procesales, provocando una gran campaña en la prensa extranjera, manifestaciones y hasta negativas de estibadores a descargar barcos españoles. Llegan a Madrid ochocientos mil telegramas en los que se pide paralizar el juicio, numerosas personalidades escriben a Franco solicitando clemencia, entre ellas el papa, la reina de Inglaterra y Jruschov, que envía la primera comunicación de un dirigente soviético al Generalísimo. Sin embargo, el acusado es fusilado el 20 de abril.

Ya antes del juicio, el gobierno había decidido crear el Tribunal de Orden Público, pero lo dilató hasta el 2 de diciembre de 1963. Se trata de un órgano civil para juzgar los delitos políticos, que asumirá las funciones del Tribunal de Represión de la Masonería y el Comunismo. Lo forman magistrados franquistas, aunque dotados de criterios jurídicos que no se dan en los tribunales militares. A pesar de todo, los delitos contra la seguridad del Estado, y en concreto el terrorismo, continúan en la jurisdicción de Guerra.

En agosto, un consejo de guerra juzga a dos anarquistas, Francisco Granados y Joaquín Delgado, acusados de colocar bombas en Madrid. Los verdaderos autores no eran ellos, sino otros miembros de las Juventudes Libertarias, pero Granados y Delgado son condenados y ejecutados con el medieval sistema del garrote vil.

Los misiles de Rota

La administración Kennedy no mira con simpatía al régimen y resultan muy difíciles las negociaciones de 1963 para renovar el pacto de Ayuda Mutua. Cierto tiempo atrás, y sin contar con nadie ni advertir al gobierno, Muñoz Grandes había autorizado que se instalaran en Rota submarinos nucleares, privando a España de una baza negociadora. La intervención del embajador en Washington, Antonio Garrigues Díaz-Cañabate, amigo de la familia Kennedy, logra que el acuerdo se cierre en septiembre de 1963, convirtiendo en oficial la autorización concedida por la ligereza de Muñoz Grandes. España, por su parte, se compromete a comprar armas por valor de cincuenta millones de dólares y, a cambio, recibirá otros cien millones en ayuda militar y un préstamo de igual cuantía del Import-Export Bank.

Entre la economía y la noticia

Los resultados económicos han sido espectaculares y se prepara un plan de inversiones públicas de 355.000 millones de pesetas en cuatro años. El día 16, Laureano López Rodó presenta triunfalmente a las Cortes el I Plan de Desarrollo y, en diciembre, se aprueban las leyes de Industrias de Interés Preferente y de Bases de la Seguridad Social.

El año 1963 se cerrará con dos noticias: el asesinato de Kennedy y el nacimiento de Elena de Borbón, primera hija de Juan Carlos y Sofía. El magnicidio de Dallas conmueve a todos porque el presidente muerto era el símbolo de un mundo en plena transformación que, este mismo año, había perdido también a Juan XXIII, otra de las grandes referencias. La televisión ofrece en directo no sólo el asesinado del presidente, sino también los rocambolescos sucesos que le siguen y que se convierten en el principal tema de conversación.

También interesa a la prensa y al público el nacimiento de la primera hija de los príncipes. Su bautizo tiene lugar el 27 de diciembre y Franco autoriza a don Juan de Borbón y a su esposa la entrada en España, con la obligación de volver al exilio después de la ceremonia. El conde de Barcelona no había estado en Madrid desde 1930 y asiste al bautizo de su nieta en el palacio de la Zarzuela, donde también hacen acto de presencia el Generalísimo y Carmen Polo.

Los caminos de la oposición

El desarrollo económico parece consolidar el régimen y, en el Partido Comunista, crece la idea de que la revolución es imposible en los términos hasta ahora planteados. Jorge Semprún y Fernando Claudín proponen cambiar de política en España, sin que Santiago Carrillo y la dirección acepten sus argumentos. Ambos son calificados de intelectuales revisionistas y se inicia un enfrentamiento que culmina con su expulsión del partido. No obstante, la renovación acaba por imponerse al cabo de unos años y, el 14 de febrero de 1966, el mismo Santiago Carrillo se une a la oleada de repulsas hacia la Unión Soviética por haber condenado y deportado a los escritores disidentes Sinyavski y Daniel. Es el primer signo de que los comunistas españoles abandonan el estalinismo.

Son continuas las agitaciones estudiantiles. El 13 de marzo de 1964 se prohíbe una conferencia del profesor Enrique Tierno Galván en la Universidad de Madrid y los estudiantes convocan una asamblea que reúne a unas dos mil personas en el edificio universitario de la calle de San Bernardo. Las manifestaciones continúan durante todo el mes y 23 catedráticos se dirigen al ministro de Educación para manifestar su apoyo a los alumnos.

Más graves son las huelgas de los mineros y trabajadores de Río Tinto, Peñarroya y Moreda, que coexisten con agitaciones campesinas en Jerez y Sanlúcar y diversos paros y protestas laborales en Vizcaya y Guipúzcoa. Ante la situación, el sindicalismo oficial busca instrumentos de diálogo y convoca un Congreso en Madrid en el que se acuerda crear Consejos de Empresarios y Consejos de Trabajadores como entidades separadas. La medida no tiene efectos prácticos; sin embargo rompe la teoría del sindicalismo vertical, partidario de que trabajadores, técnicos y empresarios pertenezcan a las mismas organizaciones.

El País Vasco no sólo se agita por cuestiones laborales sino también nacionalistas, y unas treinta y cinco mil personas se dirigen a Guernica para celebrar el Aberri Eguna de 1964 sin autorización. La Guardia Civil corta las carreteras, aunque no puede impedir una marcha de varios kilómetros. Posteriormente, una carta firmada por 407 sacerdotes vascos apoya al abad Escarré de Montserrat.

La policía detiene en Madrid a varios comunistas, entre ellos el capitán Daniel Lacalle, hijo del ministro del Aire, José Lacalle Larraga, que a final de año será juzgado, condenado a ocho años de prisión y expulsado del Ejército del Aire. También en esta época regresan del exilio Dionisio Ridruejo y José María Gil Robles. El primero ha evolucionado desde el falangismo radical a la socialdemocracia; se presenta ante Carlos Arias Navarro, director general de Seguridad entre 1957 y 1965, para acabar detenido y condenado a seis meses y un día, aunque será liberado a finales de junio.

Gil Robles es autorizado a regresar dos años después del incidente de Munich sin que su presencia suponga ningún cambio. La democracia cristiana española está dividida en tres tendencias discrepantes respecto al régimen y encabezadas respectivamente por Gil Robles, Jiménez Fernández y Ruiz Jiménez. El último dirige la prestigiosa revista mensual *Cuadernos para el Diálogo*, cuyo número de junio publica un artículo de Marcelino Camacho, entonces desconocido obrero comunista de la Perkins, en el que sostiene que Madrid ya no es una ciudad administrativa sino también industrial.

Veinticinco años de paz

El Generalísimo marca un gol

Manuel Fraga derrocha dinamismo en una gran campaña propagandística titulada «Veinticinco años de paz», para exaltar el final de la guerra civil y, sobre todo, a Franco. Se inicia el 1 de abril con un tedeum en el Valle de los Caídos y el ministerio de Información y Turismo empapela las paredes de toda España con multitud de carteles mientras los medios de comunicación propagan el lema sin desmayo, aunque la oposición ironiza: «Veinticinco años de paz... iencia». El punto fuerte del culto al Generalísimo lo constituye la proyección en toda España de *Franco, ese hombre,* documental dirigido por el falangista José Luis Sáenz de Heredia.

Se agria progresivamente la pugna entre los tecnócratas, los franquistas puros y los retales de la Falange. El diario *Pueblo,* órgano de los sindicatos falangistas, dirigido por Emilio Romero, ataca al Opus Dei; por su parte, Alfredo Sánchez Bella, el integrista embajador en Roma y hermano de un dirigente de la Obra, comienza a enviar a Carrero Blanco informes contra el ministro Fraga Iribarne.

Los gobiernos belga y holandés mantienen la oposición al régimen de Franco y la Comunidad Económica Europea dilata contestar a la petición española, cuyo gobierno se irrita cuando el líder británico de la oposición, el laborista Harold Wilson, se opone a que su país venda fragatas a España.

Interviene en la pelea política el falangista José Antonio Girón con una carta apocalíptica en el diario *Madrid* del 17 de abril. Es el primero de los sucesivos «gironazos» o declaraciones tempestuosas, que se sucederán durante una década. Ahora, sus partidarios logran una buena baza cuando el general Carlos Iniesta Cano es nombrado director de la Academia General Militar de Zaragoza, entre cuyos cadetes desarrollará una importante labor de proselitismo.

Como si fuera una nueva batalla de los Campos Cataláunicos, contra los hunos, se celebra un partido de fútbol entre las selecciones española y soviética en el Estadio Bernabéu, correspondiente a la Copa de Europa de Naciones. Un cabezazo de Marcelino marca el gol de la victoria para España y Franco, que preside el encuentro, recibe una gran ovación. Al día siguiente, la prensa exalta y recuerda otro hito del fútbol patriótico: el gol de Zarra frente a Inglaterra en el campeonato Mundial de 1950. Hasta parece que el gol a los rusos lo haya marcado Franco.

Dios y el César

Los buenos resultados del I Plan de Desarrollo amplían sus perspectivas con el establecimiento de polos de promoción industrial en Burgos y Huelva y de desarrollo en Zaragoza, Valladolid y Vigo. Incluso brota un chorro de petróleo en Ayoluengo (Burgos), que finalmente resultará inaprovechable.

No obstante, el régimen ha perdido la legitimidad católica y sólo puede oponer medidas coactivas a los conflictos laborales. El ministro Solís busca una salida diferenciando las huelgas de carácter laboral y las puramente políticas, estimación que rechazan los sectores más duros del sindicalismo vertical, para los que toda protesta es subversiva. Mientras tanto, Castiella y Fraga logran que la jerarquía católica apruebe un proyecto de libertad religiosa para los no católicos. Sin embargo, es difícil abrir ventanas en los blindajes del franquismo y Carrero repudia el proyecto en el Consejo de Ministros.

El régimen estrecha sus lazos con un sector democristiano y a su antiguo líder Ángel Herrera Oria le será impuesta la birreta por Franco en 1965, cuando el papa lo nombra cardenal. En cambio, crece la corriente para separar la Iglesia del régimen: el Concilio recomienda que los Estados renuncien al «derecho de presentación», a lo que Franco se opone cerradamente.

A pesar de todo, la libertad abre portillos incesantemente, entre ellos la desenfadada vestimenta de los turistas, inspiración constante para las nuevas costumbres, con desazón de los sectores tradicionales. En septiembre, don Luis María Lojendio e Iure, abad del Valle de los Caídos, pide que se dificulte el acceso de los extranjeros, porque las chicas impresionan negativamente a los monjes jóvenes. No alude el buen abad a si también tienen incidencia sobre los frailes maduros.

La Universidad rebelde

Cuando se prohíbe una conferencia del catedrático Mariano Aguilar Navarro, los estudiantes se constituyen en asamblea y, el 22 de febrero de 1965, la policía penetra en la Facultad de Letras madrileña. Responde una manifestación estudiantil con los catedráticos José Luis López Aranguren, Agustín García Calvo y Enrique Tierno Galván, apoyándola también los profesores Aguilar Navarro y Montero Díaz.

Aranguren, Tierno Galván y García Calvo serán separados de sus cátedras y Montero y Aguilar Navarro suspendidos temporalmente. El catedrático de la Universidad de Barcelona, José María Valverde, renuncia a su cátedra en solidaridad con los sancionados y se adhieren por escrito cuarenta y dos catedráticos, entre ellos Pedro Laín Entralgo y Antonio Tovar.

El 2 de marzo, otra gran manifestación estudiantil recorre Recoletos y

El Prado como rechazo al falangista Sindicato Español Universitario. Fernando Herrero Tejedor, vicesecretario general del Movimiento, decide sustituir el agónico Sindicato Español Universitario por una Asociación Profesional de Estudiantes. La Coordinadora de Estudiantes se opone y la Asociación nace sin éxito para desaparecer al cabo de un año.

Para fundar el Sindicato Democrático de Estudiantes, profesores y alumnos de la Universidad de Barcelona se reúnen clandestinamente el 9 de marzo, en el convento de los Capuchinos de Sarriá. El gobernador civil, Antonio Ibáñez Freire, rodea el convento de policías hasta que Franco ordena asaltarlo y detener a los concentrados. Estalla entonces una oleada de huelgas y asambleas en las principales universidades y *Arriba* insulta a los capuchinos. Su provincial, fray Salvador de las Borjas, se querella y ciento cincuenta sacerdotes visitan al obispo Gregorio Modrego para protestar. Cuando éste se jubila, Franco hace que monseñor Marcelo González sea el nuevo obispo de Barcelona, lo que provoca la campaña de protesta con el lema: «*Volem bisbes catalans*».

La celebración en Barcelona de la semana de «renovación universitaria» choca con las prohibiciones del rector Francisco García Valdecasas hasta que, el 30 de abril, el gobierno cierra la universidad catalana. Uno de los líderes estudiantiles, Joaquín Boix, es detenido y torturado y, el 11 de mayo, acude a la jefatura con un centenar de sacerdotes con sotana para entregar una carta en la que exige el cese las torturas. La Policía Armada carga contra ellos y les propina una tremenda paliza en plena calle, mientras acuden otros sacerdotes que también son apaleados. El entonces jesuita Ignasi Riera logra que el Provincial de la Compañía formule una protesta oficial: la jerarquía eclesiástica catalana reclama libertad de expresión para los sacerdotes, pero la niega la Conferencia Episcopal española, cuyo secretario es monseñor José Guerra Campos.

López Rodó es nombrado ministro

La edad deteriora claramente la salud del Generalísimo y el grupo de Carrero y los tecnócratas plantean en un Consejo de Ministros de abril la necesidad de promulgar una Ley Orgánica del Estado que asegure la sucesión en la figura de un rey. Se les oponen Castiella y Solís, partidarios de que sea el Movimiento quien designe un sucesor; en cambio Fraga abandona su conocida postura y se suma al proyecto monárquico.

El gobierno, siempre tan preocupado por el orden público, no toma ninguna medida cuando el jefe de la oposición portuguesa, el general Humberto Delgado, y su secretaria son asesinados en Extremadura por agentes de la PIDE, la policía política lusa. En cambio, el 18 de abril, las fuerzas de orden público cortan las comunicaciones hacia Vergara, donde está previsto celebrar el Aberri Eguna. La mayoría de participantes no consiguen llegar, mientras otros se reúnen en Mondragón y Eibar. Poco después, el cura Alberto Gabicagogeascoa comparece ante el Tribunal de Orden Público y otros doscientos clérigos vascos lo apoyan manifestándose ante la Audiencia y la Nunciatura.

Continúan los conflictos obreros. En enero van a la huelga los trabajadores de la factoría madrileña de Pegaso, de donde los desaloja la policía y, seguidamente, se manifiestan en el paseo del Prado. En julio, la conflictividad ha crecido tanto que deben aceptarse las tesis de José Solís y considerar que existen huelgas puramente económicas, modificándose el artículo 222 del Código Penal, a fin de despenalizar los conflictos laborales. Cuando, en septiembre, se celebren elecciones sindicales, Comisiones Obreras logrará un éxito memorable.

Como en otras ocasiones, Franco capea el temporal cambiando el gobierno. El relevo tiene lugar en julio y el Opus incrementa su fuerza al ser nombrado ministro Laureano López Rodó; cesan Navarro Rubio y Ullastres, autores de los planes de Estabilización y el I de Desarrollo, sustituyéndolos sus correligionarios Juan José Espinosa San Martín y Faustino García Moncó. Desde ahora, se endurece la batalla política entre López Rodó y Solís. Meses más tarde, dos ministros enemigos del Opus toman iniciativas que les prestan protagonismo. En octubre, Fraga presenta a las Cortes su proyecto de Ley de Prensa e Imprenta, destinado a liberalizar el marco legislativo de 1938, que verá la luz al cabo de unos meses. El 20 de diciembre de 1965, Castiella presenta el Libro Rojo sobre Gibraltar, inicio de una ofensiva gubernamental contra la presencia británica en la Roca, con una progresión que lleva a clausurar la aduana de La Línea, en octubre y, en junio de 1969, a cerrar la frontera.

Bombas en Palomares

El 8 de enero de 1966, el ministro Manuel Fraga inaugura la nueva factoría de Barreiros en Villaverde, que se muestra como una demostración del progreso económico. La empresa Barreiros se asoció, en 1963, con la Chrysler Corporation para fabricar automóviles de las marcas Dodge y Simca, logrando un éxito de ventas sin precedentes y una protección oficial que hace de sus Dodge Dart los coches oficiales de los altos cargos.

Pocos días después, el 17 de enero, un bombardero nuclear norteamericano B-52 cargado con bombas de 20 megatones colisiona en el aire con un avión cisterna K-135 y se estrella en Palomares (Almería). El gobierno tarda varios días en comentar la noticia, hasta que se ve obligado a informar de que se han recuperado tres bombas atómicas. Parece que falta la cuarta y la costa de Almería es tomada militarmente por la Guardia Civil y tropas norteamericanas.

La noticia provoca protestas y manifestaciones, que son reprimidas por la policía. Varias unidades navales norteamericanas buscan inútilmente la bomba perdida en el mar, que, al cabo de ochenta días, se engancha a las redes de un pescador, Francisco Simó, *Paco el de la bomba.* El minisubmarino *Alvin* y un ingenio especial la rescatan a una profundidad de 869 metros. Las tropas norteamericanas retiran 1.400 toneladas de tierra y tomateras de la zona, pero queda esparcida una cantidad de plutonio irrecuperable. Para demostrar que no existe peligro, Manuel Fraga, el embajador norteamericano y altos cargos de su departamento se bañan ante las cámaras en la playa de Palomares. La zona nunca ha podido recuperarse completamente.

Intrigas para la sucesión

José María de Areilza y Pedro Sainz Rodríguez hacen frente común en defensa de don Juan de Borbón y se tensan las relaciones entre Estoril y El Pardo. La postura de Juan Carlos se hace difícil y un sector falangista encabezado por Fraga y Solís especula con la posibilidad de que Franco sea sucedido por Muñoz Grandes, como regente, o por Alfonso de Borbón Dampierre como rey.

Los tecnócratas contraatacan activando sus gestiones para que el Generalísimo nombre sucesor a Juan Carlos, procuran indisponerlo con Areilza y, como Muñoz Grandes ha pasado a la reserva por edad, Carrero Blanco propone su cese a Franco e intenta que la futura Ley Orgánica del Estado le impida formar parte del Consejo del Reino.

Franco sabe que Muñoz Grandes padece un cáncer y cierra la cuestión con una frase: «Está enfermo, no durará». Sin embargo, Carrero prosigue sus maniobras, mientras López Rodó capta para su proyecto monárquico a Camilo Alonso Vega, Gonzalo Fernández de la Mora, Vicente Mortes Alfonso, Alfredo Sánchez Bella y Torcuato Fernández Miranda.

Fraga en su cénit

Los duros se irritan ante la nueva ley de Prensa e Imprenta, obra de Fraga, que permite el libre nombramiento de los directores y la sustitución de la censura previa por medidas posteriores a la publicación. Su dureza queda demostrada cuando Luis María Ansón publica en *ABC* el artículo «La monarquía de todos»: Fraga secuestra la edición y Ansón se marcha de corresponsal a Extremo Oriente.

El ministro toma a su cargo la campaña para el referéndum de la Ley Orgánica del Estado y se presenta como una revalidación popular del régimen. Franco pide el voto por televisión y la consulta se celebra el 14 de diciembre sin garantías de que lo validen y gana el «sí» por un 95,9 por ciento de los votos emitidos.

Economía

Un nuevo plan

En enero de 1967, López Rodó presenta el II Plan de Desarrollo, que reitera los principios del anterior, aunque el desarrollo siga ofreciendo sorpresas, como un acuerdo comercial con la comunista Rumania y una conflictividad creciente en las grandes empresas. El sindicato clandestino Comisiones Obreras continúa conquistando espacios y a finales de enero promueve varias manifestaciones en Madrid, donde la policía detiene a Marcelino Camacho y Julián Ariza. Poco después, el Tribunal Supremo lo declara ilegal, sin que ello tenga efectos prácticos.

El gobierno desarrolla una intensa actividad, intentando dominar la situación, y presenta el proyecto de Ley de Libertad Religiosa para los no católicos, otro de representación familiar dentro de la democracia orgánica y un tercero sobre el Fondo de Ordenación y Regulación de Productos y Precios Agrarios (FORPA). La iniciativa más polémica corresponde al ministro José Solís, que intenta recuperar el espacio perdido por la Falange y presenta un proyecto de Ley Orgánica del Movimiento. López Rodó informa a Franco de que el proyecto vulnera la Ley Orgánica del Estado; sin embargo, el Generalísimo apoya a Solís y el proyecto es aprobado por las Cortes.

La situación es cada vez más complicada en el norte y se decreta el estado de excepción en Vizcaya, sin poder evitar una dura huelga de Laminación de Bandas en Frío, que durará 6 meses y despertará numerosas acciones de solidaridad. Numerosos detenidos sufren malos tratos, entre ellos el pintor Agustín Ibarrola y su hermano; en respuesta, un centenar de sacerdotes se reúnen en Bilbao para protestar públicamente. La crispación se hace patente el 1 de mayo, cuando la policía debe emplearse a fondo para evitar los numerosos intentos de manifestación.

El almirante toca el cielo

Carrero Blanco consigue convencer a Franco, que cesa a Muñoz Grandes el 22 de julio y Fraga maniobra a través de Nieto Antúnez para ser el nuevo vicepresidente. Mientras tanto, se pone en marcha la Ley Orgánica del Estado, y se nombra a los «Cuarenta de Ayete», consejeros nacionales designados directamente por el Generalísimo y, posteriormente, los «cabezas de familia» eligen a 102 procuradores de «representación familiar». Sin embargo, Franco y Carrero no se fían de las instituciones que acaban de crear y dificultan su desarrollo. Finalmente, el 21 de septiembre, el almirante ocupa la vicepresidencia del gobierno.

Un médico sudafricano, hasta ahora desconocido, Christian Barnard, trasplanta con éxito el primer corazón humano el 3 de diciembre de 1967. Su éxito estimula al doctor Cristóbal Martínez Bordiu, que inicia una vertiginosa sucesión de trasplantes en el hospital público donde presta sus servicios. Ninguno de sus pacientes sobrevive.

ETA COMIENZA A MATAR

Villar Palasí y la reforma universitaria

La crisis estudiantil se agrava hasta el extremo de que en enero de 1968 el gobierno clausura la Facultad de Ciencias Políticas y Económicas de Madrid. Desde hace tiempo, el ministro de Gobernación acusa de debilidad a su colega de Educación, el tecnócrata Manuel Lora Tamayo, que acabará por ceder la cartera a José Luis Villar Palasí, miembro de la Obra que llega al cargo dispuesto a transformar profundamente la enseñanza en España, promulgar una Ley General de Educación y crear universidades autónomas para descongestionar las grandes. Cuando en mayo se produzca la revolución estudiantil francesa, acudirá a Muñoz Grandes para que en tanto que jefe del Alto Estado Mayor le ayude a crear una organización de espionaje en la universidad, de lo cual se encargará el entonces comandante Juan Ignacio San Martín.

Los primeros muertos

La organización activista vasca se mancha por primera vez las manos de sangre el 7 de junio, cuando asesina al guardia civil José Pardides, en un control de carretera de Villabona. La Guardia Civil persigue a los asesinos, detiene a uno de ellos y mata al otro, Javier Echevarrieta *Txabi*, presidente de la V Asamblea, cuyo hermano José es el principal ideólogo. ETA replica violentamente cuando las autoridades prohíben celebrar una cadena de funerales y sufragios por el muerto.

En agosto, cuarenta curas vascos ocupan las oficinas del obispado y ETA mata al inspector Melitón Manzanas, jefe de la Brigada Social de Guipúzcoa. El gobierno responde aplicando el artículo segundo del Decreto sobre Rebelión Militar, Bandidaje y Terrorismo, que permite capturar a importantes etarras; sin embargo, la dura acción policial despierta la simpatía de muchos vascos hacia los terroristas. En noviembre, sesenta curas ocupan el seminario de Derio y el anciano obispo Pablo Gurpide muere de un infarto; el Vaticano lo sustituye por el navarro José María Girarda, que no gusta ni al gobierno ni al clero nacionalista.

Este año muere también en Toledo el cardenal Enrique Pla y Deniel, que es sustituido por Vicente Enrique y Tarancón. La Iglesia española se encuentra en crisis, con numerosas exclaustraciones y discrepantes notables como Enrique Miret Magdalena, que dimite en 1967 como presidente de Acción Católica. Aparecen numerosas comunidades cristianas de base, como el movimiento Cristianos para el Socialismo, y los sentimientos antifranquistas se extienden a comunidades religiosas regulares y se endurecen las relaciones entre el gobierno y el Vaticano.

Movimientos en el poder y la oposición

La quiebra de Manufacturas Metálicas Madrileñas provoca un terremoto en el seno del régimen, porque se dice que la mayor responsabilidad recae en Nicolás Franco. Se enfrenta el mayor de los Franco con el banquero Ramón Rato por el impago de un pagaré; la cuestión se complica con imputaciones de evasión de capitales y la intervención del juzgado de Delitos Monetarios contra los Rato. Finalmente, se zanja el asunto echándole tierra encima y Rumasa compra los bancos de Siero y Murciano.

Mientras Carrero y López Rodó maniobran para que Franco nombre sucesor a Juan Carlos, Rafael Calvo Serer, miembro del Opus y director del diario *Madrid,* busca una segunda opción apoyado por Luis Valls Taberner, el Banco Popular y la recién creada sociedad de Fomento de Actividades Económicas y Sociales (FAES), regida por Calvo Serer, Florentino Pérez Embid y Gonzalo Fernández de la Mora. Otro miembro de la Obra, Antonio Fontán, se escinde de la sociedad, crea otra organización llamada Libra y se alía con Joaquín Garrigues Walker, que no pertenece al Opus.

Fernández de la Mora también abandona Fomento de Actividades Económicas y Sociales, que pasa al grupo de Carrero. Calvo Serer se alía con Antonio García Trevijano, un peligroso y maquiavélico personaje, y el diario *Madrid,* que cuenta con una brillante redacción de periodistas jóvenes, adopta una línea de oposición al régimen y partidaria de don Juan de Borbón.

El ministro José Solís organiza un gran congreso sindical en Tarragona con la intención de transformar la Organización Sindical en un gran sindicato de corte peronista capaz de controlar la política después de Franco. Sin embargo, los miembros de Comisiones Obreras se han infiltrado en la organización y hacen fracasar el congreso.

A pesar del éxito de Comisiones Obreras, el Partido Comunista comienza también a sufrir escisiones. Un grupo de militantes abandona el Partit Socialista Unificat de Catalunya para formar el Partido Comunista de España (Internacional), que se extiende fuera de Cataluña en 1968 y, años más tarde, se transformará en el Partido del Trabajo de España. La unidad comunista salta en pedazos ante la invasión de Checoslovaquia por tropas del Pacto de Varsovia, que desmontan el «socialismo en libertad» de Alexander Dubcek.

También se mueven los socialistas del interior, despegándose progresivamente del Partido Socialista Obrero Español, que vertebran los exiliados. Comienza a funcionar en Sevilla el despacho laboralista de Felipe González, Rafael Escuredo, Ana María Ruiz-Tagle y Antonio Gutiérrez Castaños. Durante el verano, el despacho adquiere prestigio en el pleito a favor de los trabajadores de la empresa UNIMASA. Mientras tanto, sirve de embrión para formar el Partido Socialista de Andalucía, que cuenta con Alfonso Guerra, creador del grupo Esperpento, y otros jóvenes como Luis Yánez y Guillermo Galeote. En junio aparece el primer número del clandestino *El Socialista en el interior,* editado por el grupo de Tierno Galván, Raúl Morodo, Jorge Enjuto y Fernando Morán.

El sucesor

Nace el búnquer

Los disturbios universitarios se complican cuando, el 17 de enero, estudiantes radicales asaltan el rectorado de la Universidad de Barcelona y amenazan al rector Albadalejo. El 21, muere en Madrid un estudiante de apellido Ruano, al caer por una ventana de la Dirección General de Seguridad donde estaba detenido, y el 24 se decreta el estado de excepción en toda España, que durará hasta el 25 de marzo y permitirá grandes redadas de etarras.

Mientras, Comisiones Obreras continúa infiltrándose en la Organización Sindical y la Unión General de Trabajadores se reorganiza secretamente. Surgen opciones de extrema izquierda clandestinas como la Organización Revolucionaria de Trabajadores (ORT), la Organización de Marxistas-Leninistas de España (OMLE) y una escisión maoísta de ETA que, años después, tomará el nombre de Movimiento Comunista de España (MCE). Una escisión del Partit Socialista Unificat de Catalunya funda Bandera Roja y otra del Front Nacional de Catalunya crea el Partit Socialista d'Alliberament Nacional. Este año se forma la primera plataforma unitaria catalana, la Comissió Coordinadora de Forces Polítiques de Catalunya, que abarca desde la democristiana Unió Democràtica de Catalunya (UDC) hasta Esquerra Republicana de Catalunya (ERC) y el Partit Socialista Unificat de Catalunya.

La oposición clandestina comienza a emplear la palabra «búnquer» para referirse al franquismo inmovilista donde destacan hombres como Girón, Blas Piñar, el general Pérez-Viñera, José María de Oriol, Luis Valero Bermejo, marqués de la Florida, y el obispo Guerra Campos.

La gran derrota de Fraga

Parecen dar resultado las presiones de López Rodó y Camilo Alonso Vega para que Franco nombre sucesor a Juan Carlos. Ante los rumores, Juan de Borbón y su hijo celebran una entrevista en la que el padre pide al hijo que no acepte la designación, pero Juan Carlos responde que es la única forma posible de restaurar la monarquía. Franco lleva tiempo sin hablar con Juan Carlos, que le pide audiencia repetidamente, hasta que lo recibe el 12 de julio y le comunica que ha escrito al conde de Barcelona para anunciarle que su hijo será nombrado sucesor.

Juan de Borbón se siente ofendido y responde a Franco con un documento tan duro como inútil, porque, el 22 de julio, Franco presenta la Ley de Sucesión ante las Cortes, que la aprueban con 491 votos a favor, 19 en contra y 9 abstenciones. Juan Carlos es nombrado sucesor, príncipe de España y general de los tres ejércitos.

El nombramiento supone una derrota para los reformistas, pero la guerra no termina. El 13 de agosto, Fraga hace aparecer en *ABC* la noticia sobre una gran defraudación cometida por la compañía Matesa y, al día siguiente, plantea el caso en el Consejo de Ministros celebrado en el Pazo de Meirás. Se cree que Matesa ha recibido diez mil millones de pesetas en créditos oficiales para proteger exportaciones falsas. Los ex ministros del Opus, Espinosa, Navarro Rubio y García Moncó aparecen como responsables y son detenidos el presidente de la empresa, Juan Vilá Reyes, y otros directivos. Fraga, Solís, Nieto Antúnez y su grupo calculan que el escándalo provocará la caída de los tecnócratas.

Carrero invierte la maniobra y presenta a Franco un informe contra Solís, Fraga y, de paso, también contra Castiella; Alfredo Sánchez Bella ofrece un dossier contra Fraga y José María de Oriol apoya la maniobra. Franco se convence de que la denuncia ha sido una deslealtad y cesa a Fraga y sus amigos, para formar, el 30 de octubre, un nuevo gobierno con miembros y simpatizantes de la Obra. La oposición lo denominará «gobierno monocolor».

COSAS Y CASOS

España, meca internacional del cine

En 1960, en las afueras de Madrid, en la carretera de La Coruña, un productor norteamericano, Samuel Bronston, instala unos estudios extensísimos donde se filmarán las grandes superproducciones *55 días en Pekín*, *La caída del Imperio Romano* y *El Cid*, aprovechando la baratura de los miles de extras que se reclutan entre soldados y chicos del Frente de Juventudes. Gracias a estas producciones, Madrid acoge a Sofía Loren, Ava Gardner, Charlton Heston, David Niven y James Mason, entre otros. A los actores españoles como Pepe Nieto y Alfredo Mayo les tocan pequeños papeles.

Sofía Loren y Charlton Heston en una escena de El Cid.

Posteriormente, el genio Orson Welles filma *Campanadas a medianoche* y su paso por España adquiere carta de naturaleza atraído por la alegría de vivir, el jerez, el sol y la tauromaquia, que ya había cautivado a su compatriota Hemingway.

Algo más tarde, el gran David Lean filma aquí su inmortal *Doctor Zhivago*, según la novela de Pasternak y, como muestra de adaptabilidad, los pinares de Valsain son el escenario donde el general Patton revive cinematográficamente, encarnado de forma magistral por George C. Scott, sus hazañas bélicas.

Ni hablar de enfrentarse futbolísticamente a la Unión Soviética

En el año 1960 se disputa el campeonato de Europa de selecciones nacionales de fútbol. La fatalidad del sorteo nos depara, nada menos, que enfrentarnos a la Unión Soviética a doble partido, el de ida en Moscú. La conmoción en las esferas políticas de este país es enorme. El gobierno se reúne teniendo como tema preferente el choque con los rusos. La tesis que se impone es la de negarse a que se celebre el partido con el argumento de que en el partido de vuelta deberá ondear en el estadio Bernabéu la bandera roja con la hoz y el martillo y habrá de interpretarse *La Internacional*, lo que puede dar lugar a una imprevisible reacción popular a cargo de los rojos ocultos que todavía subsisten. Ante este fundado temor, el gobierno da orden a la Federación Española de Fútbol de renunciar a la disputa del partido. Según palabras del ministro de Gobernación, el general Camilo Alonso Vega, «no hemos ganado la guerra para ahora encontrarnos con esto».

Nace la leyenda del Cordobés

En 1960 se empieza a hablar de un novillero llamado Manuel Benítez que ha atravesado todas las estaciones de la miseria, desesperado se ha arrojado como espontáneo en una corrida en la plaza de Madrid y está a punto de emigrar para ir a trabajar a Alemania cuando encuentra un hombre al que convence para que le dé una oportunidad de torear. Ese hombre, Rafael Sánchez *el Pipo*, se da cuenta de hasta dónde puede llegar un muerto de hambre para evadirse de la miseria. El Cordobés va apareciendo en novilladas y se gana el apodo de «el rey del vuelo sin motor» porque está más tiempo en el aire volteado por los novillos que pisando la arena.

La leyenda se va forjando taurina y extrataurinamente porque Manuel Benítez es listo y simpático. Se anuncia su alternativa para el 20 de mayo de 1964 en la plaza de las Ventas de Madrid. El acontecimiento será sonado: el valor del nuevo matador de toros, sus maneras heterodoxas y sus saltos de rana han encandilado a una masa que se recluta entre los que no son verdaderos aficionados y entre un turismo invasor. El Cordobés, salido de la miseria a fuerza de valor, llega a torear más de cien corridas al año y su figura es ya tema para explicar la creación de un mito. Volvamos a la alternativa. Después de la cesión de los trastos a cargo de su padrino Pedrés, Benítez encara al toro y tras dos derechazos muy ceñidos, en el tercero resulta cogido, empitonado por el muslo izquierdo, volteado y corneado de nuevo en la arena.

La cogida tiene un pronóstico de «muy grave» y en eso queda la alternativa más esperada. Pero la popularidad de Benítez seguirá e incluso inspirará un best-seller, *O llevarás luto por mí*, que es lo que le dijo a su hermana como alternativa a su triunfo, cuando se decidió a escapar de la miseria mediante el hispánico dilema de «o faja o caja».

Notas de sociedad: la boda de Carmen Sevilla y una miss que dará que hablar

En febrero de 1961 tiene lugar el enlace de la popularísima Carmen Sevilla, tonadillera, actriz muy querida de la que se ha dado en decir: «Es la Carmen de España y no la de Merimée». El novio es el compositor Augusto Algueró y la boda se celebra en la Basílica del Pilar de Zaragoza. Más de veinte mil personas se aglomeran a las puertas de la iglesia para ver a la novia, que viste de Pertegaz, y luce radiante prometiéndose una felicidad que no será demasiado larga ya que el novio es muy aficionado a variaciones sobre el mismo tema, como buen compositor.

Ese mismo año se proclama Miss España una joven catalana llamada Carmen Cervera Fernández, que previamente había sido elegida Miss Cataluña. Con el sabio consejo de una madre que se revela como una consumada mánager, la joven Carmen, a la que llaman Tita, va escalando posiciones: mujer del Tarzán Lex Barker, estrella del cine de destape sin restricciones, compañera del aventurero Espartaco Santoni (su debilidad) para aterrizar como esposa amantísima y listísima del barón Thyssen, al que para ahorrarle esfuerzo acude al altar con un bebé ya encargado. Actualmente, respetada, reverenciada y potentada administradora con gran tino de una fundación millonaria.

Particularidades de la censura en el cinematógrafo

En la película *Mogambo*, de John Ford, la censura convierte el matrimonio de Grace Kelly y Donald Sinden en hermanos. De esta manera, se pasa del tema del adulterio —Clark Gable y Grace Kelly— a un tema peor, porque la cosa quedó en incesto declarado.

En *Las lluvias de Ranchipur*, un tigre ataca a Michael Rennie —el marido— y lo hiere. En la versión española se le da por muerto y el posterior adulterio de la esposa se convierte en ligue de viuda alegre, pero la moral está salvada.

En *Su vida íntima*, el protagonista Charles Boyer está casado pero tiene una amante de larga data. En la versión española se le presenta como soltero para evitar el adulterio. Y el paciente espectador no hace más que preguntarse a lo largo de toda la película: «Si este imbécil es libre, ¿por qué no se casa de una vez?».

Particularidades de la censura en el vivir cotidiano

En el año 1962, una noticia conmueve al mundo de los toros y a España en general, dada la legendaria fama del personaje. Esta noticia es la muerte de Juan Belmonte, a los setenta años. La noticia no se extiende en detalles sobre la causa del óbito. La verdad es que el gran rival de Joselito y protagonista de una etapa gloriosa de la fiesta nacional, se ha suicidado. Una enfermedad le negaba las actividades ecuestres que eran la razón de su existencia. Y a esto se unió la fijación hacia una joven rejoneadora que le sumirá en una melancólica depresión ante el dolor de la propia vejez, en contraste con el espectáculo siempre renovado de la eterna juventud. Todo esto le llevará a quitarse la vida.

Historias de la televisión estatal

En 1962 se produce un relevo en determinados ministerios del gobierno de Franco. El más sonado es el del ministro de Información y Turismo, Arias Salgado, por Manuel Fraga Iribarne, que rápidamente descubre sus diferencias con su predecesor. Abre la mano frente a la pacatería de Arias y el cambio de política se sintetiza en Televisión Española con el dicho «Con Salgado, todo tapado. Con Fraga, hasta la braga». No llega la cosa a tanto pero se hace menos uso del chal que se había ordenado tener para cubrir las pecheras demasiado opulentas.

Casualmente, el ministro cesante Arias Salgado fallece, escasos días después de dejar el ministerio, de un infarto. Se habla de que a su marcha se ha descubierto el caos económico que era el ente y que esta noticia ha influido sobre su muerte, aunque en ningún caso él se haya favorecido del desbarajuste.

Sus inquietudes y preocupaciones se centraban en cómo incrementar el número de españoles que alcanzaban la gloria eterna evitándoles las tentaciones de Satanás.

Ciertamente el crecimiento de Televisión Española ha sido espectacular: nuevos estudios en Prado del Rey, fabulosos ingresos por publicidad, crecimiento astronómico de la nómina originado porque al ente van a parar cantidad de recomendados que llegan a la Administración Central, y que ésta no sabe dónde ubicar.

Éste es el supuesto diálogo entre alguien que recomienda a un candidato y el jerarca correspondiente:

—Tengo ahí un chico, muy buena persona, y que está en la línea de los principios del Movimiento. Quisiera que hicieras algo por él.

—Bueno, pero ¿qué sabe hacer o qué títulos tiene? —pregunta el jerarca.

—Pues la verdad es que no lo sé. Sólo sé que aceptará lo que le propongan y seguro que te hará quedar bien porque es muy leal a Franco.

—Pues entonces —replica el jerarca— si no tiene ninguna especialidad y no sabemos para qué va a servir... ¡a Televisión Española!

El que vale, vale, y el que no, ¡a Televisión Española!

Con la política que revela este diálogo no es extraño que la nómina de Televisión Española se hinche hasta límites increíbles. Así, aparecerán cargos tan surrealistas como el de «guionista de la misa dominical».

Otra anécdota reveladora de la situación la protagoniza el pater encargado de oficiar la Santa Misa, quien se queja de que el altar, montado entre bambalinas y decorados no muy adecuados, le impide el necesario recogimiento para el Santo Sacrificio. Pero dejar vacío el estudio para la misa retrasa las grabaciones del lunes siguiente. Planteado el problema entre los responsables correspondientes, uno comenta:

—Pero la misa ¿no es siempre la misma? Pues se graba una vez en videotape, se enchufa cada domingo y asunto resuelto.

Y el otro contesta:

—No lo veo tan claro porque me parece que la misa enlatada no vale para cumplir el precepto.

Así pues, hubo de consultar a la curia.

Irrumpe el biquini

Causa sensación la proyección de la película *Bahía de Palma*, en la que la protagonista, la estupenda actriz alemana Elke Sommer, luce un biquini o dos piezas que a los reprimidos hispánicos causa un sobresalto. España, como «reserva espiritual de Occidente», empieza a resquebrajarse. Desde esta aparición, visitantes foráneas de nuestras playas e indígenas se lanzan a la reivindicación del dos piezas hasta conseguir la benevolencia de la Guardia Civil, la indignación del clero y la esterilidad de los gritos de los cavernícolas ofendidos en su pudor.

Se cuenta que en el inicio de la aparición de algunas chicas osadas que lucían biquini (en recuerdo al atolón perteneciente a las islas Marshall donde se experimentaron los ingenios atómicos norteamericanos desde 1946) una pareja de la Guardia Civil que vigilaba las playas y paseos con arreglo a la decencia, interpeló a una muchacha de esta manera:

La actriz alemana Elke Sommer, una de las «pioneras» del biquini en España.

—Señorita: tengo que advertirla de que no se puede circular con dos piezas. Está prohibido.

—Pues bien —contestó la chica—, ¿cuál de las dos quiere que me quite?

En torno al enlace de Juan Carlos y Sofía

Mayo de 1962. En Atenas tiene lugar la boda entre el príncipe Juan Carlos de Borbón y la princesa Sofía de Grecia. Entre la numerosa asistencia española, salta la sorpresa al ver a la venta una publicación titulada *Diario Español de Atenas*, obra del periodista Víctor Salmador, de inspiración netamente juanista y destinada a crear un clima favorable al heredero de Alfonso XIII, aprovechando el cónclave reunido para el feliz enlace. He aquí de qué forma Cristóbal Tamayo, corresponsal de *La Vanguardia*, registra la sorprendente aparición del rotativo:

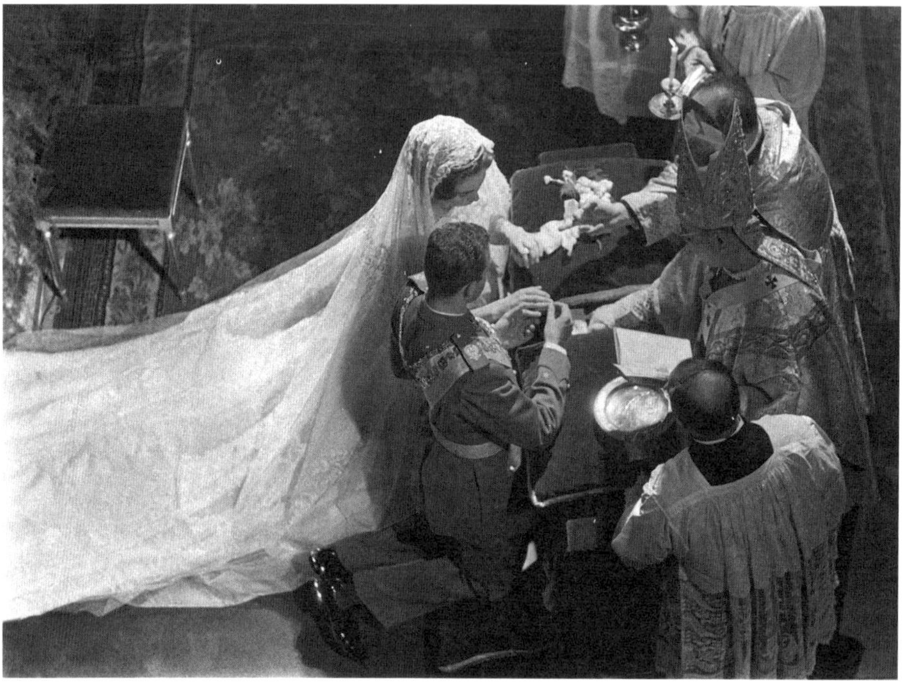

La boda del príncipe Juan Carlos y la princesa Sofía en Atenas, en mayo de 1962.

Y he quedado pasmado esta mañana al ver que en los quioscos había un periódico nuevo, *El Diario Español de Atenas* es su nombre. El mismo dice, bajo palabra de su director, Víctor Salmador, que hace editar un diario español aquí en Atenas y que promete publicarlo normalmente. Parece que ni siquiera es español, sino uruguayo, y que ha traído un equipo de redactores del otro lado del Atlántico. Ha venido hasta con el plomo necesario para la impresión.

Algunos incautos han creído oír el grito de Sagunto. Leído el diario, parece que pretende perjudicar a los que parece proclamar alzar sobre el pavés. Como todas las maniobras, presume de ser portavoz de amplias zonas de opinión. Yo sólo sé que un grupo de leales a la causa que este diario aparenta defender, estaban dispuestos a ir esta noche a la dirección del mismo y allí, a la vista de los atenienses, armar la de Troya.

La Iglesia empieza a desmarcarse del sistema

Las huelgas en la cuenca minera de Asturias en 1962 encuentran decidido apoyo en las organizaciones de Acción Católica. Su órgano de prensa, *Ecclesia*, defiende así el derecho a la huelga:

> No cabe duda de que la paz social y el orden público han de ser anhelo permanente en el que coincidan, de pensamiento, palabra y obra, el capital y el trabajo, los individuos o sectores sociales y el poder público [...] la huelga es la última medida a la que ha de apelar un sector laboral, cuando entienda conculcados sus derechos. [...] El derecho natural y la ética cristiana, nítidamente determinados en la doctrina pontificia, al rechazar, por una parte, la lucha sistemática de clases y, en consecuencia, la abstención masiva de trabajar como dialéctica marxista, han admitido, como arma lícita, cuando el diálogo sindical agota sus recursos sin lograr un efecto equitativo, la adopción de un paro voluntario que [...]. Lo más posible, dentro de la obligada anomalía, los intereses generales de la sociedad. [...] Quedan más obligadas las empresas a cuidar de que la justicia social rija en las relaciones con los obreros, dado que a éstos, por ley, les están vedadas las medidas de excepción.

Sutiles argumentos contra la oposición

La presencia entre los grupos que aparecen en oposición al régimen de Franco de personas como Julio Cerón, Ignacio Fernández de Castro, Nicolás Sartorius, Javier Pradera, Rafael Sánchez Ferlosio, salidos de familias que por sus antecedentes, clase social o formación se entendía debían ser defensores del régimen, causa gran estupor. He aquí cómo el diario oficial *Arriba* argumenta sobre este sintomático fenómeno el 27 de mayo de 1962:

> Son hijos de hombres que han luchado en la Cruzada o han sido víctimas de ella y que detestan a sus propios padres por la sencilla razón de que ellos empuñaron un día el fusil, a fin de que sus hijos, en 1962, pudieran vivir en paz. [...] Esta gente asquea, ciertamente, pero no inquieta, porque cuando no se la puede acallar con argumentos decisivos y eficaces, ya que tiene un cinismo que da respuesta a todo, un buen botellazo en la cabeza pone fin a cualquier discusión.

Las cifras resumidas del Plan de Desarrollo

Para contrarrestar el malestar político entre los universitarios, el gobierno hace un esfuerzo propagandístico para poner de relieve la elevación del nivel de vida, la mejora en bienes de consumo y lo que se espera del Plan de Desarrollo Económico y Social. Se prodigan las estadísticas referidas al último septenio que arrojan los siguientes datos:

	1958	*1965*
Frigoríficos	21.000	325.000
Televisores	30.000	450.000
Automóviles	32.000	150.000

Otros índices de importancia sociológica, como la disminución del analfabetismo, que ha descendido a 13,6 por ciento de la población, revelan un cambio en la contextura de la sociedad española. Cada vez queda más atrás en el recuerdo la España crispada, pobre e inculta de 1936 que llevaba en sí misma el germen destructivo y fatal que condujo a la guerra civil. Tanto es así, que en una prueba de cultura general, una muchacha de veinte años a la pregunta: «¿Qué fue la guerra civil?», da la siguiente respuesta: «La guerra civil empezó al final de la guerra mundial pues cuando ésta terminó y Stalin quiso invadir España, Franco lo impidió derrotando al ejército rojo».

Ocurrentes manifestaciones en Madrid contra el cardenal Montini

En el año 1962 se registran unos atentados con petardos que estallan en el Instituto Nacional de Previsión y en un local de Falange Española. Como presunto autor, se detiene a un estudiante barcelonés apellidado Conill Valls. Como quiera que la gravedad del delito augura una gravísima pena, el cardenal arzobispo de Milán, monseñor Montini, se apresura a mandar un telegrama a Franco en el que pide clemencia ante el temor de que la sentencia sea de pena de muerte. Al final la condena es de treinta años de prisión. Con ello se hace quedar en evidencia al prelado y será la base de una campaña de prensa contra la injerencia extranjera que deriva en manifestación estudiantil de elementos de las Falanges Juveniles con pancartas en las que se puede leer: «Sofía Loren SÍ, Montini NO», «Menos pizza y más cojones» y «Para Montini, el de Venus».

Al cardenal se le acusa de estar movido por los comunistas de su diócesis que le han hecho caer «en una trampa abominable hecha de sacrílegas burlas, movida por los enemigos de Dios».

Meses después, a la muerte de Juan XXIII, Montini es elegido papa y se convierte en Pablo VI. Hubo que envainarse todos los improperios.

Marbella atrae y reúne a la jet

El príncipe Alfonso de Hohenlohe, tras el fracaso de su matrimonio con la princesita Ira de Fürstenberg, ha rehecho su vida y dedicados sus afanes a hacer de Marbella el enclave predilecto para los famosos del mundo. Y allí se instalan permanentemente Gunilla von Bismarck con su adhesivo Luis Ortiz, el rey de los antibióticos Bastiano Bergese, Linda Christian, la viuda de Tyrone Power y también de Alfonso de Portago, un Vallejo Nájera y una élite de famosos de todas partes como Philip Junot y Gunther Sachs, el de la cama múltiple. Capítulo aparte merece la colonia cinematográfica compuesta por Sean Connery, Deborah Kerr con su marido Peter Viertel y Stewart Granger. Jaime de Mora y Aragón, con su piano-bar, anima unas noches que atraen a jeques árabes derrochadores de petrodólares. Posteriormente la apertura de Puerto Banús, con sus amarres para yates lujosos, terminan por convertir a Marbella en un foco de atracción de un gran mundo representado por el Agha Khan, por Rainiero y Grace de Mónaco y por los duques de Windsor —siempre dispuestos a cotizar su presencia en fiestas de lo más *in*—, y crean la edad de oro de un enclave marca Hohenlohe, fiel reflejo del esplendor de los años sesenta del pasado siglo.

El «castellano» que nos sirven en televisión

El fenómeno lingüístico y sociológico que viven los televidentes españoles es el de la aceptación del español que se cultiva en el hogar del doblaje de las producciones estadounidenses. El español que se nos sirve en los telefilmes pasados por Puerto Rico nos hablan del «occiso», del «receso», de la «recamarera»; nos meten en la «cajuela»; nos dicen «luces muy bien»; si pedimos algo en el bar, ha de ser un «escocés en las rocas» y hemos de pisar bien la «carpeta». El *spanglish* campa por sus respetos sin reparo alguno, como cuando se le pregunta a una señora si su chico ha encontrado ya empleo y ella va y contesta: «Usted sabe: ha encontrado un buen "job" de repartidor de "grocerias"».

Sostuvo alguien en una crónica sobre televisión que, en pro de un determinado verismo, preferiría dejar de lado el purismo lingüístico y aceptar que ni Colombo puede hablar la misma lengua que Gala, ni Mannix puede competir con Lázaro Carreter, ni Ironside puede emular a Astrana Marín, en su cultivo de la lengua de Cervantes. Estos personajes de televisión no deben decir nunca «zascandil», ni «botarate», ni «badulaque», porque ellos no encajan en lo castizo ni a tiros de Colt.

El humor popular siempre sobrevive

A tenor de la aparición de nuevos personajes políticos y siempre al filo de la actualidad, el humor popular, sobre todo el capitalino por albergarse allí los organismos superiores de la gobernación del Estado, no cesa en unas manifestaciones humorísticas de origen anónimo pero que se transmiten con celeridad de boca a oído. He aquí unas muestras:

La escrupulosa puntualidad matinal de Laureano López Rodó, el hombre del Plan de Desarrollo, hace que el soniquete salga fácil. Se le llama: «El abominable hombre de las "nueve"».

El ascenso y la promoción de Jesús Aparicio Bernal, hombre influyente en televisión, gracias al apoyo decidido del ministro Fraga, hace que se le moteje: «El niño Jesús de Fraga».

Cuando en 1964 don Carlos Hugo de Borbón, pretendiente al trono de España por la rama carlista, se casa con la princesa Irene de la casa de Orange, reinante en los Países Bajos, en Madrid empiezan a llamarle: «Don Jugo de Orange».

A raíz del famoso encierro que llevan a cabo en 1966, intelectuales, estudiantes y profesores en el convento de los Capuchinos de Barcelona protegidos por el padre Llimona, se empieza a decir que las tendencias del comunismo de Mao se dividen en: «Chinos, prochinos y capuchinos».

Después del Plan de Estabilización y con la puesta en marcha del Primer Plan de Desarrollo, se comienza a hablar de los tecnócratas y de su adscripción al Opus Dei. Empiezan a aparecer las primeras ocurrencias a costa de la Obra. He aquí una de ellas:

> Dos hermanos de familia muy conocida se significan por lo dispar de sus vidas. Uno de ellos es devoto, fiel esposo y hombre de piadosas costumbres. El otro es vividor, mujeriego y noctámbulo. En cierta ocasión, alguien conocedor de la vida de los dos hermanos comenta el contraste con un amigo y éste le aclara:
>
> —¿Es que no lo sabes? Pedro, el hombre casto y de buenas costumbres, es miembro del Opus Dei.
>
> A lo que su interlocutor respondió:
>
> —¡Pues el otro debe ser del Opus Night!

Cuando el cardenal Roncalli es elegido papa, escoger el nombre de Juan y ver que en el ordinal será el XXIII, aquí encuentran enseguida el sobrenombre, le llaman «el Papa quinielas».

Crece el boom *turístico*

La llegada de extranjeros atraídos por el sol, las paellas, la sangría y el flamenco se está convirtiendo, a comienzos de la década de los sesenta, en una auténtica invasión. En 1960 nos visitan seis millones, en 1963, once millones. El ramo de la construcción no encuentra reposo en las costas mediterráneas. Hoteles y casas de apartamentos como rascacielos crecen como hongos, sin miramientos hacia el paisaje. El perfil de nuestras costas preferidas es ya irreconocible en los puntos donde el afán de lucro ha arrinconado cualquier imperativo estético o geográfico. Torremolinos, Benidorm, Palma y Playa de Aro son especímenes de una especulación desatada.

Para entretener al personal, tanto forastero como autóctono, está naciendo el fenómeno de las discotecas, alimentadas por la música disco que requiere la figura del *disc-jockey* o pinchadiscos. Así, la geografía costera se llena de locales —Pachá, Tiffany's— que parecen cuevas, con novedades psicodélicas, música atronadora y cuando la permisividad arrincone la pacatería que era nuestra reserva espiritual, al tirón de las divisas, aparecerán las *gogó-girls* en sus jaulas.

Está claro que toda esta metamorfosis es el gran reclamo para el varón hispánico, toda vez que las extranjeras que nos visitan saben que vienen a una «tierra de hombres», con una simbología poderosa que va desde los testículos del Toro de Osborne que decora nuestras carreteras, hasta la leyenda del varón ardoroso que circula entre las jóvenes por universidades y oficinas, nórdicas, germanas y británicas.

De esta manera, muchos pescadores de las riberas mediterráneas dejan de salir a la mar porque encuentran empleo en tierra firme: muchos camareros, bien dotados y con idiomas, hacen horas extras sin salir del hotel, y es en estos tiempos de expansión forastera cuando se registra la mayor emigración de machos ibéricos, desde la meseta seca y árida hacia las costas soleadas y pobladas en busca de un empleo que las chicas y señoras foráneas saben darles cumplidamente, trabajando horas extras.

El culto a la personalidad, rayo que no cesa

Artículo a la mayor gloria de Franco, aparecido en *Arriba* el 12 de febrero de 1963 y titulado «El asombroso Franco»:

> El mundo entero parece que se acaba de enterar de la talla política que tiene nuestro General Franco. Desde Radio Moscú a los más importantes periódicos norteamericanos, se dibuja una amplia explicación de la excepcional personalidad de un hombre que ha sabido siempre estar por encima de las circunstancias.
>
> Él comprende como muy pocos el fenómeno histórico, pero, a la vez, intuye la suma grandeza del orden trascendente y duradero. Por esa su serenidad filosófica, que nada tiene que ver con las argucias del político maquiavélico, jamás pudo permitir que le convencieran las cifras fabulosas de los que en determinadas circunstancias mueven el orden mundial. El sabía, en 1940, cuál sería la Europa en 1945. Y en 1945, cuál el mundo de 1963.
>
> Desde Moscú a Washington, hoy se comenta la personalidad y la figura de Franco. En los órganos comunistas se dice que Franco es el hombre solicitado por Occidente. En Norteamérica, los periódicos subrayan que Franco «siempre ha logrado todo lo que pudo para España». Y con ello, en este clima internacional de asombro, viene a perfilarse la figura de un hombre que es realmente excepcional. Su secreto es que estuvo siempre por encima de lo que le rodeaba, que con nervios de acero fue capaz de olvidar lo que a otros políticos de menor talla hubiera impresionado. El asombroso Franco, capaz de la neutralidad, de defender la soberanía, de darle a España un orden auténtico, de hacer el país que el futuro de Europa exigía, tiene hoy en la prensa de

todo el mundo un puesto de honor. A nosotros, que le seguimos desde 1936, no nos asombra esto.

Pero sí nos complace que, a quien aclamamos Caudillo, le reconozcan como gran figura europea, incluso los mismos enemigos. El asombroso Franco será, no lo duden, el hombre capaz de entroncar con el linaje de Carlomagno en esa historia que se escribirá serena y honradamente el día de mañana.

Anecdotario franquista

Frente a los que especulan sobre el tema de la sucesión, la gran incógnita que se cierne sobre España, Franco asegura que todo quedará «atado y bien atado». Por otra parte, lleva bien sus setenta y dos años, hace una vida sanísima y rutinaria, la caza y la pesca son deportes de aire libre que cultiva con ardor y hasta en los veranos hace unos hoyos en el golf de la Zapateira, con gran lucimiento, contra su eterno rival el señor Guimaraes, que se presta al papel de víctima. Además procede de una familia de longevos que presagia una herencia de larga duración. Se dijo que alguien que quiso regalarle una tortuga se vio rechazado de esta manera: «Se lo agradezco mucho pero con los animales ocurre que te encariñas con ellos y cuando se mueren tienes un gran disgusto». Como es sabido, ciertas variedades de estos quelonios viven más de cien años.

Los efectos del paso del tiempo que ya se registran en la juventud de finales de la década de 1960, llegan con sus sorpresas hasta el mismísimo entorno familiar de Franco. A raíz de la publicación de un reportaje de inserción obligatoria en el que aparece el Jefe del Estado jugueteando con sus nietos en los jardines de El Pardo, se divulga una reveladora anécdota. En un momento dado, uno de los nietos mayores, que ya debía tener nociones de historia de España, interpela al abuelo y le pregunta: «Abuelito, cuando la guerra civil, tú ¿con quién estuviste? ¿Con los rojos o con los nacionales?»

Aunque la noticia circula con grandes restricciones censoras, se sabe que Franco padece molestias prostáticas que le obligan a ser visitado por un afamado urólogo barcelonés. Tras un tratamiento con entero éxito, el general le dijo al galeno:

—Doctor, gracias a su intervención voy a tener veinte años más de vida.

A lo que el urólogo le contestó:

—Mi general, no lo divulgue usted mucho porque bastantes enemigos tengo.

España, campeona de Europa de fútbol, revancha gloriosa sobre la Unión Soviética

De nuevo el campeonato de Europa de selecciones nacionales enfrenta a España y a la Unión Soviética, toda vez que la fase final se ha jugado en España y tanto la anfitriona como la Unión Soviética han vencido en las semifinales. Ante 120.000 espectadores el encuentro transcurre muy igualado. A diez minutos del término del partido con empate a uno en el marcador, Suárez pasa en corto a Pereda, éste lanza un templado centro que caza la cabeza de Marcelino, que remata de modo fulminante batiendo al famoso Yashine. A pesar de himnos y banderas no hubo incidentes diplomáticos. Marcelino se unirá a Zarra en la autoría de goles victoriosos y reivindicativos.

La otra leyenda de los sesenta: el Lute

Atraco en una joyería de Madrid en mayo de 1965. Un quinqui llamado Eleuterio Sánchez, *el Lute*, en compañía del Agudo y el Medrano, resultan ser los autores que huyen en una motocicleta después de provocar una muerte. Más tarde, en la calle de Galileo, en un encuentro con la policía, se produce un tiroteo en el que resulta muerta una niña. Este hecho constituye el comienzo de la leyenda del Lute.

Un año después, se vuelve a hablar del Lute. Condenado Eleuterio Sánchez a treinta años de reclusión por el atraco a la joyería, pena que cumple en el Penal del Dueso (Santander), ha de ser trasladado a Madrid el día 26 de mayo de 1966 para declarar en el juicio contra su compinche Medrano. Cuando el tren en que viaja custodiado circula a setenta kilómetros por hora, el Lute, que va esposado, pretexta una necesidad y cuando le dan permiso se acerca a la plataforma del vagón y se lanza en marcha. Detenido el convoy, la escolta se aproxima al lugar donde se suponía había caído, pero del fugitivo no queda ni rastro. Con esto se aleja la sospecha de que se haya matado. Se inicia entonces una caza del hombre que finalizará al cabo de veinte días. En su tiempo de libertad ha recorrido, con un brazo roto en su caída del tren, más de doscientos kilómetros entre las provincias de Palencia y Salamanca, atravesado a nado el canal de Castilla y alimentado a base de verduras, legumbres y hasta de una gallina cruda que mató y peló. Finalmente roba una vespa y en ella viajaba cuando un incidente le hace caer en manos de una patrulla de la Guardia Civil. La imagen del Lute con el brazo en cabestrillo, entre una pareja de la Benemérita, ha quedado ya en la iconografía de la delincuencia del siglo XX.

No acabarán aquí las evasiones de Eleuterio. Queda otro capítulo para el decenio siguiente.

La invasión de la publicidad televisiva

La progresiva difusión de la televisión trae aparejado el enorme desarrollo de la publicidad con el medio audiovisual como vehículo. De las cuñas radiales como el «¿Qué tal?» y su respuesta obligada: «Muy bien con Okal», se pasa a lo visual y entonces, cuando uno se ha olvidado algo, se da una palmada en la frente y exclama: «¡Ahí va! ¡Los Donuts!». La evidencia de que el desarrollo económico de los sesenta fuerza la publicidad se hace palmario en el ramo de detergentes, lavadoras, televisiones, electrodomésticos, echando mano de lo coloquial con fórmulas como «¡A mi plin, yo duermo en Pikolín» o «Adelante mis 43». Pronto ha de recurrirse a rostros conocidos como el de Antonio Garisa, que te insta a que te «fagorices», o el de Miguel Gila, que recomienda «¡Fidecáyate!».

Otros anunciantes prefieren los dibujos animados, utilizando las voces de conocidos actores o dobladores bien timbradas, hechas para recitar endecasílabos, que en el anuncio salen de la garganta de un pollo desplumado que exclama: «¡Yo quiero ser asado en una cocina Corberó!».

Los creativos aciertan en asociar el muñeco apayasado de Fanta con el eslógan «¡Qué gusto tener sed!», o el simpático Topo Gigio a Tervilor. El despliegue propagandístico llega a conquistar un premio internacional en un concurso de espots. Ése es el caso de Gallina Blanca, con una gallinácea que, antes de ser zambullida en la olla, imita un *striptease* para despojarse de sus plumas al compás de la melodía típica del número que hizo famoso al Crazy Horse parisino. También resulta premiado el anuncio del Tío Pepe, unas botellas de fino que se animan bailando un zapateado con mucho salero.

Todo el volumen de negocio movido por la publicidad da lugar a la creación de la figura de modelo publicitaria. Un papel que encarnarán Teresa Gimpera, Alicia Borrás, Romy, Patty Shepard y Elena Duque, cuya picardía se hace célebre al decir «Veterano tiene... eso». Aunque el anuncio que causa mayor impacto es el protagonizado por la malograda Margot Kocsis, a

La actriz y modelo Teresa Gimpera, brindando en un diván en el transcurso de una fiesta.

lomos de un soberbio caballo cartujano para anunciar aquello de «Terry me va», una creación de Leopoldo Pomés. También hay modelos masculinos para propagandear «los famosos keds» o, abusando del famoseo, la presencia de Di Stéfano anunciando las medias Berkshire. Para compensar, el jabón Lux nos obsequia con un desfile de celebridades —Ursula Andress, Raquel Welch, Claudia Cardinale— que pregonan aquello de «nueve de cada diez estrellas usan Lux».

Naturalmente, el bombardeo publicitario intercalado en mitad de la proyección de una cinta da lugar a unos cortes que producirán su efecto sobre la infancia y sobre gentes cuyo vacío cultural y lingüístico empieza a ser llenado por modismos y consignas de origen televisivo. Así, las conversaciones caseras se trufan, vengan o no a cuento, con estereotipos como éstos: «Que trabaje Ruton», «¡Enchufa el Askar!», «¡Vamos chicos, al tostadero», «¡Están hablando de Monky!» y «¡Y también... cepillos Profidén!».

Precauciones ante el referéndum sobre la Ley Orgánica del Estado

Presentación de la Ley Orgánica del Estado aprobada por las Cortes que va a someterse a referéndum. Abrumadora campaña a favor del «sí». Figuras populares o impopulares, según se mire, aparecen en televisión exhortando a votar afirmativamente. A los que oponen ciertas reservas se les tacha de ser gángsters o mercenarios. El marqués de Valdeiglesias (Escobar) declara que los que propugnan el «no» son «los quinquis de la política». En vísperas del referéndum aparece esta consigna: «Ante el referéndum: prohibición de que actúe el conjunto vocal Los No. Prohibición de los seriales de Radio Nacional titulados "La gran aventura", "El abismo de la duda", "La última traición" y "Entre la espada y la pared". En el mismo sentido, veto total a la canción de Raimon *Diguem no* y a la película *007 contra el Doctor No*».

Al escogido lema de «Votar sí es votar la paz», contestó afirmativamente el 95,91 por ciento del censo.

Cómo eran las elecciones en el Consejo Nacional del Movimiento

De cómo funciona este organismo es una buena muestra este regocijante comentario aparecido en el diario *ABC*, debido a la pluma de Torcuato Luca de Tena y publicado bajo el título «La diferencia entre votaciones y elecciones». Trata de cómo se llevan a efecto las elecciones para los puestos de la Mesa del Consejo Nacional. Dice así:

> Allí donde se presentaba para secretario primero don Licinio de la Fuente y de la Fuente como candidato único, fue elegido único candidato don Licinio de la Fuente y de la Fuente. Don Agustín de Asís Garrote, como candidato exclusivo para el puesto de secretario segundo, tuvo la sorpresa de ser elegido. Más reñida si cabe fue la elección de los cuatro consejeros por el grupo de los de designación directa, pues siendo los aspirantes don Jesús Florentino Fueyo, don Antonio María de Oriol, doña Pilar Primo de Rivera y don Alejandro Rodríguez de Valcárcel, resultaron electos. ¡Oh manes de la fortuna! Don Jesús Florentino Fueyo, don Antonio María de Oriol, doña Pilar Primo de Rivera y don Alejando Rodríguez de Valcárcel.

El cantante y compositor catalán Raimon, durante un recital en la Universidad de Madrid en noviembre de 1968.

Apocalípticas declaraciones del almirante Carrero

Ante la apertura que patrocina el ministro Fraga y que permite cierta tolerancia en lo cinematográfico, en lo periodístico y en lo literario, el almirante Carrero expresa su disgusto por este relajo en estas declaraciones:

> La actuación de la Prensa y en general de todos los órganos de información, incluido el libro, debe ser corregida a fondo. Está produciéndose un positivo deterioro moral, religioso y político. Todos los escaparates de las librerías están, y las casetas de la Feria del Libro estuvieron, abarrotados de obras marxistas y de las novelas del erotismo más desenfrenado. Por otra parte, el crecimiento de la inmoralidad de los espectáculos públicos ha sido tremendo en estos últimos tiempos. El daño que se está haciendo a la moral pública es grave y hay que ponerle fin.
>
> Había que dictar una nueva legislación, pero así no se puede seguir porque

España es un país católico y porque el quebrantamiento de la moral del pueblo es la mejor manera de favorecer la acción subversiva que el comunismo fomenta. Ha sido comprobado, en varios casos de agitadores universitarios, su previa ruina moral mediante drogas, etc. antes de iniciarles en el maoísmo y en el comunismo [...]. Mejor es morir desintegrado por una explosión nuclear que seguir viviendo, pero formando parte de una masa de esclavos sin Dios.

Aparecen los «topos»

En el mes de marzo de 1969 el gobierno de Franco dicta un decreto-ley por el que prescriben las responsabilidades penales por hechos cometidos antes del 1 de abril de 1939. Fraga Iribarne, como portavoz del gobierno, anuncia: «Hoy podemos decir históricamente que la guerra ha terminado a todos los efectos y para el bien de España». No se han extinguido los ecos de las voces que encomian la generosidad de la medida cuando una noticia revela el terror que ha vivido España durante los treinta años transcurridos entre 1939 y 1969. Esta noticia es la aparición en el pueblo de Mijas de un hombre que, temeroso de la represión desencadenada al final de la guerra, se ha pasado treinta años escondido y no se ha decidido a abandonar su escondrijo hasta el anuncio de la medida promulgada. Casi tullido por la inmovilidad, con la lividez de quien lleva lustros sin ver el sol, a la aparición del hombre de Mijas siguen las sorpresas. En Moguer aparece otro oculto. Y la increíble y patética aventura de los «topos», como se les ha dado en llamar, continúa por toda la piel de toro: Benasque, San Fernando y hasta en la isla de Gran Canaria resucita alguien al que daban por muerto desde hacía treinta y tres años. La larga historia de los escondidos asombra a España entera.

Lo verde empezaba en los Pirineos

A finales de los años cincuenta revoluciona el firmamento cinematográfico europeo la aparición de una jovencita francesa llamada Brigitte Bardot que, entre ingenua y libertina, muestra con generosidad sus encantos personales. Como es obvio, las películas de la Bardot están prohibidas entre nosotros y si alguna alcanza a proyectarse, cualquier parecido de la copia con el original es mera coincidencia. Por eso nada tiene de extraño que los cinéfilos con resabios sanos de voyeurismo programen excursiones de fines de semana al sur de Francia para ver *Y Dios creó la mujer*. Claro que como el repertorio de prohibiciones es muy extenso, también se puede aprovechar para ver *Les Amants* y *La Dolce Vita*, aunque, en ocasiones, los esperanzados viajeros que llegan a Perpiñán o Biarritz pueden encontrarse con la sorpresa de ver programada una cinta de Joselito como *Le petit rossignol*, muy apreciada entre la masa de españoles vencidos de la guerra civil que se habían establecido en las provincias francesas pirenaicas.

Pero ya que se hace el desplazamiento es cuestión de aprovechar el viaje comprando algunos de los libros prohibidos que edita Ruedo Ibérico, como *La muerte de García Lorca* y *La represión nacionalista en Granada* de Ian Gibson, o *La guerra civil*, de Hugh Thomas.

También vale la pena adquirir algún *single* de Georges Brassens, y para compensar a la parienta por haberla dejado en casa, llevar algo de Duralex para la vajilla. Son excursiones para asomarse a Europa y comprobar que los aires de fuera están más ventilados que los del interior. Durante largo tiempo, las excursiones con propósitos de eludir la censura serán expansión de los habitantes de la zona norte de España. Tendrán su culminación masiva cuando circulen noticias acerca del comportamiento de Marlon Brando con Maria Schneider en *El último tango en París*.

La tele de los sesenta

No es aventurado afirmar que, a lo largo del decenio de los sesenta, la televisión se convierte en el opio del pueblo español. El primer tirón lo da la retransmisión en 1960 de una eliminatoria entre el Barcelona y el Real Madrid por la Copa de Europa.

Ante este anuncio, el que no tiene televisor y puede permitirse el gasto, se apresura a comprar uno. Cuando los primeros síntomas de agitación obrera osan convocar una manifestación de protesta un 1 de mayo, el régimen contraataca obligando a retransmitir en viernes un partido de la liga de fútbol a la misma hora, o una corrida del Cordobés, seguida de una película de Martínez Soria. La gente se lo piensa y opta por quedarse frente al televisor.

Las series norteamericanas acaparaban la audiencia. Recuerde el que pueda estos títulos: «Perry Mason», «Bonanza», «Arresto y juicio», «El

Santo» y «Los intocables». Y a éstas seguirán las que todavía están en la memoria de los teleadictos, como «Los invasores», «Mannix», «Misión imposible», «El fugitivo», la hilarante «Súper Agente 86», «Las enfermeras», «Dick Van Dike», «Jim West», «El virginiano» y «Ironside».

En cuanto a la creación propia, nuestra televisión muestra una capacidad creativa oscilante entre lo sustancial («Ésta es su vida», presentado por el inolvidable Federico Gallo) y lo banal («Reina por un día», que estaba a cargo de Mario Cabré y José Luis Barcelona). La variedad va desde «Investigación en marcha», programa de denuncia obra del gran Enrique Rubio, al concurso «¡Ayer noticia, hoy dinero!», pasando por las variedades en «Escala en HI-FI». Pero lo que atrae grandes audiencias son los concursos como «La unión hace la fuerza», que presenta Mario Beut y sobre todo «Un millón para el mejor», a cargo de Joaquín Prat, y «Las diez de últimas» que anima José Luis Pecker.

En 1964 aparece en pantalla, con la fauna ibérica, el naturalista Félix Rodríguez de la Fuente, destinado a hacer historia televisiva. En 1966 debuta un realizador original que dará muchos días de gloria a nuestra televisión: Narciso Ibáñez Serrador, que debuta con «Historias para no dormir» y «El asfalto», y gana La Ninfa de Oro en el Festival de Montecarlo. La consagración definitiva le llega en 1968 con «Historias de la frivolidad», ganadora de la Rosa de Oro en el Festival de Montreaux.

En 1966 empieza sus emisiones el segundo canal de Televisión Española, que emite en UHF. Por él pasará una de las joyas de la televisión británica: «La saga de los Fortsight».

Un deporte registra la popularidad que da la existencia de un fuera de serie: el tenis de Manolo Santana. Gracias a Televisión Española, todo el país vive sus triunfos en Forest Hill, en Wimbledon y, gracias a los perfeccionamientos técnicos que reporta la transmisión por satélite, se puede vivir el encuentro en el que España se enfrenta a Australia en la Copa Davis, evento que pese a lo intempestivo de la hora es seguido por miles de españoles en 1965.

En cuanto a la proyección exterior de nuestra tele, la figura del corresponsal, la del enviado especial, empieza a abrirse paso con firmeza. Los nombres de Miguel de la Quadra Salcedo, Jesús Hermida, Luis Pancorbo, Federico Volpini, Manolo Alcalá, Vicente Romero, nos hacen estar en el mundo y vivir los acontecimientos más sonados y las aventuras más osadas. Aparecen también nuevas personalidades como Alfredo Amestoy, Manuel Martín Ferrand, José Luis Fernández Abajo, conductores de programas o comentaristas de la actualidad.

Mención final merecen nuestras desventuras en el Festival de la Canción de Eurovisión. Tras múltiples probaturas a cargo de Conchita Bautista y otros, nos jugamos el todo por el todo enviando como representante al ídolo Raphael. Lo enviamos por duplicado, es decir, que concurre dos años. El chico de Linares aparece en 1966 cantando *Yo soy aquel* con su trémolo habitual. No obstante, no hay suerte. En 1967 vuelve a participar con *Hablemos del amor*, con un fraseo enfático pero maravilloso. Tampoco hay suerte y ya se empieza, como de costumbre, a hablar de «conjura antiespañola».

El temor al contubernio se disipa cuando en 1968 Massiel se alza con el triunfo, aunque sea con el *La, la, la*, la canción más ratonera de todas las que hemos enviado a tomar parte en el certamen.

En 1969 el éxito vuelve a repetirse, pero la cantante catalana Salomé ha de compartirlo por puntuación con las representantes de otras tres naciones.

El auge de la música joven

La aparición en el mercado discográfico de las interpretaciones de un conjunto británico formado por unos muchachos de Liverpool a los que llaman Los Beatles, es el pistoletazo de salida para la emergencia de grupos —guitarra eléctrica, teclados y batería— que acapararán de inmediato la atención radial y televisiva. Para la crecida de este fenómeno musical ha sido decisiva la aparición del disco de larga duración y la irrupción de unos consumidores juveniles y creadores de un nuevo mercado en el campo de la música y en el de la vestimenta.

El 18 de abril de 1962

Se celebra en Madrid, en el Circo Price, una matinal en la que intervienen Los Pekeniques, Los Relámpagos, Los Tonys (después Miky y Los Tonys) y que supone el lanzamiento de un tipo de música joven y unos grupos —vendrían después Los Bravos, Los Botines, Los Sirex y tantos otros— que alimentarán los guateques de la juventud a base de pikú, tisana y ligue al ritmo de *twist* o del madison.

El *twist* lo había lanzado Chubby Checker, Trini López se había hecho famoso con *Si yo tuviera un martillo*, Tom Jones con *Delilah*, Elvis Presley con el *Rock de la cárcel*. La década fue ciertamente fascinante desde el punto de vista de la música joven y no tan joven. Porque Gilbert Bécaud hace que todo el mundo cante *Et maintenant*, Gino Paoli pone de moda *Sapore di Sale* y Richard Anthony fusila al maestro Rodrigo para cantar *Aranjuez mon amour*. La creatividad de una música destinada al consumo es extraordinaria. En Brasil, sin postergar a la samba, aparece la *bossa nova*, traída por Astrud Gilberto con *La chica de Ipanema*, y Tito Puente mantiene el vigor de la música caribeña con Celia Cruz. Y sobre todo se impone el *rock and roll*.

Entre nosotros surge en Barcelona el fenómeno de la Nova Cançó que alumbrará a Joan Manel Serrat, Ovidi Montllor, Quico Pi de la Serra, Maria del Mar Bonet y Raimon, estandarte de la canción protesta.

Lo castizo correrá a cargo de Manolo Escobar que, con el *Porompompero* y *Mi carro*, triunfa entre los turistas. Y todavía tendrá aliento para lanzar un grito patriótico: *¡Y viva España!*

Hacia el final del decenio se produce el auge de la canción yeyé en la que destacan Karina (*El baúl de los recuerdos*), Jeannette (*Cállate niña*), Marisol (*El cochecito*) y Rocío Dúrcal. Simultáneamente, aparece la figura del cantautor, papel en el que destacan Víctor Manuel (*El abuelo Víctor*), Luis Eduardo Aute (*Rosas en el mar*), Mari Trini (*Amores*), Andrés Do Barro (*O tren*) y Serrat (*El titiritero*).

Blas Piñar arremete contra Un millón de muertos

El 14 de julio de 1969, el notario Blas Piñar, representante de la ultraderecha, arremete en un discurso pronunciado en Montejurra, cuna del tradicionalismo, contra los criterios de apertura tímidamente tolerados por el gobierno y toma como modelo la obra de José María Gironella *Un millón de muertos*. Éstas fueron sus palabras:

> Ya estamos hartos de que un escritor, un novelista, en imprentas españolas y con dinero español haya editado el libro *Un millón de muertos* (que fue un best-seller), en que se equiparaba a los asesinos, a los hombres que habían arrancado los cristos de nuestras iglesias, habían fusilado a nuestros hermanos, con vosotros que habiais luchado en defensa de esos grandes ideales de Dios y de España.

5

ESPAÑA CAMBIA DE PIEL
(1970-1980)

AQUELLOS AÑOS

Los tecnócratas en el poder

Acuerdos de mínimos

Con la intención de modernizar la enseñanza, a comienzos de 1970 desaparece formalmente el Sindicato Español Universitario, cuya existencia era puramente formal y bastante conflictiva. El 3 de agosto se promulga la Ley General de Educación, que transformará profundamente la enseñanza, cuyo presupuesto superará, por primera vez, los gastos militares. Su impulsor es el ministro José Luis Villar Palasí, que apuesta definitivamente por extender los estudios universitarios al mayor número posible de españoles. Incluso afirma que, si no hay en España trabajo para tantos titulados, siempre será mejor que emigren como universitarios que como peones.

Una vez más, se está negociando la prórroga del acuerdo militar con Estados Unidos. Mientras fue ministro de Asuntos Exteriores Fernando María Castiella, las conversaciones gravitaron sobre mayores exigencias, porque el ministro opinaba que las circunstancias habían cambiado desde el primer acuerdo de 1953, cuando el régimen necesitaba asirse a un clavo ardiendo. España ya no estaba aislada internacionalmente, era miembro de las Naciones Unidas y podía exigir mejores condiciones a cambio de mantener bases norteamericanas en su territorio. El ministro se dotó de un eficiente equipo técnico, en el cual destacaba el general Manuel Díez Alegría, y mantuvo sus exigencias frente a los duros negociadores de Washington.

En 1969, Castiella fue sustituido por Gregorio López Bravo, que se plegó a la voluntad de Carrero Blanco, partidario de firmar rápidamente, por temor a que Washington eliminara la ayuda militar, vital para las Fuerzas Armadas españolas. A pesar de todo, no se corta radicalmente con la línea de Castiella y el 22 de junio de 1970 se firma un acuerdo con Francia para adquirir algún armamento, que libere de la exclusividad norteamericana. Pero la decisión está tomada y López Bravo firma rápidamente con Washington un Convenio de Amistad y Cooperación que sustituye el acuerdo de 1953.

Más complejas son las negociaciones con la Comunidad Económica Europea, que no acepta la adhesión de estados no democráticos. Los esforzados intentos españoles sólo logran el borrador de un Acuerdo Preferencial, que se rubrica definitivamente en Luxemburgo, el 29 de junio.

Discrepancias y conflictos

A pesar de ser oficialmente sucesor de Franco, Juan Carlos es acosado por partidarios de su primo Alfonso de Borbón Dampierre y, cuando pretende consolidar su posición buscando apoyo popular, encuentra la oposición de Carrero Blanco. El almirante es partidario suyo, pero no desea darle protagonismo en vida de Franco. Se enfrentan cuando se impide que el príncipe emprenda un viaje propagandístico por Andalucía, acompañado por varios ministros, y Juan Carlos debe renunciar al proyecto.

Federico Silva Muñoz es un valorado titular de Obras Públicas, hasta el extremo de que le llaman «el ministro eficacia». Sin embargo, su proximidad a la democracia cristiana acaba enfrentándolo con los tecnócratas y dimite el 8 de abril. Le sustituye el integrista Gonzalo Fernández de la Mora, que ha adquirido cierta fama como predicador del «crepúsculo de las ideologías», entendido desde la suya propia.

El Tribunal de Delitos Monetarios condena el 12 de mayo a 48 personas por el caso Matesa. Entre ellos, altos directivos y el antiguo presidente, Juan Vilá Reyes, condenado a tres años de prisión y 1.638 millones de pesetas de multa. Los ministros tecnócratas no pueden ocultar su malestar y buscan calladamente un pretexto para decretar un indulto.

La conflictividad laboral se mantiene y se encrespa. En julio, los huelguistas de la construcción apedrean a la policía en Granada, los agentes disparan y matan a tres personas. No sangrienta, aunque más intensa, es la huelga de los empleados del metro de Madrid, a quienes el gobierno militariza, activando también unidades militares de Ferrocarriles para reforzar el servicio y vigilarlo junto con la Guardia Civil. Aunque la capital de España conocerá un conflicto mucho más intenso e imposible de militarizar. Una gran huelga de la construcción.

El proceso de Burgos

Se prepara en Burgos un consejo de guerra contra dieciséis miembros de ETA. El 2 de diciembre, víspera del inicio de la vista oral, la banda secuestra a Eugenio Beihl, cónsul alemán en San Sebastián. Como el juicio promete despertar grandes tensiones, el gobierno decreta el estado de excepción en las tres provincias vascas, sin poder impedir manifestaciones, huelgas, cierres de universidades y otros disturbios mientras llegan a El Pardo numerosas peticiones de clemencia, entre ellas la del papa, porque dos imputados son sacerdotes.

López Rodó convence a Carrero para que no haya fusilamientos, que provocarían una reacción internacional aún mayor que la del caso Grimau. Aunque Franco da su aprobación, los duros del régimen pretenden dar un escarmiento y están secundados por el capitán general de Burgos, Tomás García Rebull, uno de los más significados militares falangistas y creador de la organización activista Guardia de Franco. El ministro Antonio Sánchez Bella intenta que un funcionario a sus órdenes soborne al vocal ponente del tribunal militar, pero éste denuncia la propuesta y García Rebull intenta procesar al ministro y su emisario. La enérgica intervención del ministro del Ejército, que cuenta con el respaldo de Franco, logra que sólo sea procesado el funcionario que cumplía las órdenes de Sánchez Bella.

Uno de los etarras acusados, Francisco Javier Izco, es huérfano de un requeté muerto en la guerra civil y su madre escribe una patética carta a Franco; fallece el estudiante Roberto Pérez Jáuregui, herido el 4 durante una manifestación en Eibar y Guillermo Luis Díaz Plaja dimite de su puesto en *ABC*, en protesta por la información manipulada del diario.

El día 9 de diciembre, el procesado Mario Onaindía se acerca al estrado gritando «*Gora Euskadi Askatuta*» y varios miembros del tribunal se ponen en pie con el sable desenvainado, mientras parte del público canta *Eusko Gudariak Gera*. Ante el escándalo, el coronel Ordovás, presidente del tribunal, desaloja la sala, el juicio prosigue a puerta cerrada y este mismo día queda visto para sentencia. El tribunal se retira a deliberar en una sesión secreta que acostumbra a durar unas horas. Sin embargo, se prolongará durante muchos días, sin adelantar informaciones.

Un centenar largo de intelectuales y artistas se ha encerrado en el monasterio de Montserrat y la agencia Cifra informa que en San Sebastián han sido detenidas doscientas personas en una semana. Cuando un hijo del coronel Ordovás es agredido, más de un centenar de oficiales de Madrid rubrican un manifiesto en el que piden dureza al gobierno. Les replica otro documento, firmado por once oficiales de Barcelona, que repudian la indisciplina de sus compañeros. Cuatro tenientes generales visitan a Franco y le reclaman un gobierno más enérgico.

El gobernador de Burgos, Federico Trillo Figueroa, organiza una manifestación, diversas ciudades siguen su ejemplo y preparan concentraciones similares: ante tanta agitación, un Consejo de Ministros extraordinario extiende el estado de excepción a toda España. El 16 de diciembre se reúne una multitud en la plaza de Oriente de Madrid, mostrando pancartas muy explícitas: «Del Opus líbranos Señor» y «Obispos al paredón». Para neutralizar la maniobra ultra, el gobierno hace que Franco aparezca en el balcón del palacio Real y la manifestación se convierte en un acto de adhesión al Generalísimo.

El día 25 de diciembre ETA libera al cónsul secuestrado y, el 28 se publica la sentencia del consejo de guerra: 9 penas de muerte y 519 años de cárcel. La reacción internacional es inmediata, con importantes manifestaciones en París, Hamburgo, Berlín, Berna, Nápoles, Milán y Roma; llegan a Madrid peticiones de clemencia de los gobiernos francés e italiano, así como de intelectuales y artistas internacionales.

Las penas de muerte se ejecutan, a la espera del «enterado» del gobierno. Hasta que el misterio queda desvelado en el mensaje de final de año en el que Franco anuncia un indulto, argumentando que las manifestaciones de adhesión han impulsado su clemencia.

El escándalo del diario Madrid

El 9 de enero de 1971, el gobierno remite a las Cortes el proyecto de Ley sobre el transvase Tajo-Segura que culminará la política hidráulica del régimen y será financiado por un empréstito alemán.

El príncipe ha desistido de realizar campañas en España y ahora busca apoyos internacionales, a lo que accede Carrero porque no empañarán la figura del Generalísimo. Así, Juan Carlos y Sofía viajan a Estados Unidos con éxito, porque logran despertar la simpatía de influyentes personalidades. El presidente Nixon está preocupado por la situación en el Mediterráneo occidental y se convence de que la monarquía ofrece soluciones para estabilizar España tras la muerte de Franco. Decide apoyar al príncipe y envía a Madrid al general Vernon Walters, director adjunto de la

Manifestación en París, el 1 de diciembre de 1970, contra el proceso de Burgos.

Agencia Central de Inteligencia (CIA). Cuando se entrevista con el Generalísimo, éste le asegura que Juan Carlos será rey y que no habrá una nueva guerra civil; sin embargo, se duerme durante la entrevista.

Solís no ha renunciado a su proyecto de convertir la Organización Sindical en una institución peronista, que pueda sobrevivir a Franco. El 17 de febrero logra ver promulgada una Ley Sindical, que carece de trascendencia, porque el sindicalismo vertical ya trabaja en el vacío y los movimientos sindicales tienen vida propia; Comisiones Obreras y la Unión General de Trabajadores (UGT) se desarrollan y la Unión Sindical Obrera recoge a grupos de sindicalistas cristianos procedentes de la Juventud Obrera Cristiana y la Hermandad Obrera de Acción Católica.

Ha muerto monseñor Casimiro Morcillo, arzobispo de Madrid y, en junio, lo sustituye Vicente Enrique y Tarancón, el hombre fuerte del catolicismo renovador, cuya tendencia se consolida en la Asamblea Conjunta de Obispos y Sacerdotes, celebrada en septiembre. El año próximo, Tarancón será elegido presidente de la Conferencia Episcopal.

El 1 de octubre, el gobierno organiza una nueva manifestación en la plaza de Oriente, con el pretexto del 35 aniversario de exaltación de Franco a la Jefatura del Estado y un lema que no puede ser más absurdo: «Esta vez, porque sí». Los duros del régimen acuden entusiasmados, sin saber que el acto se ha convocado para justificar un nuevo indulto, en el que pueden incluirse los condenados y los pendientes de juicio por el caso Matesa, con lo cual se cierra un escándalo que salpicaba a personalidades de la Obra. Sin que nadie lo advierta, también se beneficia el funcionario expedientado durante el proceso de Burgos por cumplir el vidrioso encargo de Sánchez Bella.

Las cautelas de la Ley de Prensa no pueden impedir que los periódicos aprovechen todos los resquicios, aunque con la precaución de escribir entre líneas, habilidad en cuya lectura se ejercitan los españoles. Sin embargo, el gobierno clausura el semanario *Triunfo*, que presenta un frente marxista sin demasiado disimulo.

Más contundente resulta la acción contra el diario *Madrid*, tribuna de Calvo Serer y de los tecnócratas que defienden los derechos dinásticos de Juan de Borbón. Sus correligionarios, partidarios de Juan Carlos, no aceptan la discrepancia y, el 25 de noviembre, Sánchez Bella clausura definitivamente el rotativo por orden de Carrero.

A pesar de todo, la oposición crece progresivamente, especialmente en Cataluña, donde todos los partidos y grupos logran ponerse de acuerdo y se agrupan, el 7 de noviembre, en la Assemblea Democràtica de Catalunya.

El año de los enredos

Culebrón dinástico

Se concierta la boda de la nieta mayor del Generalísimo, Mari Carmen Martínez-Bordiu Franco, con el primo de Juan Carlos, Alfonso de Borbón Dampierre, embajador de España en Suecia y, según él, heredero del trono de Francia. Gracias a la decrepitud de Franco, Carmen Polo adquiere protagonismo y, secundada por Martínez Bordiu, emprende una campaña contra Juan Carlos con la finalidad de que renuncie a la sucesión y Mari Carmen sea reina de España.

Ya en diciembre de 1971, cuando Juan Carlos y Sofía estaban en Japón, la familia Franco había solicitado un informe al Consejo del Reino, como si se tratara de una boda real, y pretendió que Alfonso fuera nombrado Príncipe de Borbón. Juan Carlos se opuso entregando a Franco una nota redactada por López Rodó, que se oponía a reconocer rango regio a su primo y, por su parte, don Juan de Borbón escribió a Antonio María de Oriol, Notario Mayor del Reino, oponiéndose al título de Príncipe de Borbón.

La boda se celebra el 8 de marzo de 1972, oficiada por Tarancón y con dos mil invitados. Franco no logra que Oriol reseñe a Borbón Dampierre como príncipe en el acta de matrimonio y la pareja se establece en Estocolmo.

Juan Carlos y Sofía aguantan el temporal y consolidan sus apoyos internacionales. En septiembre, viajan a Alemania acompañados por López Bravo, ministro de Asuntos Exteriores, y, al regresar, Juan Carlos pide por escrito a Franco que únicamente conceda a su primo el título de duque de Cádiz con tratamiento de Alteza Real. El 12 de octubre, cuando el príncipe acude a Estoril para la boda de su hermana Margarita con Carlos Zurita Delgado, aprovecha la ocasión para tratar con su padre la concesión de dicho ducado de Cádiz.

La familia Franco no se conforma, sigue reclamando para Alfonso el principado de Borbón y logra que Franco prohíba a Fernández de la Mora invitar a Juan Carlos a las inauguraciones de obras públicas. El 14 de noviembre de 1972, Alfonso argumenta el avanzado embarazo de su esposa y solicita a Franco abandonar Suecia para ocupar un cargo en España. Cuando pretende ser nombrado ministro de Deportes, Sánchez Bella pide al delegado nacional, Juan Gich, que le ceda su puesto, pero Torcuato Fernández Miranda descubre la maniobra y la desbarata. No obstante, Carmen Polo hace que los criados de El Pardo den a su nieta consideración de reina.

El caso Reace

En primavera se descubre que faltan más de cuatro millones de kilos de aceite propiedad de la Comisaría General de Abastecimientos y Transportes (CAT), que los tenía en depósitos de la empresa Reace, de Redondela. El presidente y principal accionista de la compañía es Rodrigo Alonso Fariña, presidente del Real Club Celta de Vigo y relacionado con Nicolás Franco, a su vez miembro del consejo de administración de Reace y de Frigoríficos de Barcelona (Fribarsa), donde han desaparecido varios millones de kilos de aceite. Mientras la policía lo investiga, el supuesto secretario de Nicolás Franco tira por la ventana de un tren una maleta con trescientas mil pesetas y sucesivamente seis personas relacionadas con el asunto mueren en circunstancias novelescas. Después, el caso languidece en el juzgado.

Escisión socialista

En El Ferrol, cuatro mil trabajadores de Bazán se declaran en huelga el 1 de marzo: chocan con la policía, que mata a tres obreros, y toda la ciudad queda paralizada. El 24 de junio, la policía detiene a diez dirigentes de Comisiones Obreras reunidos en el convento de los Oblatos de Pozuelo de Alarcón. Todos son procesados en el sumario 1.001, entre ellos el sindicalista Marcelino Camacho Abad, el abogado Nicolás Sartorius Álvarez de las Asturias y Bohórquez, y el sacerdote Francisco García Salve Prieto.

El 15 de septiembre estalla una huelga general en Vigo que paraliza la población y prosigue la agitación universitaria y política, hasta el extremo de que el gobierno centraliza las universidades autónomas y suspende la junta del Colegio de Abogados de Madrid. Se preconiza mano dura y cuando el general ultra Carlos Iniesta es nombrado director general de la Guardia Civil, once ministros acuden a su toma de posesión.

En agosto se celebra en Toulouse un congreso del Partido Socialista Obrero Español y el partido se escinde entre los antiguos militantes dirigidos por Rodolfo Llopis y los militantes jóvenes del interior encabezados por Felipe González, que será reconocido por la Internacional Socialista. Desde ahora, los socialistas del interior se consolidan y, en un año, logran que Nicolás Redondo sea elegido secretario general de la Unión General de Trabajadores.

Prohibido reírse

La revista satírica *La Codorniz* conserva su procacidad humorística y ha encerrado al duque de Cádiz en su «cárcel de papel». El último día de 1972 publica un divertido artículo firmado por Juan Español (hijo), ridiculizando al falangista Francisco Labadía Otermín y, por elevación, las obsesiones de Carrero y el mismo Franco. El seudónimo Juan Español (hijo) apenas oculta al diplomático Carlos Robles Piquer, cuñado de Fraga y antiguo director general de Información y de Cultura Popular. Entre el regocijo de los enterados, contraataca Emilio Romero desde *Pueblo,* la autoridad secuestra *La Codorniz* y Robles Piquer es destinado a la embajada de España en Libia.

Ascenso y muerte del almirante Carrero

La amenaza terrorista

Al comenzar 1973, Franco está seriamente mermado por la enfermedad de Parkinson, aunque no permite que se plantee su retiro. La incertidumbre se cierne sobre el país, mientras crece el terrorismo de ETA que, el 16 de febrero, secuestra al empresario navarro Felipe Huarte y lo libera a los nueve días, tras cobrar el rescate. En el futuro, la banda multiplicará los secuestros.

El 19 de junio muere, en un tiroteo con la policía, el etarra Eustaquio Mendizábal, *Txikia* y, el 24 de junio, en San Juan de Luz, ETA confunde a tres jóvenes con policías, los asesina y los cadáveres de los desgraciados son encontrados más tarde con evidentes signos de tortura. En septiembre, la Guardia Civil localiza al histórico dirigente José María Zabarte Arregui, que es herido y capturado tras un tiroteo en las calles de Bilbao.

Carrero, presidente

El 1 de mayo la policía reprime los habituales intentos de manifestación y, en Madrid, el movimiento de extrema izquierda Partido Comunista de España (marxista-leninista) se considera con fuerza suficiente para llevar a cabo una concentración importante. Un «salto» de quinientos militantes es interceptado por la policía y, en el enfrentamiento, muere a navajazos el inspector Juan Antonio Fernández, siendo heridos de gravedad otros tres policías, varios heridos leves y unos trescientos detenidos.

La policía y funcionarios ultras acusan de debilidad al «gobierno monocolor» que, el 11 de junio de 1972, es sustituido por otro con menor presencia de tecnócratas. Por primera vez, Franco sólo ocupa la Jefatura del Estado y nombra a Carrero presidente del gobierno. El almirante, creyendo que éste será el último gabinete en vida de Franco, consulta con Juan Carlos la lista de ministros; sin embargo, Carmen Polo logra que su marido imponga en Gobernación a Carlos Arias Navarro.

El grupo Tácito

En marzo son detenidos varios militantes del Partido Socialista Obrero Español en Vizcaya y, en Sant Adrià del Besos (Barcelona), la policía dispara contra los albañiles en huelga y mata a uno de ellos. Por su parte, los Cristianos para el Socialismo se consolidan y extienden en círculos católicos y, meses más tarde, un colectivo democristiano, que firma como Tácito, publica su primer artículo en el diario *Ya*. Los círculos católicos se agitan cuando, el 6 de noviembre, se amotinan seis sacerdotes presos en la «cárcel concordataria de Zamora» y, encerrados en celdas de castigo, inician una huelga de hambre que inquietará seriamente a varios obispos.

La muerte de un presidente

El 19 de diciembre, Carrero Blanco recibe al secretario de Estado, Henry Kissinger, sin que la entrevista depare resultados. Al día siguiente está previsto el inicio de la vista de los sindicalistas encausados en el proceso 1.001, pero el juicio se aplazará por un hecho inesperado. Cuando el almirante sale de su misa diaria, lo mata una mina enterrada por ETA bajo la calle que recorría sin especiales precauciones.

Ante la inesperada muerte, se hace cargo el vicepresidente Torcuato Fernández Miranda y no se informa de lo ocurrido hasta las siete de la tarde. Ignorando al ministro de Gobernación y a los altos cargos del ministerio, el general Carlos Iniesta ordena a la Guardia Civil ocupar los puntos clave y «no restringir el uso de las armas». Posteriormente retirará esa orden, porque Arias y Pita da Veiga le obligan a dejar el orden público en manos de las autoridades. Pasadas las once de la noche, Fernández Miranda comparece en la televisión, donde lee un comunicado oficial atribuyendo el atentado a ETA y rematándolo con la frase: «Hemos olvidado la guerra civil, pero no olvidamos ni olvidaremos la Victoria».

El coche en el que iba Carrero Blanco cuando fue asesinado por ETA.

Juan Carlos preside el solemne entierro del presidente asesinado, mientras la extrema derecha trata de capitalizarlo e increpa violentamente al cardenal Tarancón, aunque sin llegar a las manos. Franco sólo asiste al funeral, donde se emociona al saludar a la viuda del fallecido. Está muy desmejorado y tiene la intención de que Carrero sea sustituido por el almirante Pedro Nieto Antúnez. Sin embargo, Carmen Polo logra que nombre presidente a Carlos Arias Navarro quien, el 29, forma un gobierno de diversidad franquista, excluyendo a todos los integrantes del anterior.

El gobierno Arias

El espíritu del 12 de febrero

El 12 de febrero, Carlos Arias pronuncia en las Cortes un discurso aperturista, que promete reformas legislativas a corto plazo. Parece que la reforma es posible; sin embargo, el presidente no sabrá mantener este «espí-

Portadas de la prensa informando sobre la muerte de Carrero Blanco.

ritu del 12 de febrero». El 24, se enfurece ante una homilía de Antonio Añoveros, obispo de Bilbao, que es confinado en su casa y, mientras, se prepara un avión militar para conducirlo a Roma. Franco corta el arrebato de Arias con una frase demoledora y sabia: «La carne de cura es indigesta».

La credibilidad del gobierno acaba de arruinarse al confirmar dos sentencias de muerte, dictadas por la justicia militar, contra el joven anarquista Salvador Puig Antich y el alemán Georg Michael Welzel, al que falsamente se atribuye identidad polaca. Ambos son ejecutados por el sistema del garrote vil el 1 de marzo, algo que nunca permitió el «gobierno monocolor».

A pesar de todo, Pío Cabanillas, ministro de Información y Turismo, procura ampliar la libertad de prensa y, el 22 de abril, anuncia en Barcelona una nueva política informativa y cultural. Tres días después, ante el estupor general, la dictadura portuguesa será derribada por la Revolución de los Claveles y los personajes del búnquer aprovechan la ocasión para atacar la apertura del gobierno. José Antonio Girón de Velasco publica un tremendo artículo en *Arriba*; Utrera Molina clama en un acto de excombatientes celebrado en la sierra de Alcubierre, antiguo campo de batalla falangista; Blas Piñar acusa a Pío Cabanillas de contar con numerosos «enanos infiltrados en el ministerio de Información y Turismo».

Muy pronto llegan las réplicas. El joven periodista Miguel Ángel Aguilar destaca la discrepancia entre la «revolución pendiente» que predica Girón y su realidad de millonario; el humorista Mingote dice por boca de Gundisalvo: «¡Hemos de esforzarnos en la renovación del país hasta conseguir que todo quede como estaba!», y la revista *Por Favor* llena sus márgenes de enanos.

El escándalo Sofico

Sábado Gráfico publica el 24 de mayo el auto de procesamiento por estafa de los responsables de Sofico, un conjunto de sociedades basado en la construcción y gestión de apartamentos en régimen de multipropiedad, en la Costa del Sol. Su fundador, en 1962, fue Eugenio Peydró Salmerón, miembro de los servicios secretos del coronel José Ungría durante la guerra civil, que integró en la junta de la sociedad a personajes como Luis Nieto Antúnez, hermano del almirante; los tenientes generales García-Valiño y Cabanillas Prósper; el presidente de la Audiencia de Guadalajara Segismundo Martín; y el coronel de la Guardia Civil, antiguo jefe de seguridad de Franco, Juan Losada. En 1969, Peydró recibió la Medalla de Plata al Mérito Turístico.

En 1972, algunos testaferros ya han muerto o abandonado la empresa, aunque aún figuran en la junta el general Cabanillas, el magistrado Martín y el coronel Losada. El Tribunal Supremo no autoriza el procesamiento de los personajes, sólo son encausados Peydró y su hijo, que tras años de dilaciones resultarán condenados respectivamente a nueve y a dos años y cuatro meses, debiendo pagar cinco mil millones de pesetas a 3.200 perjudicados, mientras la insolvencia ascendía a 8.182.555.731 pesetas. Ambos recurrirán la sentencia, no irán a la cárcel, ni pagarán las indemnizaciones.

Decisiones entre la inquietud

En una toma de posiciones para el futuro, en junio, se funda en París la Junta Democrática, presidida por Santiago Carrillo y vertebrada por el Partido Comunista, que suma otras pequeñas formaciones políticas y personalidades independientes.

El teniente general Manuel Díez Alegría, jefe del Alto Estado Mayor, es un militar franquista moderado, partidario de modernizar el ejército. A raíz de la Revolución de los Claveles portuguesa, algunos desinformados lo miran como posible candidato democrático, despertando la inquietud del búnquer, que no siente simpatía por él. Hasta que Arias lo destituye y, más tarde, lo envía como embajador a El Cairo, donde contemplando las momias podrá recordar la política española.

Franco sufre un ataque de flebitis y, el 9 de julio, Vicente Gil, su médico personal, lo ingresa en el hospital, lo que provoca la entrega provisional de poderes al príncipe y la irritación del marqués de Villaverde, que destituye al médico. El Generalísimo está muy envejecido y no reasume sus funciones cuando el día 17 abandona el hospital y se desplaza al Pazo de Meirás con su familia para pasar el verano.

El príncipe desempeña las funciones de Jefe del Estado; sin embargo, Arias decide que el Consejo de Ministros del 30 de agosto se celebre en el Pazo de Meirás, residencia veraniega de Franco. Cuando termina la reunión, Juan Carlos y los ministros regresan a sus respectivos lugares de vacaciones y, subrepticiamente, el marqués de Villaverde hace que su suegro reasuma los poderes el 3 de septiembre, sin avisar al príncipe, que se entera por terceras personas.

Estos días se han reunido en Barcelona doce comandantes y capitanes, de nutrido currículum profesional o universitario, que fundan la Unión Militar Democrática (UMD), una sociedad secreta militar con la explícita finalidad de impedir un pronunciamiento de los militares ultra y facilitar la instauración de un régimen democrático. A pesar de las dificultades y del espionaje interno, la organización se extiende rápidamente por las guarniciones y logra afiliados en los tres ejércitos, la Guardia Civil y la Policía Armada.

La bomba de la calle del Correo

A las 14.35 horas del 13 de septiembre, ETA hace explotar una bomba en la cafetería Rolando, situada en la calle del Correo de Madrid, cerca de la Dirección General de Seguridad, que suelen frecuentar los policías. Mueren 12 personas y 71 resultan heridas, pero sólo 2 muertos y 11 heridos pertenecen a la policía. El hecho provoca una enorme inquietud, que aprovechan los ultras para acusar al gobierno de debilidad.

La libertad de prensa que permite Pío Cabanillas irrita a los duros y, para derribar al ministro, los periodistas Emilio Romero y Antonio Izquierdo hacen preparar un expediente intercalando artículos aparecidos en la prensa española con desnudos femeninos publicados en la revista *Playboy*, que no se vende en España. Luego envían la mixtificación a Franco, que se cree el engaño, monta en cólera y destituye a Pío Cabanillas, a quién Arias no defiende, aunque Antonio Barrera de Irimo, titular de Industria, dimite en solidaridad. El gobierno pierde a los dos aperturistas más significados y entierra sin funerales al fallecido «espíritu del 12 de febrero».

El 11 de octubre da comienzo en Suresnes, cerca de París, el XIII Congreso del Partido Socialista Obrero Español, con asistencia del canciller alemán, Willy Brandt, y de François Mitterrand, líder socialista francés. Para los tiempos que se avecinan, parece necesario buscar un nuevo secretario general y se propone a Nicolás Redondo, que no acepta. Finalmente, se impone el grupo sevillano y se elige a Felipe González, con la oposición de la Federación Socialista Madrileña, Ramón Rubial y Rodolfo Llopis, que abandona el partido.

LA MUERTE DE FRANCO

Preparativos para una nueva política

El gobierno promulga una Ley de Asociaciones Políticas, que autoriza una especie de partidos políticos descafeinados, como el Proverista, Reforma Social Española y Unión Democrática Española, sólo capaces de volar a ras de tierra, como globos llenos de humo. En cambio, los dirigentes de la Junta Democrática son detenidos en Madrid y liberados poco después.

Franco, casi cuarenta años gobernando en España.

En junio, el Partido Socialista Obrero Español, intentando neutralizar a la Junta Democrática dominada por el Partido Comunista de España, crea la Plataforma Democrática con la Izquierda Democrática Cristiana, el Partido Nacionalista Vasco (PNV), la Organización Revolucionaria de Trabajadores (ORT), la Unió Democràtica de Catalunya y de Valencia, el Movimiento Católico Español y Reagrupament Socialista de Catalunya. También se funda la Federación de Estudios Independientes (FEDISA) con finalidad política, amparada por Pío Cabanillas, Fraga, Areilza y el grupo Tácito. Por su parte, Herrero Tejedor, Solís, Pinilla, Fueyo, Labardie, Adolfo Suárez y Emilio Romero crean la Unión del Pueblo Español, que pretende convertirse en una fuerza de continuidad franquista.

Terrorismo y antiterrorismo

ETA incrementa su actividad, hasta el extremo de cometer numerosos asesinatos durante este año. El gobierno intenta combatir el terrorismo decretando en mayo el estado de excepción en Vizcaya y Guipúzcoa; sin embargo, durante el verano, emprende numerosas acciones el Frente Revolucionario Antifascista y Patriótico (FRAP), que asesina a dos agentes del orden y hiere a un tercero.

El 26 de agosto de 1975 se publica un durísimo Decreto-Ley Antiterrorista bajo cuya cobertura se producen numerosas detenciones, culminadas en consejos de guerra que condenan a muerte a tres miembros de ETA y ocho del Frente Revolucionario Antifascista y Patriótico. A pesar de que el papa y varios gobiernos piden clemencia, el Consejo de Ministros del 26 de septiembre confirma cinco de las sentencias de muerte y conmuta las otras. Se fusila a los reos en la mañana del 27.

Las ejecuciones provocan una oleada internacional de protestas, quince países retiran sus embajadores de Madrid, el presidente mexicano Echevarría pide la expulsión de la Organización de las Naciones Unidas y la embajada española en Lisboa es asaltada e incendiada por manifestantes.

El gobierno reacciona convocando una gran manifestación de adhesión a Franco, que aparece muy desmejorado en el balcón del palacio de Oriente y pronuncia unas cortas frases. Precisamente en esta fecha son asesinados cuatro policías en Madrid, sin que se conozcan los autores. Más tarde se sabrá que los asesinos pertenecen al Grupo Revolucionario Primero de Octubre (GRAPO), que acaba de nacer ese mismo día.

La salud de Franco empeora y el día 15 de octubre celebra sus últimas audiencias. A pesar de lo cual, el 17 se empeña en presidir el Consejo de Ministros con electrodos implantados, mientras los médicos vigilan su corazón a través de un monitor instalado en una habitación contigua.

Situación crítica

Durante el verano, los generales han hecho detener a nueve miembros de la Unión Militar Democrática, aprovechando que Arias se encuentra en Helsinki. A su vuelta, el presidente no se atreve a desautorizar a los generales y, poco después, el capitán de aviación Juan Ignacio Domínguez celebra una conferencia de prensa en París para anunciar la existencia de la organización militar que se opone al franquismo. La noticia, aunque manipulada por la censura, provoca un gran revuelo en España.

El Tribunal Internacional de La Haya desestima las tesis de Marruecos sobre la descolonización del Sáhara. Sin embargo, Hassan II cuenta con el apoyo de Washington y París y acorrala diplomáticamente a España. Menudean los incidentes fronterizos en el desierto y el rey de Marruecos anuncia una «marcha verde» destinada a liberar los territorios. Ocultándolo a Franco y a los militares, Arias maquina para entregar el Sáhara a Marruecos y encarga la gestión a José Solís, que visita a Hassan II.

Ante la gravedad de Franco, el príncipe asume de nuevo sus poderes el 30 de octubre y, el 1 de noviembre, vuela a El Aaiún para tranquilizar a los inquietos militares del Sáhara. El día 6 se inicia la «marcha verde» de trescientos mil marroquíes desarmados, organizados y abastecidos por el gobierno real. Al día siguiente, el ministro Antonio Carro viaja a Agadir, donde se entrevista con Hassan II que, el 9 de noviembre, ordena suspender la «marcha verde» porque dice que ha cumplido sus objetivos.

El estado de Franco se agrava el 13 de noviembre y este mismo día el príncipe se reúne con los ministros militares para recabar su apoyo. Seguidamente envía un mensaje a su padre, en el que le anuncia que cuenta con las Fuerzas Armadas y pidiéndole que no haga comentarios a la prensa cuando muera el Generalísimo. El conde de Barcelona contiene su disgusto. En cambio, Arias dimite al conocer que Juan Carlos se ha reunido con tres ministros a espaldas suyas, deja a España sin gobierno y se niega a regresar, a pesar de las peticiones del príncipe. Tras mucho insistir, Nicolás de Cotoner, marqués de Mondéjar, logra que el presidente reasuma su puesto.

Durante la agonía de Franco se firma el acuerdo de Madrid para dejar el Sáhara bajo la administración de Marruecos y Mauritania; regresan López Rodó de la embajada de Viena, y Fraga Iribarne de París, mientras el país contiene el aliento y vive pendiente de los avances informativos. Hasta que, a las 4.58 horas del día 20 de noviembre de 1975, la agencia Europa Press comunica la muerte de Franco.

Se proclama un rey

Cambiar para que nada cambie

El gobierno entiende que el poder militar resulta decisivo y, con el fin de controlarlo, publica el testamento en el que el fallecido Generalísimo pide a los ejércitos que obedezcan al príncipe, a quien Arias nombra capitán general de Tierra, Mar y Aire.

Juan Carlos acude a las Cortes con dicho uniforme el 22 de noviembre, jura solemnemente los Principios Fundamentales del Movimiento y seguidamente es proclamado rey de España. Cuando abandona el hemiciclo, los procuradores ovacionan a Carmen Franco, hija del fallecido, que se encuentra en la tribuna de invitados.

El nuevo rey confirma a Arias como presidente, designa a Torcuato Fernández Miranda presidente de las Cortes y del Consejo del Reino, nombra señora de Meirás a Carmen Polo y duquesa de Franco a su hija Carmen Franco Polo.

En el segundo gobierno de Arias figuran tres generales y un almirante para tranquilizar a las instituciones militares, que son mayoritariamente franquistas. Los miembros del Opus son totalmente excluidos y los ministerios se reparten entre franquistas tradicionales, falangistas reformistas y aperturistas conservadores. El ministerio de Gobernación queda en manos de Fraga Iribarne, el ideólogo del gobierno, que se enfrenta a un recrudecimiento del terrorismo y a una compleja situación laboral. Su proyecto consiste en reformar el franquismo hasta llegar a una democracia sin comunistas ni similares, proyectos que parecen excesivamente avanzados al anticuado presidente Arias, que sólo pretende remozar las instituciones de la dictadura.

El terrorismo de ETA y de los Grupos de Resistencia Antifranquista Primero de Octubre y la extrema derecha se alimentan mutuamente; la oposición democrática comienza a organizarse; el indeciso gobierno responde con violencia a las perentorias reivindicaciones laborales y las Cortes recelan de la tibia reforma que Arias les propone el 28 de enero.

Un largo conflicto laboral en Forjas Alavesas desemboca en una huelga general de Vitoria, donde la policía dispara y causa cinco muertos y más de cien heridos. Se fugan los presos de la cárcel de Segovia, veinte de los cuales llegan a la frontera francesa y siete la cruzan; en cambio muere a tiros el anarquista catalán Oriol Solé Sugranyes, antiguo compañero de Puig Antich.

El 8 de marzo, un consejo de guerra sin garantías jurídicas juzga a los nueve militares de la Unión Militar Democrática detenidos el pasado verano. El público, formado por militares seleccionados, interrumpe varias veces el juicio y hasta insulta a los procesados y a sus familias. La sentencia supone duras penas de cárcel con expulsión del ejército.

El gobierno intenta disimular la situación repleta de gestos aperturistas: anuncia un referéndum sin fecha prevista; permite que la Unión General de Trabajadores celebre su XXX Congreso en Madrid; aparece el diario catalán *Avui* y luego *El País*. No obstante, el proyecto de Ley de Asociaciones Políticas está detenido en las Cortes por trescientas enmiendas, aunque Fraga manifiesta que serán legalizados los partidos políticos y el Consejo de Ministros remite finalmente a las Cortes su proyecto de reforma política.

El 7 de mayo, la extrema derecha, con ayuda de activistas extranjeros, apoyo de altas personalidades y connivencia de la Guardia Civil, ataca a los carlistas de Carlos-Hugo de Borbón-Parma en su concentración anual de Montejurra, con el resultado de dos muertos y varios heridos. Cinco días después, 127 procuradores en Cortes dirigen un escrito al gobierno en el que consideran ilegal el proyecto de reforma política, que comenzará a discutirse el 25.

La dimisión de Arias

Inesperadamente, el 2 de junio, el rey comparece ante las dos cámaras norteamericanas y anuncia una monarquía democrática para España. Al regresar, inicia un tira y afloja con Arias, entre acontecimientos de distinto significado como la prohibición de un Congreso de Comisiones Obreras; el nombramiento del aperturista general Manuel Gutiérrez Mellado como jefe del Estado Mayor Central; la celebración del Congreso del Partido Socialista Popular de Tierno Galván y la fundación del Partido Popular de Óscar Alzaga, Modesto Fraile, Pío Cabanillas y José Pedro Pérez-Llorca. Sin embargo, todavía se celebra el Desfile de la Victoria, presidido por el rey.

Hasta que, el 1 de julio, Juan Carlos I consigue la dimisión de Arias y Torcuato Fernández Miranda maniobra en el Consejo del Reino la composición de la terna que se ofrecerá al rey y logra colocar a Adolfo Suárez, un joven burócrata del régimen vinculado a Carrero y a Fernández Miranda, secretario general del Movimiento en el segundo gobierno Arias.

Ante el estupor general, el rey nombra presidente a Suárez que, el 6 de julio, comparece ante la televisión prometiendo partidos políticos y elecciones libres, un referéndum el 15 de diciembre de 1976 y elecciones libres antes del 30 de junio de 1977.

Suárez, presidente

Para implicar al poder militar en su proyecto, Suárez conserva al vicepresidente y a tres ministros militares de Arias, aunque cambiando a dos de sus titulares. Forman el resto del gabinete antiguos franquistas de su generación, conscientes de que, para sobrevivir políticamente, deben abanderar una reforma democrática, antes de que lo haga la oposición, aún desorganizada.

Las Cortes despenalizan el derecho de reunión, manifestación, propaganda y asociación, el rey renuncia al «derecho de presentación» y se publica un decreto de amnistía parcial. Entre agosto y septiembre, el ministro Enrique de la Mata se entrevista con dirigentes de Comisiones Obreras, mientras Suárez lo hace con los socialistas Felipe González y Enrique Tierno Galván y convoca a los altos mandos militares para explicarles la futura reforma política, asegurándoles que no legalizará al Partido Comunista.

El 11 de septiembre se autoriza la Diada de Catalunya, a condición de celebrarla en Sant Boi de Llobregat, localidad próxima a Barcelona. En la convocatoria se habla con total libertad y la concentración transcurre sin incidentes.

El sobresalto llega diez días después, cuando dimite el vicepresidente, el general De Santiago, por oponerse a la legalización de los sindicatos y partidos de izquierdas; en su lugar, Suárez nombra al general Gutiérrez Mellado. Desde las páginas del diario *El Alcázar*, De Santiago e Iniesta critican al gobierno, que decreta su pase a la reserva y, cuando recurren, Gutiérrez Mellado no sabe articular los mecanismos jurídicos militares para sostener la sanción, que acaba anulándose.

El referéndum para la reforma

Los terroristas se muestran más beligerantes que nunca. ETA se ha escindido en dos grupos: ETA político-militar y ETA militar. Esta última, triplica la militancia de su rival y practica un terrorismo intensivo, con exclusión de cualquier acción política. Los «milis» multiplican sus atentados contra guardias civiles, policías y la central nuclear vizcaína de Lemóniz, propagan la extorsión a empresarios con el nombre de «impuesto revolucionario», captan a «comandos legales» con personas no fichadas por la policía y extienden sus operaciones a toda España. El terrorismo etarra asesina el 5 de octubre al presidente de la Diputación de Navarra y a otras cuatro personas, su escalada de sangre provocará quince muertos antes de acabar el año.

Cuatro días después, ocho ex ministros de Franco fundan el partido Alianza Popular, que se presenta en público el 21 de octubre, encabezado por Manuel Fraga. Por entonces nace también un nuevo periódico, *Diario 16*, hijo de la revista *Cambio 16*, que se publicaba con gran éxito desde el 22 de septiembre de 1971.

En noviembre, Suárez logra que las Cortes aprueben el proyecto de reforma política, que supone su propia disolución para ser sustituidas por cámaras elegidas libremente. No obstante, la oposición no acepta la simple modificación del franquismo, exige la «ruptura democrática» y propugna la abstención en el próximo referéndum del 15 de diciembre. Cuatro días antes de la consulta los Grupos Revolucionarios Antifranquistas Primero de Octubre encrespan los ánimos al secuestrar a José María de Oriol, presidente del Consejo de Estado, ofreciendo su canje por quince presos de la organización. A pesar de todo, el referéndum se celebra con normalidad y supone una victoria absoluta del gobierno.

Poco después, el Partido Socialista Obrero Español, la Democracia Cristiana, el Partido Socialista Popular (PSP), los nacionalistas de Pujol, el Partido Nacionalista Vasco y Partido Comunista de España forman la «comisión de los nueve» para negociar con Suárez, al tiempo que, en Barcelona, se celebran grandes manifestaciones pidiendo «*Llibertat, amnistia i Estatut d'Autonomia*». Por entonces, Santiago Carrillo, que reside clandestinamente en Madrid, es detenido por la policía y puesto en libertad al cabo de una semana, incorporándose a la normalidad tras 37 años de ausencia.

EL GRAN DESAFÍO

La semana sangrienta

A comienzos de 1977 el gobierno disuelve el Tribunal de Orden Público, autoriza la *ikurriña,* nombra príncipe de Asturias al hijo del rey y también parecen abrirse las puertas del infierno. En Madrid, el día 23, un grupo ultraderechista asesina al estudiante Arturo Ruiz, durante una manifestación pro amnistía; al día siguiente, los estudiantes se manifiestan en protesta y un bote de humo de la policía mata a la estudiante Mari-Luz Nájera; los Grupos Revolucionarios Antifranquistas Primero de Octubre, que mantienen secuestrado a José María de Oriol y Urquijo, capturan también al general Emilio Villaescusa Quilis y, al anochecer, pistoleros falangistas entran en un despacho de abogados laboralistas comunistas, sito en la calle de Atocha, asesinan a cinco personas y hieren a otras tantas. Es una provocación para que los comunistas se lancen a la calle y el gobierno se vea obligado a declarar el estado de guerra.

Sin embargo, tanto el gobierno como la dirección del Partido Comunista saben controlar los nervios y, el día 26, una gran multitud asiste al sepelio de los asesinados, en el que el Partido Comunista aparece a la luz pública con sus banderas, cánticos y símbolos, controlado por su propio servicio de orden, para demostrar que es compatible con la democracia.

El día 28, los Grupos Revolucionarios Antifranquistas Primero de Octubre asesinan a tres policías y un guardia civil, cuyo sepelio tiene lugar al día siguiente, presidido por el general Gutiérrez Mellado y el ministro Rodolfo Martín Villa, en el Hospital Militar Gómez Ulla. Asiste una multitud en la que predominan los militares, policías y guardias y, cuando aparecen los féretros, estalla un griterío de vivas al ejército, a Franco y a la Guardia Civil. Gutiérrez Mellado intenta contener el escándalo y ordena silencio, pero se le encara el capitán de navío Camilo Menéndez, a gritos y vestido de uniforme. El gobierno suspende dos artículos del Fuero de los Españoles, el presidente Suárez declara en televisión: «somos conscientes de la importancia del desafío», pero el marino Menéndez sólo sufre una semana de arresto.

La legalización del Partido Comunista

Continúa la marcha administrativa y jurídica hacia la normalidad y, el 11 de febrero, la policía libera a Oriol y a Villaescusa. Sin embargo, los partidos de la oposición se niegan a concurrir a las elecciones si no es legalizado el Partido Comunista. El gobierno trata de descargarse la responsabilidad remitiendo el expediente al Tribunal Supremo, mientras suprime el Movimiento Nacional, la gran organización franquista. Sin embargo, el Tribunal Supremo devuelve el expediente de legalización y, con la patata caliente en sus manos. Suárez toma una decisión audaz: el 7 de abril, en plenas vacaciones de Semana Santa, legaliza a los comunistas por su cuenta. España contiene el aliento y un terremoto sentimental sacude a las Fuerzas Armadas. Dimite el ministro de Marina y el Consejo Superior del Ejército emite una nota de protesta. Pero Suárez capea el temporal y convoca las elecciones generales para el 15 de abril.

Participan en la votación el 78 por ciento de los electores, venciendo la Unión de Centro Democrático de Suárez, seguida por el Partido Socialista Obrero Español y, a mucha distancia, por el Partido Comunista, la Alianza Popular, el Partido Nacionalista Vasco, los nacionalistas catalanes y otras formaciones, sin que la extrema derecha obtenga un solo escaño. Considerando establecida la democracia, la Unión Militar Democrática se autodisuelve, aunque la democracia no ha rehabilitado a sus compañeros condenados por el franquismo.

Las presiones de la oposición obligan a convertir las Cortes en Constituyentes, nombrándose una comisión para que redacte un borrador constitucional. Mientras tanto, el gobierno busca una fórmula para lograr estabilidad durante el período constituyente y, el 25 de octubre, gobierno y oposición firman los acuerdos socioeconómicos llamados Pactos de la Moncloa.

Don Juan de Borbón acepta los hechos consumados, renuncia a la corona por la que ha luchado durante toda su vida y cede solemnemente los derechos dinásticos a su hijo. El antiguo Desfile de la Victoria es sustituido por el primer Día de las Fuerzas Armadas, que se celebra por primera vez el 30 de mayo de 1977. Se indulta con tal motivo a los condenados por delitos militares, excluidos los militares de la Unión Militar Democrática y de la República. Los políticos de la nueva situación se desentienden de los militares que lucharon contra el franquismo.

La política catalana reclama el restablecimiento de la Generalitat y, doce días después de las elecciones, el presidente Josep Tarradellas viaja a Madrid para entrevistarse con Suárez y el rey. A fin de forzar la situación, el 11 de septiembre se manifiestan en Barcelona más de un millón de personas, que piden el Estatuto de Autonomía. El gobierno restaura la Generalitat por decreto, Tarradellas regresa triunfalmente a Barcelona el 23 de octubre y forma un gobierno provisional de concentración.

El año de la Constitución

El cambio es verdad

En 1978 comienza a concretarse el futuro mapa autonómico con la constitución del Consejo General del País Vasco en enero, la Junta de Galicia y los regímenes preautonómicos de Aragón, Canarias y País Valenciano en marzo; Andalucía en el mes de abril; Baleares, Extremadura y Castilla y León en julio; y Asturias y Murcia en septiembre. A finales de año, los parlamentarios vascos, excepto los de Herri Batasuna, aprueban su proyecto de autonomía, el Estatuto de Guernica.

Diversas medidas muestran la realidad del cambio: ingresa la primera mujer en la Real Academia, Carmen Conde; el Premio Cervantes se otorga al escritor cubano Alejo Carpentier; se celebran en libertad el primer *Aberri Eguna* y el 1 de mayo, y llegan a Madrid ilustres exiliados además de los restos mortales de Francisco Largo Caballero, presidente del gobierno durante la guerra civil.

Las fuerzas políticas toman medidas de cara a las elecciones que deberán celebrarse una vez aprobada la Constitución. La Unión de Centro Democrático, antigua coalición electoral ahora convertida en partido político, celebra en octubre su I Congreso, preparándose para hacer triunfar la candidatura encabezada por Adolfo Suárez. Se unifican el Partido Socialista Obrero Español y el Partido Socialista Popular, los dos partidos socialistas de ámbito estatal, y, durante el verano, se integran en las siglas PSC-PSOE los tres partidos socialistas existentes en Cataluña.

El Partido Comunista prepara un importante viraje ideológico y programático, que consolida en su IX Congreso de julio. Tras una dura discusión se aprueba la propuesta de la dirección para abandonar el leninismo y reelegir, una vez más, a los históricos Dolores Ibárruri y Santiago Carrillo.

También los sindicatos atraviesan un proceso constituyente. Una vez desaparecida la Organización Sindical del franquismo, predominan Comisiones Obreras y la Unión General de Trabajadores. En cambio, la Confederación Nacional del Trabajo (CNT), que ha crecido espectacularmente, se automargina del proceso y, en su seno, se enfrentan hasta escindirse los anarquistas y los sindicalistas moderados. El movimiento confederal se arruina después de su mayor éxito. Una enorme manifestación en Barcelona hace temer que renazca el antiguo movimiento libertario. Horas más tarde se incendia misteriosamente la sala de espectáculos Scala donde mueren cuatro personas y la policía acusa del hecho a varios cenetistas, mientras se rumorea que todo es una manipulación organizada desde el poder. El caso nunca será desvelado, pero hunde para siempre a la Confederación Nacional de Trabajadores.

Aprobar la Constitución constituye el principal problema político. El 10 de abril la ponencia termina sus trabajos y, el 5 de mayo, se inician los debates en la comisión del Congreso de los Diputados. El pleno inicia su discusión el 4 de julio y, ya terminándose el trámite, los diputados del Partido Nacionalista Vasco abandonan las sesiones sin votar el texto constitucional, que es aprobado por 325 votos sobre 350. El 14 de septiembre se aprueba una enmienda vasca sobre los derechos forales y luego se inicia la discusión en el Senado. Una vez aprobado el texto en una sesión conjunta de las cámaras, el gobierno convoca un referéndum. La consulta se celebra el 6 de diciembre y el texto constitucional es aprobado por quince millones y medio de votos, el 87,87 por ciento de los votantes. Tres días después se publica la Ley de Partidos Políticos y, el 29 de diciembre, el rey, a propuesta del gobierno, disuelve las Cortes y convoca elecciones generales y municipales para 1979.

Violencia que no cesa

Todo el proceso constitucional ha sido martirizado por el terror. El día 25 de enero, el ex alcalde de Barcelona, Joaquín Viola y su esposa son asesinados en un atentado similar al que mató al industrial José María Bultó en 1977. El hecho se convierte en la expresión de un naciente frente terrorista catalanista, que imita los procedimientos de ETA. Los Grupos Revolucionarios Antifranquistas Primero de Octubre también trabajan para dificultar la transición política y, el 22 de marzo, ametrallan a Jesús Hadad, director general de Prisiones.

La situación encrespa la lucha entre los terroristas y las organizaciones secretas contraterroristas, una de las cuales atenta el 5 de abril contra Francisco Cubillo, líder del Movimiento por la Autodeterminación e Independencia del Archipiélago Canario (MPAIAC), que vive refugiado en Argelia.

A pesar de todo, ETA detenta el principal protagonismo. Había nacido durante el franquismo y, sin embargo, incrementa sus acciones actuando contra la democracia y en 1978 inicia una gran escalada. En buena parte, gracias a las facilidades encontradas en Francia, cuyas autoridades conceden a los etarras estatuto de refugiados políticos y, a cuatro pasos de la frontera, les permiten organizar sus bases de descanso, desarrollar sus cursos de iniciación o de entrenamiento y desplegar toda su logística. Los frutos no se hicieron esperar: ETA, que había asesinado a 72 personas desde su fundación, mata a 65 en 1978.

Entre otros, asesina al periodista José María Portell, director de la *Hoja del Lunes* bilbaína, y al juez José Francisco Mateu, antiguo miembro del Tribunal de Orden Público. Le responde una guerra sucia a cargo del Batallón Vasco-Español y la Triple A, misteriosas organizaciones ultraderechistas.

El 1 de julio entra en vigor un decreto-ley Antiterrorista con el que el gobierno intenta controlar la situación. Hasta ahora, ETA ha asesinado a militares destinados en fuerzas de orden público, ahora ataca a los destinados en el mismo ejército, con la voluntad de provocar un pronunciamiento que detenga el proceso democrático. Sus primeras víctimas son el general Sánchez Ramos y su ayudante Pérez Rodríguez, en cuyo funeral los ultraderechistas insultan al gobierno y al general Gutiérrez Mellado. Éste soportaba, con escasa ayuda, los ataques e insultos de *El Alcázar*, que, en lugar de general, le llama «señor Gutiérrez» y hasta «*el Guti*», mientras las camarillas exaltadas, para quienes Carrero Blanco había sido *el Cejas* y Arias, *Mantequilla*, presentan a Gutiérrez Mellado como un masón enemigo de España y del ejército.

El 3 de octubre, ETA asesina en Bilbao al comandante de marina Asía Liesa, y muere en Francia el dirigente etarra Miguel Beñarán Ordeñana, *Argala,* aparentemente a manos de los duros de la misma banda. El 30 de octubre, una organización de ultraderecha envía un paquete bomba a *El País*, matando a una persona.

Aunque no sólo los terroristas causan víctimas: el 11 de julio se incendia un camión-cuba cargado de propileno junto al camping de Los Alfaques (Tarragona), donde una bola de fuego abrasa a 215 personas y hiere a un centenar.

Ruido de sables

El desmantelamiento del franquismo y la acción terrorista inquietan a amplios sectores militares, que se encrespan ante el anuncio de una Constitución, que establecerá un sistema político distinto al franquismo. El día 11 de octubre, el teniente coronel de la Guardia Civil Antonio Tejero y el capitán de la Policía Armada Ricardo Sáenz de Ynestrillas citan a otros militares en la cafetería Galaxia de Madrid y les invitan a participar en un golpe de Estado, previsto para el día 17. Cuando algunos de los asistentes denuncian la trama, el gobierno la desbarata, aunque intenta ocultarla, pero la prensa publica los hechos y obliga al ministerio de Defensa a reconocer lo sucedido y procesar a Tejero e Ynestrillas.

La «Operación Galaxia» coincide con una campaña del vicepresidente Gutiérrez Mellado, que recorre diversas guarniciones para explicar a los mandos militares el proyecto constitucional. La gira transcurre sin novedad, hasta que, el 19 de noviembre, el vicepresidente militar es insultado públicamente en Cartagena por el general de la Guardia Civil Juan Atarés Peña, que es procesado. Gutiérrez Mellado interrumpe su campaña y regresa a Madrid.

Navegando en la tormenta

Terror para todos los gustos

Consolidar la democracia cuesta enormes esfuerzos. La escalada terrorista parece imparable, excita los ánimos y coloca el cambio político al borde del abismo. Porque los asesinatos han aumentado significativamente y, a lo largo de 1979, los Grupos Revolucionarios Antifranquistas Primero de Octubre matan a 22 personas y ETA a 88. La mayoría de las víctimas son funcionarios de policía de los diversos cuerpos y la especial campaña etarra contra el ejército quita la vida a cuatro generales, cuatro coroneles y tres comandantes, provocando la inquietud en los cuarteles, todavía dominados por la fidelidad a Franco.

El primer atentado etarra de 1979 tiene lugar el 3 de enero y su víctima es el general Constantino Ortín, gobernador militar de Madrid. Su funeral se celebra en el patio del cuartel general del ejército, bajo la presidencia del general Gutiérrez Mellado y, aunque sólo se permite la entrada de militares, el vicepresidente militar recibe numerosos insultos y hasta unos golpes en la espalda, que le provocan una lipotimia. El rey, en su discurso de la Pascua Militar, califica de bochornosa la manifestación de indisciplina.

Los desmanes terroristas prosiguen en cascada. Pocos después, muere el magistrado Miguel Cruz y es secuestrado el empresario Luis Abaitua. En marzo, ETA asesina al general Agustín Muñoz Vázquez; en mayo acaba con el prestigioso teniente general Gómez Hortigüela, dos coroneles y el conductor. El 26, los Grupos Revolucionarios Antifranquistas Primero de Octubre hacen estallar una bomba en la cafetería California de Madrid, causando ocho muertos y cuarenta heridos.

En junio, el político ucedista Gabriel Cisneros es herido por etarras cuando intentaban secuestrarlo, estrategia que ya no abandonará la banda que, en noviembre, secuestra a su compañero de partido Javier Rupérez, más tarde rescatado por la policía. En julio ETA hace estallar sendas bombas en el aeropuerto de Barajas y en las estaciones de Atocha y Chamartín, matando a cinco personas e hiriendo a un centenar. Todo ello acompañado por un constante goteo de víctimas, que van desde generales y empresarios hasta agentes, taxistas y camareros.

Tanto terror exaspera a los militares y agentes del orden y sirve de pretexto para acciones de la extrema derecha. La violencia terrorista sirve de excusa a las campañas ultras que, tras cada asesinato, se desatan al grito de «ejército al poder» y propagan la necesidad de «restablecer el orden» mediante la instauración de un gobierno fuerte. En febrero, unos ultraderechistas atacan y desfiguran a Pina López Gay, secretaria general de la Joven Guardia Roja y número dos en la candidatura del Partido del Trabajo. El 11 de junio, una compañía de la Policía Armada asalta Rentería. Cuatro días después, varios ultraderechistas asesinan a un joven en el Retiro y, el 13 de diciembre, una carga policial mata a dos estudiantes en Madrid.

La izquierda conquista los ayuntamientos

El gobierno emprende negociaciones para el ingreso en la Comunidad Económica Europea, encargando las gestiones a Marcelino Oreja y Leopoldo Calvo Sotelo. Ahora que España es un Estado democrático ha desaparecido el principal obstáculo para la integración en Europa y las negociaciones avanzan a buen ritmo.

Ante los pobres resultados logrados en las últimas elecciones por Alianza Popular, Manuel Fraga intenta ampliar su base y busca alianzas, que culminan en enero, cuando se funda Coalición Democrática, formada por su partido y las pequeñas formaciones que encabezan José María de Areilza y Alfonso Ossorio. Las elecciones generales se celebran el 1 de marzo y vence de nuevo la Unión de Centro Democrático de Suárez, con un significativo avance del Partido Socialista Obrero Español de Felipe González, un ligero retroceso del Partido Comunista de España de Carrillo y sin grandes resultados de la Coalición Democrática de Fraga.

La victoria electoral convierte a Adolfo Suárez en el primer presidente constitucional de España. Sin embargo, los resultados de la Unión de Centro Democrático son menos boyantes en las elecciones municipales del 3 de abril, en las que el Partido Socialista avanza decididamente. El día 5, el Partido Socialista y el Partido Comunista cierran un acuerdo para unir sus fuerzas en la designación de los nuevos alcaldes, con el resultado de que la izquierda domina la mayoría de los grandes ayuntamientos y, el 19 de abril, Enrique Tierno Galván toma posesión como alcalde de Madrid.

La experiencia electoral hace reflexionar a la cúpula del Partido Socialista, que decide moderar su mensaje a fin de conquistar al electorado de centro, y Felipe González abandera la idea de que el partido abandone el marxismo. La polémica estalla en mayo, cuando se celebra el XXVIII Congreso y el debate se hace tan intenso que González abandona su cargo de secretario general y el Partido Socialista Obrero Español queda en manos de una comisión gestora encargada de guiarlo y preparar un congreso extraordinario. Éste tiene lugar en septiembre, y triumfan las tesis de Felipe González, que vuelve a ser nombrado secretario general. Al cabo de un mes, se celebran los referendos para los estatutos catalán y vasco, que son aprobados.

En esta época, el malestar de los cuarteles produce la primera conspiración importante. El general Torres Rojas, jefe de la División Acorazada Brunete, comunica a los oficiales que la Brunete vengará cualquier asesinato de sus hombres y, secretamente, prepara un pronunciamiento destinado a llevar al poder al general Vega Rodríguez. Hasta que la prensa denuncia la situación y, en enero de 1980, el gobierno sustituye a Torres Rojas por el general Juste Fernández, que es hombre más moderado. Sin embargo, no se concretan imputaciones sobre Torres Rojas, que es enviado a La Coruña como gobernador militar.

Paso a paso, entre ilusiones y sobresaltos se asienta el sistema democrático, que todavía deberá superar su gran prueba de fuego: el pronunciamiento frustrado del 23-F y el largo juicio de los principales golpistas.

COSAS Y CASOS

Epidemia de inmobiliarias ful

La racha de escándalos inaugurada con Matesa continuará con el de Nueva Esperanza, Confecciones Gibraltar, Reace, Sofico, etcétera. He aquí un comentario de *Cuadernos para el Diálogo*, dedicado al timo de las inmobiliarias en junio de 1970:

> Nueva Esperanza, Inmobiliarias Pueyo, Construcciones Vilda, y ¿cuántos casos más en que miles de familias españolas se han visto defraudadas en su legítima aspiración a conseguir una vivienda digna y han perdido todos sus modestos ahorros, reunidos tras muchos años de esfuerzo y sacrificio?
>
> Una nueva forma de delitos patrimoniales ha hecho su aparición en estos últimos años. Parece como si los vulgares delincuentes contra la propiedad estuvieran abandonando el «tocomocho», la «estampita» o el carterismo clásico, para dedicarse a operaciones de más altos vuelos y mayor envergadura, acordes con la fiebre de desarrollo que vive el país.
>
> Hay que señalar, además, que nos son conocidos los casos multitudinarios, los que desgraciadamente producen impacto a nivel nacional, aquellos en que se encuentran en juego cientos de millones de pesetas. Pero debemos preguntarnos, ¿cuántos otros se producen todos los días a escala menor, sin provocar siquiera ya la sorpresa de nuestra sociedad? La construcción de viviendas llamadas «sociales» se ha convertido en el instrumento delictivo más «idóneo» de nuestro tiempo, a través del cual los desaprensivos de toda suerte y condición aprovechan en su exclusivo beneficio el grave problema y la necesidad que subyace a la cuestión. [...]

Manuel del Arco entrevista a Fernández Miranda

En junio de 1970, el ministro secretario general del Movimiento, Torcuato Fernández Miranda, viaja a Barcelona. Allí es entrevistado por Manuel del Arco para *La Vanguardia*. He aquí los más sabrosos fragmentos de la conversación:

—¿Movimiento quiere decir Falange? —pregunta Del Arco.

—Evidentemente no, pero el Movimiento no puede ser entendido sin la Falange.

—Yo no soy de Falange, ¿usted es ministro mío?

—¿Es usted del Movimiento?

—Que yo sepa, no.

—¿Se considera integrado en el Estado Español?

—Soy español por los cuatro costados, y además carpetovetónico.

—Entonces creo que aunque usted no lo sepa es del Movimiento.

»Aunque no lo sea, yo soy ministro suyo en cuanto soy ministro del gobierno del Estado en el que usted vive y en el que creo está integrado. Pero ahora tendré que hacerle otra pregunta, ¿acepta las Leyes Fundamentales del Estado Español?

—¡Y qué remedio!

—Su contestación me parece reticente y en cierto modo elusiva, pero, en último término, soy, «sin remedio», su ministro.

[...]

—¿Por qué ese temor a los partidos políticos en la España actual, si están formados por gente de buena fe?

—Sabía que era usted un gran periodista, pero desconocía que fuera tan gran sofista.

—Acepto el elogio y el palo, pero no me ha contestado, señor ministro.

—Es que usted es un tirador rápido y no me deja. Voy a contestar: digo que es un sofisma porque no se puede unir un instrumento a la buena voluntad de quien lo maneja. El instrumento se juzga en función de su utilidad, es decir, en razón de que cumpla bien o mal la finalidad que persigue. Si el instrumento es malo no lo hará bueno la voluntad de quien lo maneje.

[...]

—Pero señor Fernández Miranda, y ahora me olvido de que usted es ministro, pregunto al español inteligente, ¿cree que la fracción que no está con el gobierno no tiene derecho a una representación en las Cortes?, y pienso en los republicanos, entre otros, y esto no es un concepto abstracto, sino muy concreto.

—Usted se olvida de que soy ministro pero yo no. Vuelve a hacer un juego de palabras. Lo importante no es estar con el gobierno o frente al gobierno, lo decisivo es si se está en el sistema o no. Quien no acepta el sistema o la Constitución, aquí como en cualquier país, no hay más salida que la subversión. Quien acepte el sistema puede y debe actuar dentro de él. Aunque no le guste...

—Dilema: ¿o dentro o al margen?

—Eso pasa con todo, se está dentro o fuera, en la profesión, en casa, en el cine, en el fútbol o en la política. Se está dentro o fuera.

—No juego.

—Es decir, ¿rompe la baraja al final de la entrevista? Faltan las diez de últimas...

Las curiosas elecciones por el llamado «tercio familiar»

Admitido un resquicio a los sufragios inorgánicos para los cabeza de familia, sin derecho a las campañas visuales en este tipo de comicios, los voluntarios que osan presentarse recurren a los más pintorescos méritos. Otro texto aparecido en *Cuadernos para el Diálogo* refleja el clima electoral:

> Son los títulos esgrimidos como garantía de la bondad de los candidatos lo que pone de manifiesto, una vez más, la inagotable vena folclórica del país. El primero de estos avales de calidad municipal es la posesión de una familia numerosa, mucho mejor avalista cuanto más numerosa y ello es perfectamente lógico de unas elecciones familiares...

Después se completa con otras referencias biográficas: la imagen familiar del candidato suele ampliarse con los cargos ocupados con anterioridad en el presente, una amplia gama que comprende desde puestos de responsabilidad política (diputado provincial, concejal, consejero nacional), hasta meritísimas labores deportivas: *recordman* de Castilla en natación, vocal de la Junta Directiva del Real Madrid desde 1959, vicepresidente tercero del Rayo Vallecano (por cierto, que el candidato que aduce tal cargo obtendrá el 95 por ciento de los votos emitidos en su distrito), presidente de la Federación Castellana de Béisbol y otros tantos. Debe destacarse también una serie de detalles anecdóticos que son los que han dado a los programas electorales su más profundo pintoresquismo celtibérico: el candidato nombrado Campeón de la Amistad y la Cordialidad fundador de una empresa periodística; otro candidato aduce haber hecho de rey mago en una cabalgata como ejemplo de su amor a los niños; el que se presenta por un barrio «castizo» y señorial, heroico y jaranero, religioso y alegre; el que aparece como «director» de tres escuelas automovilísticas

—una de ellas fundada por su padre, acaso la más antigua de España—; y el que sigue al Madrid a pesar de tener el pelo blanco; el que no dispone de servicio doméstico; el que se confiesa autor de 24 libros técnico-administrativos; el de carácter noble y firme como buen aragonés; etc. Y coronándolo todo está la salida de un candidato que se aventura como corolario, por los inefables caminos del ripio:

Por tu distrito...
vota a Fulanito.

Un arrollador fenómeno subcultural: Simplemente María

El fenómeno sociológico del año y de la década lo constituye un folletín de inmenso éxito popular llamado *Simplemente María*. Por las vías de un género tan degradado como la fotonovela, por las del serial radiofónico o la del fascículo como secuela, las desventuras de la protagonista las leen o las oyen millones de personas y hasta facilitan el acceso a la pantalla cinematográfica de una actriz llamada María Salerno, que presta su rostro a la peripecia de un tema de origen inequívocamente ultramarino cuya difusión múltiple hace la fortuna del avispado editor. Un comentarista escribe en *Informaciones* que *Simplemente María* es el fenómeno subcultural más importante con el que nos hemos tropezado en este país. Cuando dos millones de españoles siguen atentos una emisión radiofónica durante dos años a lo largo de cuatrocientos capítulos y se venden hasta 170.000 ejemplares de la fotonovela en 81 semanas, podemos hablar de hecho inaudito, lo cual exige un detenido estudio. Sin embargo, baste decir que al llegar la protagonista al aeropuerto de Santa Cruz de Tenerife la reciben con una pancarta que reza: «Aquí sólo hay dos Marías: la Virgen y tú».

La saga de los novelones lacrimógenos afincada en la década de los cincuenta con *Ama Rosa*, seguida por *Lucecita* y continuada por *El derecho de los hijos*, tiene su colofón en la década de los setenta con *Simplemente María*.

Mingote, sutil crítico del régimen

A estas alturas de la situación política y del enquistamiento del sistema, incapaz de evolucionar, el humorista Mingote, desde su tribuna de *ABC*, se convierte en el debelador del régimen. Sus personajes, «los hombres de piedra», son espejo del inmovilismo y los «hidalgos anticuados» y refractarios a la modernidad, son la imagen del búnquer, reducto a toda evolución. Cuando en el mes de septiembre tienen lugar las elecciones por sufragio directo a procuradores por el llamado «tercio familiar», novedad que por las infinitas trabas puestas a los candidatos ya mencionados no alcanza a sacudir la indiferencia general, Mingote tiene el acierto de crear un personaje, el candidato Gundisalvo quien, a través de una serie de ingeniosísimas viñetas, expone las limitaciones y engañifas de la convocatoria que se sintetiza en un cartel del famoso candidato en el que se dice: «Vote a Gundisalvo. ¡A usted qué más le da, hombre!». El personaje creado por Mingote da hasta para hacer un largometraje a su costa.

La censura cinematográfica abre una válvula: las salas especiales

Al margen del forcejeo cada vez más evidente entre los que aspiran a una democratización, al disfrute de las libertades políticas, y los que se oponen a una evolución en profundidad, España vive su existencia cotidiana en el disfrute del bienestar alcanzado. La gasolina, todavía inmune a la crisis del crudo, está a ocho pesetas el litro. Los 24 automóviles por cada cien habitantes se hacen notar en las caravanas de domingueros que se dirigen al campo o a la playa. Los cines se llenan para ver *Experiencia prematrimonial* o *Ana y los lobos*, pues hasta aquí llega la tolerancia. La escapatoria para acercarse a lo «no apto» siguen siendo las salas especiales. Allí los cinéfilos pueden ver en versión original, subtituladas en español, películas no permitidas en salas comerciales normales. En Madrid funcionan nueve. En Barcelona, ocho. En el resto del país 34 ciudades cuentan con alguna sala especial. La denominación de salas especiales, y no de arte y ensayo, se debe a que en estas últimas la cinta exhibida no puede ser manipulada ni cortada mientras que en las salas especiales se pueden utilizar las tijeras.

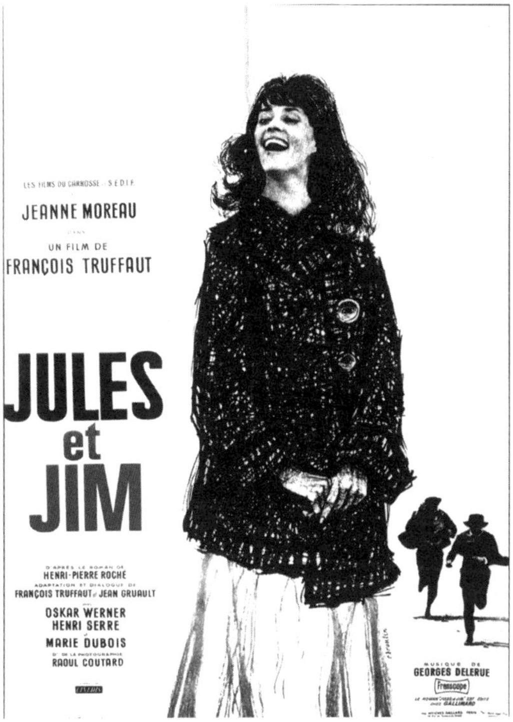

Uno de los carteles originales de Jules et Jim, *de François Truffaut.*

Gracias a las salas mencionadas es posible contemplar *El sirviente*, *Jules y Jim*, *El joven Törless*, *Portero de noche*, *Fahrenheit 451* y *Repulsión*.

Los ultras actúan

El grupo de incontrolados Comando de Lucha Antimarxista irrumpe en la Galería de Arte Theo de Madrid provisto de navajas y, después de amenazar a la encargada, destroza veinticuatro grabados de Pablo Picasso y arroja sobre ellos pintura roja y ácido. La prensa más sensata los califica de vándalos.

Sociedad

Se casa el cantante Julio Iglesias con la señorita Isabel Preysler. A esta boda se unirá la de la infanta Margarita, hija de don Juan de Borbón, con el doctor Zurita. Estas bodas hacen crecer la tirada de la llamada prensa del corazón, gremio que por lo inocuo de su contenido se ve a salvo de las acechanzas de la Ley de Prensa. De este decenio parte el auge de *¡Hola!*, *Semana*, *Lecturas*, etc., cuyas tiradas sobrepasan las de cualquier publicación. La *jet* marbellí, las andanzas de las folclóricas, la vida y escándalos de la corte de Mónaco se convierten en tema habitual de la prensa cardiaca, generosa a la hora de conceder exclusivas bien pagadas cuando los personajes y personajillos comprenden que es rentable airear sus peripecias e interioridades.

En diciembre se hace público el compromiso matrimonial entre don Alfonso de Borbón Dampierre y la señorita Carmen Martínez-Bordiu Franco, nieta del Caudillo. Desde este punto y hora, don Alfonso cuenta con un séquito de secuaces que empieza por su propio suegro, el doctor Martínez-Bordiu, que sueña con ver a su yerno convertido en Alfonso XIV a poco que su suegro se debilite y caiga en una chochez capaz de arrancarle un cambio en sus decisiones sucesorias.

La segunda fuga de Eleuterio Sánchez:
la saga continúa

El Lute cumple la condena que interrumpió en El Dueso en el penal del Puerto de Santa María. Aprovechando el jolgorio y cierto relajo reinante en la Nochevieja de 1970, pone en marcha un plan cuidadosamente trazado. El ruido por la celebración de los presos y sus cánticos permiten hacer un agujero en la pared sin ser oído. Por este agujero se desliza el Lute y con una cuerda hecha con trapos trenzados y un gancho en su extremo confecciona un andarivel por el que se desliza en plena noche y aterriza sobre el muro que cierra el edificio. Después huye en la oscuridad y, aunque se da la voz de alarma, no puede ser capturado. Ha permanecido cuatro años encerrado observando buena conducta y dedicando la mayor parte del tiempo a estudiar, cursando estudios primarios y empezando bachillerato.

De momento su huida le conduce hasta Jerez. Allí y en una zona residencial se encarama a un árbol donde permanece escondido durante el día. Sólo desciende de noche para hurgar en las basuras de la zona que, por ser de gente pudiente, están llenas de restos de alimentación a medio comer, pollos, carne y guisados. Éste es el primer paso para otra escapada hacia la libertad.

En televisores, a nivel europeo

Al entrar en el séptimo decenio del siglo XX, en nuestro país la proporción de automóviles es de 24 vehículos por cada 100 personas. Los electrodomésticos de línea blanca son la ilusión de los españolitos, que la satisfacen a costa de entramparse. Entre 1966 y 1970 el valor de las letras protestadas pasa de un 3,6 por ciento de la renta nacional a un 7,9 por ciento. Un informe emitido por Fomento de Estudios Sociales y Sociología Aplicada (FOESSA) en 1970 descubre el contraste existente en los hogares españoles entre la abundancia de bienes de consumo perecederos y la escasez de instalaciones permanentes como agua corriente, calefacción y sanitarios. El propio informe destaca que pese al crecimiento experimentado, nuestra distancia respecto a un país desarrollado como Francia es de diez años en disponibilidad de automóviles, cuatro años en frigoríficos y sólo dos en televisores. La invasión del medio audiovisual es un hecho constatable: un recorrido por los suburbios de chabolas ofrece el despliegue de antenas que brotan de las viviendas más pobres. En las grandes ciudades, enormes bloques de alojamiento como colmenas configuraban el tipo de vida de masas de personas que, entre la jornada de trabajo, pluriempleo incluido, y el tiempo de los desplazamientos, ven discurrir su existencia sin más esparcimiento que la contemplación de la televisión, instrumento que manejado por el poder es el mejor propagandista del milagro español.

Es evidente que la mejora del nivel de vida no se corresponde con una evolución política ni laboral. Los conflictos sociolaborales saltan a veces en choques con las fuerzas de orden público, como en el caso de un conflicto en el ramo de la construcción, en Granada, que se salda con un violento enfrentamiento con la policía nacional en que resultan muertos tres obreros en julio de 1970.

Un ex gudari *arde ante Franco*

En septiembre de 1970, Franco está en San Sebastián asistiendo a unos partidos de pelota vasca en el Frontón de Anoeta. Se produce un hecho escalofriante. En plena actuación de los pelotaris, un hombre envuelto en llamas se arroja a la pista desde la tribuna. Es detenido y asistido de las quemaduras y de las lesiones fruto de la caída. Este hombre es Joseba Elósegui, un antiguo *gudari* del Ejército Nacional Vasco que había sido testigo presencial del bombardeo de Guernica y, según declarará posteriormente, había querido aparecer ardiendo ante Franco en recuerdo de la destrucción de la histórica villa. Será juzgado y condenado por perturbar el orden público. Tiempo después, este hombre narra su brutal experiencia en un libro al que titulará *Quiero morir por algo*.

La década dorada del pugilismo hispánico

La aparición del forzudo vasco Juan Manuel Ibar, *Urtain*, va a convertirse en un fenómeno de masas. A través de una carrera con no pocas suspicacias sobre la sinceridad de sus victorias, siempre por KO, Urtain llega a disputar en el mes de abril de 1970 el título europeo al alemán Weiland. Esa noche, las calles de las ciudades españolas se vacían. Todo el país se asoma al televisor. Urtain gana el Campeonato de Europa entre la euforia general. Seis meses más tarde, lo pierde ante el británico Cooper, un hombre que pelea con un solo puño: el izquierdo. Sin embargo, la década será gloriosa para el boxeo español, tal vez la última antes de que el pugilismo inicie un declive inexorable. En estos años se proclamaron campeones del mundo, en sus respectivas categorías, Pedro Carrasco, Roberto Durán, el hispano-cubano José Legrá y Perico Fernández. Unos años dorados que, merced a la televisión, llegan a apasionar a unos españoles sedientos de glorias deportivas.

La juventud rebelde se mueve (dentro de lo que cabe)

Una nueva generación, la misma que había distraído su infancia leyendo *El jabato*, *El sargento gorila* o contemplando «El meteoro submarino», empieza a pasar de lo divino y lo humano. Muchos jóvenes desean irse a Londres a empaparse de costumbres europeas y, a su regreso, no serán pocos los que se van a Ibiza o Torremolinos en busca de una existencia comunal en la que compartir un canuto.

La tentación de Katmandú, del viaje, engancha a los más osados, que ya escuchan a Pink Floyd y a Dylan y adornan sus cuartos con pósters del Che Guevara o de James Dean.

Como síntoma de la más clara ruptura generacional, la indumentaria de la juventud empieza a ser específica: tejanos, chupas, botas... El repudio a la corbata, el rechazo a la americana y el traje gris son una declaración de principios de antipatía hacia una sociedad en la que se les niega el derecho al voto, pero se les tienta al consumo, por tanto, el consumidor se antepone al ciudadano.

La uniformización pasa por el uso del pantalón vaquero hasta tal punto que en España se venden en 1972 quince millones de prendas por un valor de doce mil millones de pesetas, lo que da idea de la difusión del tejano, cuyo precio de venta ese año es de unas mil doscientas pesetas por pieza. La razón de este éxito no se debe tan sólo a la uniformización de la juventud masculina, sino a su carácter de prenda «unisex». Las chicas se adhieren también al pantalón vaquero hasta el punto de que el consumo femenino representa el 70 por ciento de las ventas totales en el mercado español.

Junto al síntoma diferenciador de la vestimenta o de la melena, aparece otro más exclusivista y de clan: la jerga o germanía. A partir de la canción *Saca el güisqui Cheli* de Desmadre 75, nace un argot al que llaman «cheli» que empieza a nutrirse de «bocatas», «cubatas», «demasié», «me mola» y que da un aire de iniciados en una secta a sus cultivadores, incorporando nuevos vocablos que al poco son privativos de la juventud, la que vive en su «mundo pop». Nuevos conjuntos musicales como Kaka de Luxe o Radio Futura poseen una estética que ya anuncia un fenómeno que tendrá a Madrid por principal escenario: «la movida».

Se extiende el uso del dinero de plástico

En este decenio se extiende el uso de las tarjetas de crédito, lo que, unido a la posterior existencia de los cajeros automáticos, precipita los hábitos caprichosos y dispendiosos de los españoles. Su comodidad es evidente, hace posible salir a la calle casi sin dinero en metálico. Por otro lado, teniendo en cuenta que en 1972 el número de turistas que nos visitan asciende a treinta y cinco millones, las tarjetas de crédito son algo que internacionaliza el gasto y permite la adquisición de artículos de todas las clases.

La existencia de las tarjetas, que proliferan potenciadas por las entidades bancarias, crea la figura del coleccionista, que hace ostentación del número de tarjetas que posee. Para ello se dota de unas carteras desplegables en las que se alinea el catálogo de plástico multicolor. Ante el camarero o el dependiente, a la hora de hacer un pago, se exhibe el escaparate crediticio en una prueba de esnobismo no exento de fanfarronería.

La inimitable dialéctica del profesor Fernández Miranda

El gran tema de debate en lo nacional es el del asociacionismo político previsto en la Ley Orgánica para dar cauce a lo que se acepta (sobre el papel) como «contraste de pareceres» o «concurrencia de criterios». El quid de la cuestión es si las asociaciones que van a aceptarse son partidos políticos o no. Los cambios de 1969 habían llevado al gobierno en el puesto de ministro secretario general del Movimiento a don Torcuato Fernández Miranda, como ya hemos visto antes, catedrático en posesión de una dialéctica de lo más enrevesada. También él se pronuncia acerca del asociacionismo en esta pieza oratoria pronunciada en un discurso ante las Cortes Españolas:

> Estoy aquí como ministro y, por lo tanto, es obvio que no hablo a título de vicepresidente del Consejo Nacional, ni en nombre del Consejo. Estoy como ministro, pero tampoco hablo en nombre del gobierno aunque sí, ciertamente, desde él como miembro que soy del mismo. Hablo desde mi exclusiva responsabilidad, pero, naturalmente, vinculado a mi condición de ministro secretario general del Movimiento...

Prosigue en su interesante argumentación:

> Decir sí o no a las asociaciones políticas es sencillamente una trampa saducea. No caeré en la trampa de decir sí o no al asociacionismo político, porque de este modo no se aclarará el tema. El tema está en ver si diciendo sí al

asociacionismo, se dice también sí o no, o no se dice sí sino no, a los partidos políticos.

El increíble galimatías del profesor Fernández Miranda finaliza así:

> Nosotros queremos asociaciones políticas que no sean partidos políticos. Pero para hacer esta afirmación hay que buscar cuáles son las notas características del partido político, y si nosotros quitamos de esas notas alguna, echamos agua al vino, pero seguirán siendo partidos políticos más o menos modificados. Y si quitamos todas las notas, más o menos destruidos. ¿Queda algo que de verdad se puedan llamar asociaciones políticas?

La impagable pieza oratoria merecerá que Evaristo Acevedo incluya a su autor, con todo merecimiento, en su sección «La cárcel de papel», de *La Codorniz*. El justo encierro simbólico no es del agrado de las autoridades, que imponen al semanario una sanción de cuatro meses de suspensión de la publicación.

La guerra de las estrofas

Ciertamente tras la apariencia monolítica del franquismo subyace una sorda pugna de intereses y hasta de choques personales. Es el caso del enfrentamiento entre Jaime de Campmany y Emilio Romero, dos periodistas que al amparo del sistema vivieron y medraron, aunque nadie puede regatearles su brillante pluma y su talento de polemistas. Por una cuestión personal se llega a la «guerra de los sonetos» que empieza Campmany con éste:

> Dime, Emilio Romero, por tu vida
> cuál será hogaño el sol que más caliente,
> cuál el ministro más longuipotente,
> cuál el árbol de sombra más tupida.
>
> Dime cómo conjugas a medida
> el pasado, el futuro y el presente:
> cómo llevar, al que entra, la corriente:
> cómo espolearle a la salida.

Conservador tenaz, «progre» fecundo,
anteayer liberal, hoy socialista,
mañana reaccionario en un momento.

Emilio: cuando dejes este mundo,
no habrá perdido España un periodista,
¡España habrá perdido un parlamento!

Responde Emilio Romero:

Oye, Jaime Campmany, si no sabes
todo lo que antecede en un minuto,
puedes estar seguro que no vales
ni para hacer la o con un canuto.

Seguro que no estás en tus cabales
queriendo hacer la mezcla en tu macuto
con el póker, el whisky, editoriales,
camisa azul y algún puñal de Bruto.

Antes has de pensar, que herir en vano
con el verso y el arte escatológicos,
mirarte a tus fracasos antológicos.

Nadie te va a creer que con buen fin,
escribas en el alma en cada mano,
sirviendo a España, al Cielo y a Botín.

Estrambote:

Deja ya de enviarme madrigales,
así no serás nunca un académico,
acaso vate de los tribunales.

Que ambos plumíferos tienen buenos motivos para no arañarse por añejas historias lo certifica este soneto de autor anónimo aparecido en el *Diario Español de Tarragona*:

Dime, Emilio Romero, por tu vida,
dime, Jaime Campmany, por tu abuela;

qué prurito, qué sarna y qué viruela
os ha puesto la piel tan escocida.

Cervantes os lo dijo, y se os olvida,
que si apeláis a riña de plazuela,
y tenéis de cristal vuestra rodela,
no dirimáis con piedra la partida.

Para jugar a levantar la manta
y exponer al ludibrio otros balcones,
debe ser impecable el que levanta.

Mas vosotros, dilectos fanfarrones,
dueños de una trastienda que me espanta,
¿cómo osáis levantaros los faldones?

El humor hispánico (impreso) florece a pesar de todo

A pesar de las circunstancias restrictivas, o tal vez por ellas mismas, una de las válvulas sociológicas que alcanza más brillo en el inicio de la década de los setenta es la del humor. *La Codorniz* se rejuvenece, estimulada por la competencia de otro semanario del mismo cariz llamado *Hermano Lobo*. Los nombres de Summers, Saltés, Forges, Ops se unen a los ya conocidos de Máximo, Munoa, Serafín, Pablo y a los textos de Carandell, Vicent, Umbral y Chumy Chumez, provocando un renacimiento de la prensa humorística que actúa con una osadía siempre al filo de la sanción. Obras como *Celtiberia show*, de Carandell, o *Autopista*, de Perich, alcanzan tiradas multimilenarias. Posteriormente aparecerá otro semanario, *Por favor*, donde brillan Perich, Vázquez Montalbán, Marsé y Maruja Torres, entre otros.

¿Apertura? Sí, pero para el destape

Ante la creciente demanda de libertades, el gobierno juzga menos peligroso para sus intereses mantener el puño cerrado (simbólicamente) para la apertura en lo político y abrir la mano en la tolerancia exhibicionista de un buen cuerpo femenino. Es lo que constituye el fenómeno del «destape», presente en posados cada vez más atrevidos a cargo de aspirantes a estrellas como Agatha Lys, María José Cantudo, Blanca Estrada o Azucena Hernández. En el cine se pueden visionar filmes de creciente audacia argumental y abundante exhibicionismo femenino, como *La Corrupción de Chris Miller* o *No es bueno que el hombre esté solo*. El régimen entiende que con estas tolerancias aparenta una evolución que la cerrazón política niega a todas luces.

De los simples posados se pasará a la entronización de lo «verde». El que observe la cartelera cinematográfica o teatral española no podría asegurar que vive en el país que no hace mucho se autodefinía como la reserva de los valores espirituales de Occidente. El semanario *Cambio 16*, jugando a la paradoja y aludiendo al desmadre de la permisividad, publica en un suelto: «Películas que no se pueden ver en el extranjero: *Polvo eres...*, *Mi mujer es muy decente dentro de lo que cabe*, *Cuando el cuerno suena*, *Chicas de alquiler*». El destape llega a sus últimas consecuencias con el primer desnudo del cine nacional, el de Alicia Sánchez en *Furtivos*, aunque esta honrosa primicia se la disputa María José Cantudo en *La Trastienda*.

En el teatro, Victoria Vera exhibe su pechera al viento en *¿Por qué corres Ulises?* Pero la máxima licencia llegará con *Equus*, en la que hay una escena en la que los protagonistas María José Goyanes y Juan Ribó han de aparecer en cueros. Después de un forcejeo con la censura, interpretan el papel tapándose las partes nobles con un slip.

En otros meridianos de la tolerancia, el movimiento gay hace su aparición en sociedad con el Frente de Liberación Gay, cuya reivindicación tiene en las tablas su refrendo con la obra *Los chicos de la banda*, una historia de homosexuales en la que actores como Galiana, Corroto, Resino, Kremel, Tundidor, Carpenter y Velasco hacen una creación de sus respectivos papeles.

Un aspecto cultivado por la prensa en uso de cierta libertad es la realización de encuestas, destinadas a conocer las inclinaciones de un cuerpo social hasta entonces condenado al silencio. Las encuestas también abordan temas relacionados con lo epidérmico, que en los escenarios alcanzará con *Oh! Calcuta* el desnudo integral.

En plena licencia para el despelote, un semanario hace un sondeo entre conocidos artistas partiendo de la pregunta: «¿Estaría dispuesta a desnudarse en escena o ante las cámaras?». Responden afirmativamente Pilar Velázquez, Emma Cohen, Agatha Lys, Charo López, Carmen Maura y Conchita Velasco. Massiel puso condiciones.

El Lute, detenido en Sevilla en 1973, tras varias fugas.

Captura definitiva del Lute.
El final de la escapada

Desde su huida del penal del Puerto de Santa María en 1971, todo el clan de los quinquis, empezando por sus hermanos el Lolo y el Toto, ayuda a Eleuterio a escapar ante la orden de busca y captura dictada contra él. En julio de 1972, está a punto de ser apresado en Málaga. Resulta herido en un tiroteo, pero se escabulle del cerco que le rodea en Alcalá de Guadaira. Finalmente, el 2 de junio de 1973, un grupo de policías disfrazados le localiza en el barrio sevillano de Juan XXIII. El Lute, su hermano el Lolo y Frasquita, una gitanilla de quince años con la que Eleuterio se había casado, son detenidos. Uno de sus captores dice: «Ahora vas a descansar, Eleuterio», a lo que éste repone: «Tiene usted razón. Ya era esto demasiada lucha. Ya me encontraba cansado». En presidio, El Lute consigue rehabilitarse.

El crimen de Los Galindos

El día 24 de julio de 1975, en el cortijo de Los Galindos —sito en el término sevillano de Paradas— aparecen los cadáveres de dos hombres y dos mujeres: Ramón Parrilla, José González, Juana Martín y Asunción Peralta. Todos ellos trabajadores del cortijo, muertos de muerte violenta producida a golpes de azadón o herramienta semejante. Las pesquisas aventuran como posible autor al capataz del cortijo, Manuel Zapata Villanueva, en paradero desconocido. Sin embargo, una búsqueda más profunda descubre, en otro lugar de la finca, el cuerpo del capataz con la cabeza destrozada a golpes, con lo cual la posible autoría del capataz se desvanece. Se comprueba que su muerte data de la misma fecha de los cuatro occisos. Las más exhaustivas pesquisas no consiguen localizar al autor del quíntuple crimen que conmoverá a la opinión pública e inspira una novela de Alfonso Grosso y hasta una película. Hay hipótesis para todos los gustos en cuanto al móvil del crimen, pero el delito queda en el mayor de los misterios sin que el autor o autores puedan ser identificados.

Empiezan los aires de cambio

Ante España se abre una nueva situación y el que quiera buscar algún indicio de cambio puede encontrarlo en un signo premonitorio: en las nuevas acuñaciones de monedas del rey, el perfil del monarca mira hacia la izquierda. El de Franco, obviamente, hacia la derecha.

Los síntomas del cambio social también se agudizan. El 30 de mayo, en el Paraninfo de la Universidad de Barcelona, se clausuran las «Jornadas Catalanas de la Mujer». Más de tres mil quinientas mujeres protagonizan manifestaciones en pro de la igualdad de derechos y la liberación de la mujer en todos los órdenes. Nuestro país se hace eco de los movimientos de Woman-Lib que en los países democráticos reivindican el papel de la mujer en la sociedad.

Que el país tiene muchas asignaturas pendientes es toda una evidencia. Una de las más flagrantes es la recuperación de filmes malditos, rigurosamente prohibidos durante la dictadura. Así, se empiezan a exhibir *El gran dictador*, *Morir en Madrid*, *Canciones para después de una guerra* y, poco después, tocará el turno a *To be or not to be* y *La dolce vita*.

Todo lo cual constituye una revitalización para las taquillas, ya que la competencia de la pequeña pantalla afecta a la concurrencia en las salas de cine.

La tolerancia al destape que se apunta en las postrimerías del franquismo se incrementa todavía más. Proliferan las publicaciones basadas en el casi desnudo como *Persona*, *Primera plana*, *Reporter* y sobre todo *Interviú* que, con su fórmula de escándalo y exhibicionismo femenino, sienta las bases para el éxito. En septiembre de 1976, la portada de *Interviú* nos ofrece a Marisol desnuda en todo su juvenil y turbador atractivo. Según datos de la empresa editora de la revista, se vendieron cuatrocientos mil ejemplares gracias a la portada. La prensa del destape tiene tal éxito que llega a acaparar el 70 por ciento de la venta de los semanarios del país.

Al amparo de la tolerancia censora, surgen también otras publicaciones de carácter erótico-escatológico cuyos títulos hablan por sí solos. Eran *El Ligón*, *El Tocón*, *El Decamirón* e historietas como *Blanca Nieves y los siete enanitos lascivos*.

Dotado de contenido y aprovechando la oleada calenturienta que nos invade, aparece *Diccionario secreto*, del que es autor el académico Camilo José Cela. Éste, en el acto de presentación de la obra en un hotel de Mallorca, empieza su disertación cantando una coplilla que dice: «Las niñas de Jávita que venimos a joder aquí...». Y luego añade: «Lo que ha sucedido es que España se ha puesto cachonda».

Una nueva oleada de bellezas desinhibidas hace su aparición al socaire del sarampión nudista. Son Bárbara Rey, Silvia Tortosa, Yolanda Ríos, Adriana Vega, Fedra Lorente, Isabel Luque y como símbolos de la tolerancia, Nadiuska, una chica venida del Este que se harta de hacer películas monotemáticas con varón reprimido como oponente, y Susana Estrada, que lleva a los escenarios todo lo que permite la nueva libertad, convirtiéndose en algo así como la sacerdotisa del despelote.

El gobierno, alarmado ante la ola de erotismo, quiere frenarla. Se exige omitir el desnudo en la portada de las publicaciones, se obliga a vender enfundadas las revistas de destape y se dictan medidas sobre las zonas de la anatomía a exhibir. Es cosa poco duradera. Pasado un tiempo se empieza a hacer la vista gorda y las fotos en cueros de las famosas se brindan como oportunidad para resarcirse de años de represión.

Lo que faltaba. El antipapa del Palmar de Troya

Desde hace algún tiempo se viene hablando del Palmar de Troya, lugar de una supuesta aparición de la Virgen Santísima, lo que da lugar a que un administrativo sevillano llamado Clemente Domínguez, dándoselas de vidente, empiece a excitar una religiosidad popular y milagrera que le permite fundar una nueva Orden Carmelita de la Santa Faz. Ésta se convierte en lugar de peregrinación y foco de atracción de creyentes de alta credulidad, que proceden de diversos países y hacen importantes aportaciones dinerarias. En enero de 1976, un obispo vietnamita exiliado consagra a 43 obispos entre los secuaces de la cofradía. Es suficiente para que el Vaticano decrete la excomunión de los implicados. Pero Clemente sigue actuando y tras sufrir un accidente que le deja ciego, a la muerte de Pablo VI se proclama papa con el nombre de Gregorio XVII. Ya como «antipapa» canonizará a Franco y a José Antonio. Esto sucede en pleno siglo XX.

El falso Sumo Pontífice sevillano no tiene mejor ocurrencia que irse de viaje pastoral y, en tierras de Ávila, se atreve a menoscabar la importancia de Santa Teresa, relativizándola en comparación con la Virgen Macarena de su tierra. Nunca debió haberlo hecho. Apenas se divulgan sus imprudentes manifestaciones, un nutrido grupo de lugareños se lo quieren hacer pagar caro y, a cantazo limpio, obligan a Clemente y a su séquito a poner pies en polvorosa. La intención es arrojarlos de cabeza al Tormes. La acción de la Benemérita lo impedirá.

La prostitución no decae

Curiosamente, a la mayor permisividad de costumbres imperante y cuyo signo externo más patente es el desahogo con el que las parejas se besan en público y hasta llegan a ser sorprendidos haciendo el amor en algún parque o descampado, corresponde un aparente crecimiento de la prostitución. Algunos lugares de alterne optan por el *topless* y los salones de masajes empiezan a proliferar, ofreciendo desde una sauna a servicios mucho más sofisticados. En Barcelona se descubre una red de *call-girls* para altos ejecutivos, y entre las que se prestan a endulzar las noches de los atareados profesionales hay jóvenes estrellas del destape y alguna señora deseosa de aliviar la nómina familiar con las treinta mil pesetas en que se valora una noche de amor con *show* y cena incluida. En Mallorca, se dan cuenta de la existencia de una amplia red de prostitución que actúa en hoteles de lujo, nutrida, en su mayoría, por chicas extranjeras de las que se dice que «si sólo vinieran a la isla para hacer turismo, lo más probable es que no vinieran». En 1977 se calcula que España cuenta con más de medio millón de prostitutas, entre las que hay que consignar la presencia de portuguesas, francesas, argentinas, libanesas, guineanas, marroquíes y filipinas. La mayoría de estas últimas han llegado a España para dedicarse al servicio doméstico, ya que las españolas que quieren trabajar de criadas son cada vez más raras. La traída de fámulas filipinas, deseosas de salir del subdesarrollo y del hambre de su país, se pone de moda entre la burguesía. Cierto número de estas muchachas de Mindanao, o de Panay, sea mediante engaños o chantajes, acaban por ejercer el viejo oficio, menester que se lleva a cabo en Madrid desde la calle de la Ballesta hasta la Costa Fleming y calle del Capitán Haya. En Barcelona, esta actividad se constata en zonas del Ensanche, con la consiguiente alarma del vecindario sorprendido por tan desacostumbrada presencia. En Bilbao, de las célebres Cortes se pasa a los aledaños de la Plaza Elíptica.

Una encuesta hecha entre mujeres de la vida, en 1977, revela sus amargas quejas por lo que llaman la existencia de una competencia desleal o «competencia coyuntural de la aficionada». Se trata de muchachas de la burguesía baja y media, estudiantes y dependientas de grandes almacenes, que se introducen en el oficio de manera descontrolada al objeto de conseguir unos ingresos complementarios que les permitan vestir a la moda, poder comprarse un apartamento o pagarse un viaje exótico de vacaciones. En esta prostitución coyuntural se descubre la bajada del tono moral del país, así como un alza alarmante de las enfermedades venéreas.

Del recato al nudismo

En la España de la democracia recién estrenada, el verano de 1978 va a marcar un gran hito en el proceso de liberalización individual. Ese verano se impone en las playas mediterráneas la moda del «monokini». En Tossa, en Benidorm, en Torremolinos, el panorama de mujeres sin sujetador ofrece un plebiscito abrumador. En más de una ocasión, señoras maduras con senos estrepitosamente desparramados ofrecen su desnudez de cintura para arriba, llevadas por el imperativo de la moda con la que nos colocamos en cabeza de los países más «progres», en un bandazo muy propio de nuestra idiosincrasia, tras años de haber sido la reserva espiritual de Occidente. La innovación no está privada de sobresaltos. En una playa, unos jóvenes al parecer chapados a la antigua deciden desnudarse y se niegan a volver a cubrirse con sus ropas hasta que algunas chicas que toman el sol a pecho descubierto no se tapen. En otra playa, una señora mayor que está con sus dos nietos se pone a protestar en voz alta, indignada por lo que juzga la indecencia de una mocita que lleva sus senos al aire. Otras muchachas, al ver el alboroto, increpan a la señora y un grupo que viste bañador de dos piezas se apresura a quitarse el sostén en solidaridad con la atacada.

Pero la licencia no se limita al *topless*. En algunas playas de zonas más retiradas empieza a practicarse el nudismo integral. Lo más engorroso para los amantes del naturismo, entre los que se cuentan alemanes, franceses, italianos y escandinavos a los que rápidamente se unirán españoles negadores de que el cuerpo humano tenga partes buenas y partes malas, es la legión de mirones que atraídos por la novedad se apostan en lugares desde los que pueden contemplar hombres y mujeres vestidos todo lo más con un reloj de pulsera. Frente al nudismo, la reacción gubernativa es débil. Tan sólo en Menorca e Ibiza y, probablemente a instancias de un Poncio Pilato demasiado púdico, la Guardia Civil interviene pidiendo a los nudistas el pasaporte o carné de identidad, pretensión ingenua dado que los interpelados van sin prenda alguna en la que albergar cualquier documentación. En un reportaje dedicado a la existencia de las playas nudistas se registran datos curiosos, como la insospechada presencia en ella de parejas encueradas procedentes de Navarra o Soria, regiones donde, tradicionalmente, se ha rendido culto al recato más estricto. Un psicólogo, analizando el fenómeno del nudismo parcial o integral, da esta explicación:

> De tiempo se ha asociado —aun en las mentes más pretendidamente liberales— desnudez con pecado, falta de ropas con morbosidad, naturismo con sexualidad sucia u oportunidad para relaciones sexuales furtivas. ¡Como si para llevarlas a cabo fuera obligatorio desvestirse! Acaso lo más saludable de este fenómeno del desnudismo en España sea que, pese a la brutalidad de la

represión de los siglos pasados, y, concretamente, de los últimos treinta años, hoy puede verse a familias enteras —niños, jóvenes y mayores— tomando el sol sin complejos, tal como vinieron al mundo.

Evidentemente, algo ha cambiado bajo el sol de España, cuando en el curso de una generación se ha pasado de la imposición del bañador completo y de la separación de sexos al común retozar natural de hombres, mujeres y niños tan desnudos como Adán y Eva en el paraíso terrenal.

El tema del aborto sale a la luz

La noticia del proceso que va a celebrarse en Bilbao contra unas mujeres acusadas de haber abortado, así como la detención en Cerdanyola (Barcelona) de otras inculpadas de lo mismo, provocará uno de los gestos colectivos más significativos de la transición política. Ya en vísperas del proceso se registran recogidas de firmas y reacciones de asociaciones feministas en protesta contra el acto, produciéndose también manifestaciones de mujeres en los alrededores de la Audiencia bilbaína. Se ha replanteado de nuevo el tema de los problemas personales, sociales y económicos de la madre que se ve impelida a abortar. En plena polémica se hace público el llamado «documento de las famosas», un escrito avalado por casi cuatro mil firmas y cuyos párrafos iniciales dicen así de claro:

> Ante el juicio de las once mujeres de Bilbao sobre el aborto y las detenciones de Sardañola y ante la creciente represión en contra del aborto, nosotras, mujeres, exigimos la amnistía de todas las mujeres y hombres encausados por aborto, la inmediata libertad sin fianza de los detenidos de Sardañola y un cambio en la legislación que contemple el aborto libre y gratuito. Por tanto, las abajo firmantes, conscientes de las consecuencias y de las repercusiones penales que nos pueda reportar, declaramos:
>
> Yo he abortado.

El revuelo se produce al conocerse el nombre de algunas de las firmantes, personas destacadas en ámbitos de la vida nacional tan propicios a la notoriedad pública como el cine, el periodismo, la canción, la política o la abogacía. Entre las personalidades políticas se cuentan Pilar Brabo, Carlota Bustelo, Cristina Almeida, Matilde Fernández, Eva Forest y Eulalia Vintró. Entre las actrices están Lola Gaos, Tina Sainz,

Emma Cohen, Núria Espert, María Cuadra. Entre las cantantes se puede enumerar a Ana Belén, Massiel, Maria del Mar Bonet, Guillermina Motta. Entre las letradas, Cristina Alberdi y Lidia Falcón. Y entre las periodistas, Rosa Montero, Mercedes Milá, Nativel Preciado y Soledad Gallego-Díaz, a las que se añaden las escritoras Montserrat Roig y Rosa Regás. Cerrando la nómina de famosos, Pilar Miró, directora de cine. Desvelados los nombres, la curiosidad periodística interpela a algunas de las firmantes y les pide detalles de las circunstancias en que tomaron la decisión de abortar. La mayoría de ellas se limitan a reafirmarse en su solidaridad, haciendo honor a su firma. El revuelo es tan considerable que se prefiere no indagar. Es muy difícil tomar represalias contra tanta gente, y se estima como coartada el que si el aborto ha sido practicado en el extranjero, no cabe inculpación y, por otra parte, para muchas de las autoinculpadas podría haber transcurrido el plazo de prescripción del delito. En cualquier caso, esta declaración pública es como un reto que dará alas a los colectivos feministas amparados en el argumento de «A ver si se atreven a abrir diligencias». Y no se atrevieron. Esta acción representará un primer paso en el camino hacia la despenalización del aborto.

Del riesgo de la droga al azar del juego

Fenómeno ciertamente inquietante y de cuya extensión está percatándose la España de finales de la década es el comienzo de la difusión del consumo de droga. Del porro de la década de los sesenta, como expresión de euforia compartida y síntoma de liberación, se está pasando a la droga dura que se extiende sobre todo entre la juventud. El entrar en el «mogollón», el «enrollarse», es confesión de muchachos y muchachas caídos en la drogodependencia, primer paso hacia la prostitución, la delincuencia y la inseguridad. El fenómeno no hará más que crecer y aumentar hasta sus últimas consecuencias, hasta convertirse en una verdadera plaga social.

Cierto es que no toda la juventud cae en la trampa de la droga. Una buena parte frecuenta discotecas que viven un auge esplendoroso. El grupo Pachá posee diez establecimientos por toda España, el grupo Cerebro, ocho. Y luego están los Traumas, Psicosis, Metamorfosis, Boccacio, Tiffany's, Bikini, donde entre el atronar de los decibelios se da rienda suelta al contoneo más libérrimo. Una película estrenada por estas fechas, *Fiebre del sábado noche*, propaga el apogeo del «travoltismo», el tipo hortera, y aun del «macarra», puestos de moda. Miguel Bosé, cuya declarada ambigüedad le da caracteres muy arquetípicos del momento, no vacila en hacer una nueva declaración: «Me encantan los macarras».

Si el baile de discoteca se ofrece como exponente lúdico de la época, el bingo se cuenta entre uno de sus mayores exponentes sociológicos. En el camino hacia la legalización del juego, que llegará con la apertura de casinos abiertos a todos los juegos de azar, el bingo es la primera gran tentación que abarca a jóvenes y viejos. Muchos grandes hoteles habilitan su sala de bingo, dada su rentabilidad, y para el mismo juego se abren gran número de locales. En 1978 los españoles se gastan ciento treinta y cinco mil millones de pesetas en jugar al bingo y no le va a la zaga el gasto hecho en las máquinas tragaperras, negocio que da para hacer grandes fortunas. Si añadimos que en la lotería de Navidad de 1977 se juegan trescientos mil millones de pesetas tendremos un cuadro por el que, unido a lo jugado en los casinos, en las quinielas y en el cupón de los ciegos, se describe a la sociedad española como una de las más esperanzadas en las virtudes del juego como medio de enriquecimiento. En años sucesivos el Estado explotará esta ludopatía, que parece ser nuestro distintivo nacional, en su beneficio creando nuevas rifas como la lotería primitiva.

La aparición de Tip y Coll

En esta década se produce la aparición televisiva de una pareja destinada a hacer historia, no sólo en el medio, sino en los anales del humor hispánico. Se trata, evidentemente, de Luis Sánchez Polack (Tip) y José Luis Coll. Su gracia novedosa, inteligente, que hace juegos malabares con el lenguaje y asombra con las proposiciones más abracadabrantes es de infalible efecto. Ellos solos dignifican el medio televisivo. El contraste entre ambos es mágico. A las propuestas disparatadas y de un absurdo de la mejor ley que hace Tip, Coll representa el retruécano que complementa la situación haciendo de prestidigitador del lenguaje. Vale la pena recordar aquí una anécdota de José Luis Coll que acredita el gran ingenio que posee. En 1975 publica su célebre *Diccionario*, que es un prodigio de agude-

El dúo humorístico Tip y Coll en las fiestas del Pilar de Madrid.

za en la disección de los vocablos y en la búsqueda de las interpretaciones más inesperadas. Según se ha sabido, el rey Juan Carlos tenía interés en tener un ejemplar dedicado y José Luis, cumpliendo el regio deseo, estampó la siguiente dedicatoria: «A sus Majestades los Reyes Juan Carlos Primero y Sofía después».

Tras su etapa televisiva, y ya separados, Tip tendrá un largo protagonismo radiofónico de la mano de Luis del Olmo actuando en el programa «El Estado de la Nación», y hasta el final de sus días seguirá desternillando a sus oyentes con su peculiar e inimitable estilo y sentido de un humor irrepetible.

Miguel Gila sigue siendo gancho en todas cuantas apariciones televisivas hace, fiel a su estilo de gracia carpetovetónica y sus parodias siempre hilarantes. Por lo demás, hay que reconocer que es una etapa brillante para el humor, como demuestran las citadas publicaciones dedicadas a provocar la sonrisa, desafiando un clima con escaso sentido del humor.

La radio revive

Ante la aplastante superioridad de la innovación televisiva, la radio, distracción exclusiva de los españoles, sobre todo de los desfavorecidos en los años cuarenta y cincuenta, pierde audiencia. No obstante, nuevas figuras empiezan a recabar oyentes haciendo valer su personalidad y una manera especial de entender el alcance populista que podía tener el medio. Éste es el caso de Luis del Olmo con su programa «De costa a costa», magazine matutino de alcance nacional que se beneficia de no tener competencia televisiva. Encarna Sánchez empieza a acaparar la atención de la audiencia noctámbula con su «Encarna de noche», una especie de teléfono de la esperanza radiofónico, ante el que se revelan problemas humanos, situaciones límite de seguro impacto sobre el oyente. Un periodista deportivo procedente del diario *Pueblo* —José María García— encuentra en el micrófono la caja de resonancia para superar una limitación cultural, causa de divertidas pifias. García no deja títere con cabeza al tomar el tema del deporte como un sucedáneo de la crítica político-social, vedada todavía en los últimos años del franquismo. Otras figuras de la radio como Iñaki Gabilondo, José Domingo Castaño, José Luis Pecker y Joaquín Prat emergerán acusadamente en esta década. Algunos de ellos se sirven de su popularidad en la radio para dar el salto a la televisión, donde su desparpajo les vale como conductores de concursos. Otros hombres salidos de la radio, como José María Íñigo o Alfredo Amestoy, se convierten en personajes populares de la televisión gracias a la gran audiencia de programas como «Estudio abierto» y «Directísimo», en el caso del primero, y «Los Botajara», en el caso del segundo. Otros programas muy seguidos son «Hora 25», «Carrusel deportivo» y «Clásicos populares».

Como dato económico revelador del ascenso radial, baste decir que si los ingresos por publicidad se sitúan en 1976 en tres mil millones de pesetas, en 1978 ascienden a cinco mil cuatrocientos millones.

La crónica negra de principios de los ochenta

Para los ávidos del crimen, el delito del año es el misterioso asesinato de los marqueses de Urquijo ocurrido en el mes de agosto de 1980. El rango de las víctimas, la multiplicidad de sospechosos y las muy particulares características del entorno familiar rodean al crimen de los ingredientes imprescindibles de un *thriller* de la mejor ley. Más de un año se tarda en descubrir al presunto autor. El asesinato se atribuye al marido de la hija de los marqueses, Rafael Escobedo, pero las sospechas abarcan hasta amigos del presunto, todos ellos gente de buena familia. Ante lo oscuro de las circunstancias la justicia opta por condenar acogiéndose a la ambigua fórmula de definir el delito como perpetrado por el condenado «solo o en compañía de otros». Escobedo queda recluido en el penal de El Dueso para cumplir la pena de cincuenta y cuatro años que le ha sido impuesta, pero se quita la vida ahorcándose.

Unos meses después se produce la «ejecución» del industrial Vila Carbonell tras la «condena» impuesta por un consejo de familia, dado el dominio tiránico y opresor que el señor Vila Carbonell ejercía sobre el clan familiar. Un clan formado por su mujer y seis hijos, todos los cuales se han confabulado para cargar la autoría a una de las hijas, menor de edad, para así atenuar la culpa. La viuda del occiso, llamada «la dulce Neus», después de varias peripecias que incluyen evasión de la cárcel de Wad-Ras y huida a América con documentación falsa, adquirirá tal notoriedad que hasta se presta a exhibir sus flácidas carnes en una revista especializada en el desnudo.

Algo de la música que oíamos

Musicales en televisión, espacios radiales como «Los 40 principales» son los difusores de un orbe melódico o rítmico que va desde lo paleto y grotesco de la charanga del tío Honorio, hasta lo refinado de *Un ramito de violetas* de Cecilia, cantante que morirá algún tiempo después en accidente de tráfico. Igual destino tendría el popularísimo Nino Bravo, fallecido a los veintiocho años en 1973, aureolado por sus éxitos con *Noelia*. Voces surgidas la década anterior como Luis Eduardo Aute, José Luis Perales, Víctor Manuel, Joan Manuel Serrat, Miguel Ríos se mantienen en el rango de cantantes y cantautores, mientras que conjuntos como Los Bravos, Los Pasos, Los Relámpagos, Los Diablos alimentan el contoneo parpadeante de las discotecas. Éxito con mayúsculas es el que consigue Paco de Lucía con el flamenco-pop de *Entre dos aguas*. Julio Iglesias quiere refrendar su popularidad participando en el Festival de Eurovisión de 1970 con *Gwendoline*, pero no pasa del quinto puesto.

De fuera nos llegan dos inolvidables piezas altamente representativas de la música del siglo XX: *Tubular Bells*, de Mike Oldfield, e *Imagine*, de John Lennon. También es representativa la popularísima horterada que incorpora John Travolta con *Fiebre del sábado noche*. La gran popularidad de *Evita* no puede evitar que se llore por Argentina, sometida a una dictadura ferozmente represiva. Quilapayún y los de Palacauina con Carlos Mejía Godoy y su *Son tus perjúmenes mujer* nos traen aires ultramarinos. Los mismos que María Dolores Pradera resucita con sus valsecitos peruanos.

Los setenta confirman a Rocío Jurado como la principal tonadillera de nuestro tiempo, pero recordemos que su aparición nada folclórica en «Cambie su suerte» en Televisión Española con transparencias y sin sujetador alguno, provoca el despido de un alto cargo televisivo. Después su carrera se orienta por los faralaes y la tonadilla, hasta llegar a una cima a la que tan sólo Isabel Pantoja pudo aspirar a soñar.

En esta pincelada sólo cabe citar a aquellos monstruos que son Pink Floyd, Stevie Wonder, Sting, Bruce Springsteen, Petula Clark y su *Down Town*, que acaparan la escucha de una generación.

Acabaremos recordando la denodada defensa de lo ibérico hecho por Peret y su rumba catalana en su participación en Eurovisión, en 1974 con una pieza llamada *Canta y se feliz*, apología de nuestro sol y de nuestro talante que da una felicidad inmune a lo europeo, es decir, indiferente ante ese Mercado Común que nos cerraba sus puertas.

La televisión que vimos

En 1971 aparece «Crónicas de un pueblo», serie didáctico-política de alcance lugareño, como su nombre indica, con personajes bonachones pero un tanto zoquetes.

En 1972 comienza la serie «Stop». Se consolida el espacio «Estudio abierto», en la segunda cadena, que presenta José María Íñigo. «España Siglo XX» cubre con dignidad el obligado espacio destinado a tratar los temas históricos. Gran éxito del concurso creado por Narciso Ibáñez Serrador «Un, dos, tres, responda otra vez» que hace famoso a don Cicuta (Valentín Tornos), y da notoriedad al presentador Kiko Ledgard, y a los tacañones y las secretarias, de las que saldrán Victoria Abril, Aurora Claramunt, Agatha Lys, Yolanda Ríos, María Casal, Lidia Bosch, Silvia Marsó.

En 1973, «La cabina» de Antonio Mercero obtiene un Emmy y el Premio Internacional de la Crítica en Montecarlo. Todo merecidísimo. Se inicia la serie «Los camioneros» para lucimiento de su viril protagonista, Sancho Gracia. Las andanzas del pequeño saltamontes, de mayor Kung Fu, apasionan al telespectador, que puede ver al pacífico peregrino sortear dificultades con mano de hierro y pies de plomo, y a cámara lenta. También se produce el auge de los detectives alternativos, los cuales aseguran la popularidad de Madigan, MacCloud y Amos Burke a la espera de la llegada de Colombo.

En 1974 tiene gran éxito la serie infantil «Pipi Calzaslargas». Tom Jones y Engelbert Humperdinck son la atracción máxima de una edición extraordinaria del programa «Señoras y señores» con motivo de la Nochevieja. Se imponen las series de dibujos animados infantiles como «Heidi y Marco».

Nuestra televisión adquiere color en 1975, relegando el blanco y negro a algo prehistórico. Es el año de «Los pícaros» de Fernán Gómez, de «Fauna ibérica» de Rodríguez de la Fuente y del paso de José María Íñigo y su «Directísimo» a la primera.

En 1976, el cambio político se registra en Televisión Española con un nuevo contenido de los telediarios que presentan Eduardo Sotillos, Lalo Azcona y Pedro Macías. La serie extranjera que acapara más audiencia entonces es «Sandokán», que crea una verdadera psicosis en torno a su protagonista, Kabir Bedi. Éste viaja a España para comprobar la enorme popularidad adquirida. Nuevos espacios, sintomáticos de la apertura, entran en antena como «La clave», que dirige José Luis Balbín. Lo literario tiene su programa semanal en la segunda cadena con «Encuentro con las letras», que dirige Carlos Vélez y en el que intervienen Fernando Sánchez Dragó, Jesús Torbado y Daniel Sueiro entre otros. Bárbara Rey presenta «Palmarés», un programa musical. La serie nacional de éxito es «Curro Jiménez», otra vez con Sancho Gracia, al lado de José Sancho y Álvaro de Luna. Y aparece «Raíces», que narra las desventuras de Kunta Kinte.

Un año más tarde aparecen «La casa de la pradera» y «Kojac», protagonizada por Telly Savalas. Como realizaciones propias destacan «Suspiros de España», de Armiñán, y «Cuentos y leyendas de Páramo».

La serie «Hombre rico, hombre pobre» acapara audiencias abundantes en 1978, pero las series británicas como «Los Roper» y «Un hombre en casa» ya tienen su atractivo.

En 1979 se sigue con extraordinario interés la serie «Yo Claudio», un producto con mucha calidad, pero también tienen su público otras series

Soler Serrano entrevista al artista Salvador Dalí en su programa «A fondo».

de menor calado como «Los Ángeles de Charlie» o «Vacaciones en el mar». El programa «A fondo», basado en las inteligentes entrevistas de Joaquín Soler Serrano, demuestra el valor documental de la televisión y da voz a personajes como Borges, Vargas Llosa, Josep Pla, Onetti, Delibes, Cela, Paz, Cortázar y Rulfo.

En 1980, las maldades de J. R. en «Dallas» baten récords de audiencia. Le sigue «Verano azul».

Finalmente, en 1981, dos series importantes acaparan la audiencia y dignifican la televisión: la inglesa «Arriba y abajo» y la española «Los gozos y las sombras», basado en el texto de Gonzalo Torrente Ballester.

La crisis de los ochenta y la delincuencia juvenil

Hay que reconocer que el estamento policial es el que, en esta época de paro, no carece de trabajo. El terrorismo, la delincuencia habitual y como tarea excedentaria, la que proporciona la enorme crecida de la delincuencia juvenil. Ésta tenía ya sus figuras míticas, como Kung Fu, especialista en el robo de coches desde la más temprana edad, o el Jaro, muerto sin haber salido de la adolescencia. En Barcelona se hacen famosos el Vaquilla y el Torete, salidos del barrio de La Mina, un arrabal donde se agolpa toda la miseria del desempleo y de la marginación. El director de cine José Antonio de la Loma aprovecha la popularidad de estos tipos para hacer un filme de gran éxito titulado *Perros callejeros*. Lo mismo hace Carlos Saura con un golfillo llamado el Mini, que protagoniza la película *Deprisa, deprisa*. Lo curioso es que a pesar de «fumar» y de, en ocasiones, estar con el «mono» y «picarse», estos muchachos metidos a actores, mientras dura el rodaje se comportan irreprochablemente, se muestran como personas encantadoras, con un gran sentido de la amistad y cumplidoras. Alguien lo atribuye a que por primera vez están ocupados y trabajan en algo que les gusta, lo cual da la razón a la terapia ocupacional. El caso del Mini es patético. Cuando se da la noticia de que la cinta *Deprisa, deprisa* acaba de recibir el Oso de Oro en Berlín, y a diez días de su estreno en Madrid, el Mini, en realidad llamado José Antonio Valdelomar, acaba de ser detenido por haber cometido un atraco a mano armada en una sucursal del Banco de Vizcaya en la calle Ríos Rosas. El dinero cobrado por actuar en la película —trescientas mil pesetas— ya se lo había gastado.

A un ritmo de mil nuevos parados por día, el número de muchachos que vivían de espaldas a las instituciones no hace más que aumentar. Los problemas de tipo social que tal situación acarrea son desoladores. Un 29,4 por ciento de las víctimas del paro juvenil se dedica al consumo de drogas, al alcoholismo, a la violencia o a la delincuencia. El robo de vehículos, el tirón, el atraco en portales o ascensores navaja en mano, son los tipos de delito escogidos por estos marginados. Un 11,2 por ciento se entrega al pasotismo viviendo a salto de mata. Un 7,9 por ciento vive su situación en continua tensión, rodeado de problemas familiares. Los demás confiesan debatirse en plena desesperación, sumidos en una visión pesimista y derrotista ante la vida y el futuro. ¿Cabe mejor caldo de cultivo para caer en una existencia fuera de la ley?

España se droga

Otro fenómeno que provoca un aumento de las visitas a los Montes de Piedad y la alarma de la sociedad española es la droga, cuyo consumo crece en progresión geométrica. De 1980 a 1981 casi se duplica la cantidad de droga, concretamente heroína, decomisada. Todo apunta a que el azote no ha hecho más que empezar.

La imperiosa necesidad de conseguir fondos para poder comprar droga y saciar el «enganche» lleva a las familias al infierno. Los objetos de valor empiezan a desaparecer de los hogares. En el mejor de los casos para ser llevados al empeño. En el peor, para ser malvendidos. El decenio de los ochenta tendrá que afrontar la problemática de la droga como una de las plagas de mayor incidencia sociológica, sanitaria y delictiva, y la principal causa de desestabilización de la cotidianeidad familiar, rota por la presencia de un drogadicto, capaz de devorar un patrimonio y destrozar toda armonía, convirtiendo la existencia colectiva en una pesadilla. Porque, en escasamente ocho años, España ha pasado de ser un país de tráfico, a serlo de consumo de drogas.

Puede afirmarse sin temor que ningún joven, llegados a la mitad del decenio, se ha visto libre del «camello» que ofrece su terrible mercancía. El número de detenidos por tráfico de drogas llega en 1984 a once mil quinientos y el de heroinómanos se calculaba en unos cien mil; se estima en cuatro millones los consumidores habituales de algún tipo de droga, incluido el alcohol.

La droga, la cultura *underground*, la abierta promiscuidad sexual rinden culto a fenómenos como la estética *punk*, todo un desenfreno de la «nueva ola» y en no pocos casos abocado a la sobredosis mortal. Poco tiempo después, la aparición de los primeros casos del síndrome de inmuno deficiencia adquirida (SIDA) elevará un riesgo que se convierte en auténtica amenaza para la salud pública, y no son pocas las víctimas jóvenes sacrificadas en pleno furor de vivir a la última. Entre ellas, hijos de personajes harto conocidos de la vida intelectual y científica española.

Coplillas sobre el 23-F

El «tejerazo», como gesto con raigambre hispánica y muestra de redaños, da lugar a la aparición de muñecos con tricornio y visibles atributos de virilidad pareada, de venta en tenderetes especializados en insignias, retratos y emblemas del régimen franquista, pero, por otro lado, también sirve de inspiración de coplillas burlescas como ésta:

En la villa de Madrid,
la del Oso y el Madroño,
pronunció un guardia civil
un seco y sonoro coño
que se oyó en Valladolid,
en Pamplona y en Logroño
y en el resto del país,
y que nos dejó pasmados
a mayores y retoños.

La coplilla sigue en ese tono para acabar con estos versillos:

Deseamos que ese Tejero
se meta en el agujero
(del cu..., se
sobreentiende)
su fascismo puñetero.
Y lo mismo que Tejero...
los demás, que ya me
entienden.

Otras, con la conocida música de *Morena Clara*, se aplican en estos términos:

Estando en el Parlamento
todos juntos en sesión,
entró un civil con bigotes
y dijo «Eso se acabó».

«Rendíos», gritó Gutiérrez
y con Tejero se peleó.
Al suelo saltaron todos,
menos Suárez y otros dos.

Suárez, que aguantó el tipo,
explicaciones pidió.
Tejero se ha molestado
y al escaño le envió...

La gran novedad que apasiona: el vídeo

En 1982, y a manera de pórtico del año entrante, se hace saber que a los tres años y medio de aparecer los «lilas» (los billetes de mil duros con la efigie de Carlos III), la inflación se ha comido un 50 por ciento de su valor, y el paro se sitúa en los 2.150.000 desocupados. Pero como seguimos siendo el país donde cualquier paradoja puede tener cabida, al propio tiempo se anuncia el fichaje del futbolista Diego Armando Maradona por el F. C. Barcelona al precio de mil millones de pesetas, el más caro de la historia del balompié. En pleno auge del dinero de plástico, y para facilitar nuestro inveterado hábito de aficionados, los cajeros automáticos (la banca electrónica) se han puesto de moda. Las cajas de ahorros —se anuncia— van a invertir ocho mil millones de pesetas en la instalación en los próximos tres años de mil doscientos cajeros automáticos, lo que aumentará su número de ochocientos a dos mil. En cuanto al uso de las tarjetas de crédito, se estima que un 40 por ciento de los españoles hace uso de éstas habitualmente, habiéndose doblado el número de usuarios en apenas tres años.

En el permanente tránsito de una novedad tecnológica a otra, 1982 es el año del lanzamiento del vídeo. La proximidad de los campeonatos del mundo de fútbol que van a tener lugar en nuestro país, dispara la venta de vídeos a aficionados ávidos de registrar, para su solaz, los momentos gloriosos de nuestro deporte nacional. En 1981 ya se venden en España noventa mil vídeos y todas las expectativas anuncian una duplicación de las ventas para 1982. Algunos aventuran una venta de doscientos mil, lo que supondrá para el comercio de electrodomésticos unos ingresos de treinta mil millones de pesetas. Como la coyuntura es favorable, algunos hipermercados hacen una oferta que incluye un vídeo, un televisor y un casete por 125.000 pesetas. Algunas entidades bancarias, con tal de que se haga una imposición mínima de 250.000 pesetas, regalaban un televisor en color; si se dobla esta cantidad, el cliente puede llevarse a su casa un vídeo.

Es el *boom* del vídeo, a cuyo amparo florecen los videoclubes, negocio que crecerá como la espuma. Ante una oferta televisiva basada en productos como «Los camioneros» y «Los invasores», es de todo punto preferible alquilar un largometraje. Sin desdeñar a aquellos que gracias al vídeo pueden grabar series como «Arriba y abajo», «Viaje con André Malraux» o «Los gozos y las sombras». Sea como fuere, el vídeo representa la liberación respecto a los horarios de los programas de televisión, el acceso a las cintas pregrabadas y la posibilidad de hacerse una videoteca con material propio o adquirido.

Diálogos (nada platónicos) en pleno 23-F

A partir del mes de febrero de 1982, toda España está pendiente del juicio contra los treinta y tres militares implicados en la intentona golpista del 23 de febrero del año anterior. En el Servicio Geográfico del Ejército se habilita una sala que va a ser escenario de las sesiones de un proceso al que se le atribuyen caracteres de prueba para la democracia: es su enfrentamiento con un sector militar tras del que se ocultaba una trama civil que nunca ha sido debidamente esclarecida. Con motivo del proceso sale a relucir, gracias al periodista Pepe Oneto, una conversación telefónica sostenida entre el teniente coronel Tejero y Juan García Carrés, el único civil inculpado. El diálogo se produce cuando Tejero tiene al Congreso en su poder y está esperando —nervioso— la llegada del personaje clave que nunca hizo acto de presencia. Vale la pena reproducirla como botón de muestra del estilo y del léxico de los golpistas, y como documento de valor histórico y documental:

GARCÍA CARRÉS: Dígame, un momentito por favor.
TEJERO: Coño, me cago en la leche...
G. C.: Éstos han cortado la comunicación. Va un regimiento para allá. No te muevas que te quiere hablar...
T.: ¿Cómo me voy a mover, cojones? Si de aquí no se puede uno mover. No sé lo que harías tú aquí.
G. C.: Que no cortes, coño.
T.: Me cago en la puta que os parió...
G. C.: Un momento, no cuelgues...
T.: Estoy pasando un rato cabrón...
G. C.: Villaviciosa y Pavía van a salir. Aguanta y que comuniques a la gente todo esto.
T.: Pero, ¿cómo que aguantar? Pero tú te crees que aquí no aguantamos...
G. C.: Oye la radio. Me dice Pedro que está mintiendo.
T.: Nos ha jodido, claro que está mintiendo...
G. C.: Por favor, aguanta que la victoria es por España.
T.: Eso, ¿me lo estás diciendo a mí, Juanito?
G. C.: Los hombres de honor sabrán corresponder a todo eso.

El teniente coronel Antonio Tejero irrumpe, pistola en mano, en el Congreso de los Diputados durante la segunda votación de la investidura de Leopoldo Calvo Sotelo como presidente del Gobierno.

T.: Juanillo, no me hagas propaganda, coño.
G. C.: Ánimo, ánimo, aguanta, aguanta...
T.: Va un manifiesto para *El Alcázar*. Se lo hemos dado a Abad para que lo publique. Coño, coño, porque la radio dice lo que le sale de los huevos...

Una nueva clase: los divorciados

Rara vez el español medio ha tenido una vivencia tan activa de los problemas económicos, ni nunca ha estado más cerca de seguir los avatares del IPC (Índice de Precios al Consumo) o del PIB (Producto Interior Bruto) en la sabiduría de lo que significan estas siglas. Y como en toda ocasión en la que algo preocupa a la colectividad, no falta quien la deriva hacia los terrenos de la broma. Los chistes sobre asuntos económicos, en especial los relativos a Hacienda, pasan a formar parte preferente del catálogo de los humoristas.

Los cambios sociales experimentados entre 1979 y 1984 dan pie al establecimiento de nuevos estatutos legales, como el estado civil de «divorciado/divorciada» que, debidamente reflejado en el DNI, equivale a una situación de disponibilidad que autoriza a contraer nuevas nupcias. Si tras la implantación del divorcio la curiosidad se concreta en conocer su aceptación y en cifrar el número de parejas con el nuevo estatus, una vez sabido esto se trata de tener idea del cómputo de reincidentes, porque hay quien sostiene que «una de las ventajas de que no hubiera divorcio en España es que así nadie se volvía a casar. Con una vez para toda la vida parece suficiente». Ciertamente, el divorcio lo toman los españoles más como portillo de evasión del matrimonio que como vía libre para contraer otro. Y así, frente a los diez mil divorcios que se han tramitado desde su aprobación hasta abril de 1982, el número de reincidentes sólo se acerca a los mil. Lo curioso es que estos ciudadanos no pertenecen al fastuoso mundo del espectáculo. Son gente corriente, en muchos casos personas mayores que quieren solucionar una situación de matrimonio natural, de unión libre de larga duración, para legalizar su situación y cobrar una pensión. Algunos casos descubren secretos llevados durante largo tiempo, como un anciano de setenta y cinco años que explica su historia de este modo:

> En el barrio, nadie sabe que estamos sin casar. A mí no me importa pero a mi mujer sí, por eso me divorcié hace un mes y ahora me vuelvo a casar. Mi señora es soltera y lo que más trabajo me ha costado ha sido encontrar a mi primera mujer, hasta que la localicé en Valencia en donde vivía con otro señor y del que tiene hijos. El follón era de aúpa porque nosotros también teníamos hijos, que eran como hijos de soltera. Ahora, gracias a unos abogados jóvenes, amigos de mis hijos, hemos solucionado la papeleta.

En general, son más los reincidentes varones que las hembras, porque éstas suelen quedarse con los hijos y una nueva boda acarrea más problemas. También es posible admitir que dado el grado de independencia adquirido por las mujeres, les importa menos casarse por segunda vez. Al margen de estos casos de reincidencia, es de notar que el número de uniones libres crece en España, confirmando los temores del ministro Fernández Ordóñez, expresados al promulgarse la ley del divorcio.

Aumento de las violaciones

Otro fenómeno que llega a convertirse en pesadilla diaria es el de las violaciones. Su incremento, a semejanza de lo sucedido con la droga, se produce a un ritmo ascendente. En 1989 hay 855 denuncias por atropello sexual. Esta cifra refleja una realidad, pero no toda, pues es bien sabido que gran parte de estos hechos no son denunciados, por vergüenza o por una creciente desconfianza en la eficacia de la justicia. La sociedad española ha alcanzado un alto nivel de permisividad. Las relaciones sexuales han roto casi todos los tabúes. La iniciación sexual plena rebaja su listón hasta comienzos de la adolescencia. La prostitución sigue vigente y el gran comercio creado a su alrededor tiene acceso a los medios de comunicación impresos que anuncian multitud de salas de masaje, clubes privados, lugares de encuentro para parejas y contactos de lo más estimulantes y variados. Las posibilidades de cohabitar, mediante estipendio, detallan hasta la aceptación de tarjetas de crédito. En ningún caso puede hablarse de una sociedad reprimida. Pero es el caso que esta misma sociedad, su montaje recreativo y diversivo, está construida sobre unas bases que han hecho del sexo y la violencia su manjar cotidiano. Producciones cinematográficas y televisivas reiteran hasta la saciedad escenas de obvia escabrosidad. El permiso para la apertura de Salas X, especializadas en el cine porno, que se produce en 1983, aumenta el repertorio de estímulos al alcance de los españoles, que además se completa con todo género de cintas de vídeo de este género. Hasta la satisfacción de inclinaciones sadomasoquistas, puede servirse de los *sex-shops*. Es decir, la panoplia de excitantes se sirve con fruición y en las más variadas ofertas. Además, la publicidad se muestra machacona e insistente. Los anuncios, sobre todo los de perfumería, reflejan un universo de mujeres fascinantes, disponibles, dispuestas a rendirse ante la aparición de un varón, con tal de que haya rociado su anatomía con la loción X. Cine, televisión y publicidad toman a la audiencia como un gigantesco despliegue de mirones, gozosos ante un continuo enfoque erotizante de la vida, como si tal cosa sea lo más corriente y al alcance de cualquiera.

Del desajuste entre la oferta de incitaciones y la realidad, pero sobre todo de la exaltación del sexo violento, nace la especie de los violadores y la racha de actos de este tipo de cuya frecuencia y de su ambigüedad, a la hora de decretar su sanción penal, han surgido manifestaciones populares, reacciones del feminismo militante y la necesidad de crear medios de asistencia a mujeres violadas.

Recursos extremos para hacer frente a la crisis

Una estadística hecha a comienzos del año 1983 en el sector industrial da cuenta de que desde 1974, año del comienzo de la agudización de la crisis económica, cerca de cien mil empresas pequeñas, medianas y grandes han dejado de existir. Las difíciles circunstancias son un buen caldo de cultivo para que los empresarios recurran a todos los trucos y artimañas (léase fraude) con vistas a subsistir. Prueba de ello es el descubrimiento en Barcelona de una descomunal estafa a la Seguridad Social, en la que aparecieron implicadas setenta y dos empresas y cincuenta y tres personas, algunas con apellidos de rancia solera entre la burguesía catalana. El monto de la defraudación ascendía a 1.600 millones de pesetas.

Entre los varios signos de la creciente existencia de capas de pobreza resultantes del paro, uno de ellos es el rebrote de la actividad en los gimnasios. El boxeo, al que la sociedad del bienestar ha reducido a un rango residual entre los deportes, vuelve a ser señuelo para muchachos forzudos que ven en el pugilismo, como antaño, la redención de la pobreza. La mayoría están «empleados en el paro», usando su propia expresión, y así disponen de todo el tiempo libre para entrenarse.

Un preparador, al constatar la afluencia de pupilos, da esta clarísima explicación: «Entre las doce cuerdas no se conoce la piedad si se quiere ser figura. Pero también otras cosas no conocen la piedad, como la miseria y el paro. Y los que vienen aquí soñando con abrirse camino a base de puñetazos, lo saben».

Otro indicador sociológico del empobrecimiento es el volumen de objetos pignorados en los Montes de Piedad, reflejo de la miseria vergonzante de la clásica clase media que quiere y no puede aparentar cierto bienestar, mientras malvive de unas rentas de por sí insuficientes y reducidas, día a día, por la inflación. Se trata de conseguir dinero para salir de un apuro o poder llegar a fin de mes: de poder pagar la letra del televisor o la cuenta de un tendero que no está dispuesto a fiar ni un día más. Y hoy hay que comer. El Monte tiene una capa de clientes habituales, integrada mayormente por señoras: son las víctimas de su pasión por el juego del bingo que las lleva a agenciarse dinero con el que poder seguir entregadas a su vicio, porque en el Monte se puede empeñar de todo, no sólo alhajas. El paso del tiempo, y la creación de un nuevo repertorio de enseres que rodean y sustentan nuestra vida cotidiana, se evidencia en un cambio en la clase de objetos. Ya no se empeñan colchones como cuando en los años cuarenta ése era el último recurso para poder pagarse una entrada para ver torear a Manolete. Pero se siguen empeñando juegos de sábanas o mantelerías de hilo. Y, por supuesto, lo tradicional: el abanico de nácar, el mantón de Manila de la abuela o el reloj del abuelo.

España, paraíso fiscal... hasta ahora

Sobre el español medio gravita la idea de que la cuestión impositiva está en trance de redoblarse con la gestión de Miguel Boyer al frente del ministerio de Hacienda. Estadísticas salidas a la luz ponen de relieve el carácter de paraíso fiscal que había sido este país durante la década de los setenta. Tomando como punto de partida el año 1972, en este año el número de contribuyentes es de 338.802, de los cuales prácticamente 75 por ciento hacen una declaración negativa. En 1979, el número de declaraciones presentadas (contribuyentes) asciende a 2.836.411 y, de ellas, 70 por ciento sigue siendo negativa. Pues bien, en 1981, si el número de obligados a hacer la declaración sobre la renta ha ascendido a 6.500.000 contribuyentes, la cantidad de declaraciones negativas había descendido 25 por ciento. En el mes de diciembre de 1983, unas manifestaciones hechas por el inspector central de Hacienda revelan «la gran caza emprendida para eliminar las bolsas de fraude y descubrir al millón y medio de españoles que debían declarar y no declaran». «Sobre estos caerán las iras del infierno», comentó el secretario de Estado de Hacienda, el señor Sevilla. Por otro lado, las perspectivas para 1984, desde el punto de vista salarial, no son nada halagüeñas: el propósito gubernativo es hacer que la subida de salarios no vaya más allá de 6,5 por ciento, un punto y medio por debajo de la inflación prevista para 1984. Estas declaraciones caen en el mayor de los escepticismos ya que desde 1980, y pese a las previsiones de los responsables de la economía nacional, el crecimiento de los precios, y por consiguiente el aumento en el coste de la vida, ha ido por encima de las subidas salariales.

Queda claro que el gobierno socialista, en su propósito por modernizar España, ha establecido un alto precio: moderación salarial y elevación de los impuestos, de lo cual es exponente la implantación del IVA, cosa que trea a mal traer a los españoles, pues el impuesto sobre el valor añadido no eximirá ni a los productos culturales —yerro que se reparó posteriormente.

Según se proclama, ése era el precio que había que pagar para superar la crisis y crear los ochocientos mil puestos de trabajo prometidos.

Los ladrones andan sueltos

Noticia que lleva el escalofrío a la ciudadanía en la primavera de 1983 es la propiciada por lo que se ha dado en llamar la «contrarreforma» del ministro de Justicia, Fernando Ledesma, y por la que todos aquellos detenidos en prisión preventiva inculpados por un delito al que corresponda una pena inferior a la de prisión mayor, de seis años en adelante, serán puestos en libertad. El aumento de la delincuencia ha hecho que el ministro de justicia anterior, Íñigo Cavero, bajara el listón de la prisión provisional reteniendo hasta aquellos inculpados de un delito al que correspondía una pena de prisión menor de seis meses y un día en adelante.

Arguyendo que la ley de Cavero era anticonstitucional y, sobre todo, el estado de las cárceles (la Modelo de Barcelona, con capacidad para ochocientos reclusos, alberga dos mil quinientos; y la de Madrid, con cabida para mil trescientos, acoge a dos mil doscientos), se aprueba una ley por la que de los 10.729 presos preventivos existentes entre la población penal española, entre cinco mil y seis mil van a resultar beneficiados y, en consecuencia, ser puestos, de inmediato, en libertad. La calle, el escenario de la inseguridad, va a experimentar un buen refuerzo de tironeros.

Ni que decir tiene que la oposición y un sector de opinión, harto de haber experimentado la inseguridad ciudadana en su propia carne, ponen el grito en el cielo. Va a ser la mayor suelta de «chorizos», de descuideros y de rateros de la historia penitenciaria española. Y todo el mundo conviene en que si el estado de las cárceles es lastimoso, el remedio no está en que la sociedad sufra la presencia de miles de maleantes sueltos dispuestos a reincidir. Ya bastante temor hay con el riesgo que reportan los permisos de fin de semana, algunos tan incomprensibles como los otorgados a los ultras Hellín y Fernández Guaza, permiso que aprovecharon para huir al extranjero. Y esto era el mal menor. Otros lo aprovechan para ajustarle las cuentas a su mujer, realizar algún atraco o asesinar en cumplimiento de una venganza.

El hecho cierto es que el atasco en el aparato judicial, causante de que haya presos preventivos con cinco y seis años en espera de juicio, no se quiere resolver dotando a la Administración de Justicia de los medios necesarios, sino incrementando la inseguridad ciudadana.

Ante estas perspectivas, las ferreterías y grandes almacenes agotan cerrojos, candados y cerraduras de alta seguridad. Las fábricas de dispositivos antirrobo de puertas blindadas hacen su agosto. Sólo en Madrid se cifran en ocho mil las viviendas que se han equipado con un dispositivo de alarma. En los chalés se imponen las rejas. La Dirección General de Seguridad se apresura a editar un folleto en el que imparte unas elementales normas de protección: no abrir a nadie que no se conozca, dejar las luces encendidas o un transistor en funcionamiento. No dejar que las cartas se amontonen en los buzones o las botellas de leche en las puertas, etcétera.

Falta aconsejar que si se es víctima de un atraco con arma blanca, en ningún caso se debe plantar cara al malhechor. Si usted es forzudo y en la lucha en defensa propia propina al agresor la cuchillada que él reservapara usted, se le puede caer el pelo.

Para los elementos policiales, el contemplar paseándose por la calle a delincuentes cuya captura ha costado riesgo y laboriosas pesquisas, no puede ser más desmoralizador.

EPÍLOGO

NOTICIARIOS Y DOCUMENTALES
CINEMATOGRAFICOS
NO-DO
NO-DO
NOTICIARIO N.º 695 B
ESTRAGOS Y CATASTROFES. Terremoto en Granada. - Las consecuencias del seísmo en Albolote.
El Etna en erupción. - Sobre el cráter del volcán.
DEPORTES. En el Estadio Bernabéu. - El Real Madrid gana en fútbol al Milán por cuatro tantos a dos.
PALMA DE MALLORCA. Los Príncipes de Mónaco en Formentor.- Ante los encantos y los paisajes de la Isla.
FRANCO EN ANDALUCIA. Botadura del buque frutero "Torres de Cuarte". - Inauguración de los Astilleros de la Empresa Nacional Elcano.
Jornada en Huelva. - Discurso del Generalísimo desde el Ayuntamiento. - Inauguración del Gobierno Civil. - Visita a la zona minera de Riotinto.
En el Real de la Feria sevillana. - S. E. el Jefe del Estado y su esposa aclamados por el público. - Danzas en las casetas.
Estreno: 30-IV-956

EL FINAL DE UN NOTICIARIO

El Nodo ha sido testigo de los acontecimientos españoles durante varias décadas, pero ya no registrará estos sucesos, porque lo ha desplazado la televisión. Ésta es ahora el auténtico fenómeno de masas, mientras muchos de los antiguos cinematógrafos cierran sus puertas.

Las salas que sobreviven ya no son aquellos espacios enormes donde toda una generación vivió sus sueños. Los aerosoles perfumados han barrido su atávico olor a multitudes, las estoicas butacas de madera han sido sustituidas por otras acolchadas, el gallinero ya no existe y el público no jalea la película. También han desaparecido los cacahuetes, cuyas cáscaras alfombraban la sala al final de cada sesión, porque la moda norteamericana impone las insulsas palomitas, tímidamente primero, luego en pantagruélicos cucuruchos. Y la última fila ha perdido su condición de espacio reservado para la educación sentimental; ahora, las parejas se besan por la calle y la educación sexual se aprende en las escuelas.

En esta España que cambia tan aprisa no tiene cabida el viejo noticiario de reportajes en blanco y negro, con retraso de un mes, porque la propaganda política cabalga a ritmo de telediario. El Nodo ha muerto y su partida de defunción es la Ley 1/1982 del 24 de febrero de 1982, que lo declara extinguido y sepulta sus restos, integrándolos en el Ente Público Radio Televisión Española.

Un cuarto de siglo después, sus kilómetros de película son una extraordinaria fuente documental sobre la historia, la cultura, la lengua, las costumbres, el deporte, los sueños, los desencantos, las alegrías y las tristezas del pasado más próximo.

Según su propio lema, el Nodo había puesto «el mundo entero al alcance de todos los españoles». Fue la única ventana posible para un país donde hasta las ventanillas de los trenes tenían un letrero conminatorio, de innegable capacidad subliminal: «Es peligroso asomarse al exterior». Sólo el Nodo permitía ver lo que pasaba fuera y ofrecía un conjunto de noticias acerca de cuanto, al parecer, ocurría dentro.

Para muchos españoles de entonces, el domingo contaba con tres ceremonias esenciales, la misa, la comida familiar y el cine. Y hasta existía cierto parecido entre la celebración eclesiástica y la cinematográfica. La primera parte de la misa era la menos importante y, al terminar, el cura comenzaba su sermón, ocasión que aprovechaban los hombres para salir a «echar un cigarro». El cine se articulaba de forma parecida: primero se proyectaba el Nodo, y luego se hacía un descanso. Y, como el tabaco estaba tan prohibido en los cines como en las iglesias, este intermedio servía para que los hombres salieran a fumar; las mujeres no, que sólo fumaban las de mala vida o las de vida buenísima, las pijas consumadas. Y después del descanso, llegaba la película.

La propaganda fallaba en ambos casos. La carga persuasiva de la misa se centraba en el sermón, que no escuchaba nadie y quien lo escuchaba, no lo entendía. La intención propagandística del cine gravitaba en el Nodo, que se convertía en fecunda fuente de argumentos para los chistes contra Franco.

Aunque los públicos eran diferentes: a misa sólo iban los de derechas y al cine todo el mundo. O casi, porque las chicas más adictas a las misas sólo podían ir al cine cuando la película estaba clasificada como «blanca» (todos los públicos) o «azul» (niños y jóvenes), es decir, casi nunca. Porque la mayoría de las cintas eran «rosa» (sólo apta para mayores) o «grana» (mayores con reparos). Hasta que Rita Hayworth desbordó la clasificación enseñando cómo se quita un guante y su película *Gilda* entró en los territorios de lo inclasificable.

El franquismo se sirvió del Nodo para presentar su particular visión de España y el mundo sin posibilidades de contraste, porque también la radio, la prensa y hasta el teatro estaban sometidos a la censura. Sin embargo, alguien dijo que la España franquista era «una dictadura moderada por el incumplimiento general de las leyes». Y con el Nodo sucedió lo mismo. Visto desde ahora, podemos comprobar cómo las consignas políticas no fueron exactamente observadas y no lograron la finalidad de configurar una mentalidad uniforme y de las Juntas de Ofensiva Nacional-Sindicalista.

Un noticiario para el Caudillo

Es sabido que Franco fue el principal galán del Nodo, donde apareció en 1.376 ocasiones, y que la frase más repetida del noticiario fue «Su Excelencia el Jefe del Estado». Según la historiadora Sheelagh Elwood, la carrera del general en el Nodo pasó por tres fases correspondientes al desarrollo de su régimen. Entre 1943 y 1960, el Generalísimo figuró irregularmente en el noticiario. Sus apariciones crecieron entre 1951-1954, época de la normalización internacional de España, para multiplicarse entre 1960-1969, cuando apareció en reportajes más largos, detallados y frecuentes, alcanzando su punto álgido en 1965, en el marco de la operación propagandística desplegada por Fraga con ocasión de los «25 años de paz». En esta época se consolidó su imagen inaugurando pantanos, que se grabó en la memoria colectiva. En cambio, sus apariciones disminuyeron desde 1965 y, muy sensiblemente, a partir de 1970, para no mostrar la decrepitud.

Siempre fue un gran aficionado al cine. En su juventud, cuando mandaba El Tercio, logró que el periodista y escritor gallego Alejandro Pérez Lugín rodara dos reportajes referidos a sus combates. Ya Generalísimo escribió el argumento de la película *Raza,* dirigida por Sáenz de Heredia, que también condujo el documental hagiográfico *Franco ese hombre*, culminado con su propia aparición. Y fue adicto a la sala de proyección de El Pardo, donde las películas pasaban sin censura.

Quizá la síntesis jocosa de su postura ante el Nodo se refleja en esta falsa historia que hizo fortuna mientras mandaba: Franco era tan aficionado al cine que decidió asistir, de incógnito, a un certamen que se celebraba en Hollywood. Pero una vez allí, se desconcertó porque no hablaba inglés ni conocía a nadie. Se encontró solo en un enorme salón lleno de desconocidos, que se saludaban, charlaban y reían, mientras nadie le dirigía la palabra. Comprendió el error de no haber traído la Guardia Mora y ya comenzaba a desesperarse cuando se le acercó un hombre alto, de rostro inconfundible, que le tendió la mano familiarmente mientras se presentaba:

—Gary Cooper, de la Metro Goldwyn Mayer.

El Generalísimo, feliz al fin, respondió en el mismo tono:

—Francisco Franco, del Nodo.

ÍNDICE DE NOMBRES

ÍNDICE

1. LOS AÑOS DE PLOMO (1943-1945)

4. LA DÉCADA PRODIGIOSA (1960-1969)

Cosas y casos

5. ESPAÑA CAMBIA DE PIEL (1970-1980)

EPÍLOGO